Las nuevas multinacionales

Mauro F. Guillén
Esteban García-Canal

Las nuevas multinacionales

Las empresas españolas en el mundo

Título original:
The New Multinationals: Spanish Firms in a Global Context

1.ª edición: abril de 2011

© 2011: Mauro F. Guillén y Esteban García-Canal

© de la traducción: Purificación Flórez

Derechos exclusivos de edición
reservados para España
y propiedad de la traducción:
© 2011: Editorial Planeta, S. A.
Avda. Diagonal, 662-664 - 08034 Barcelona

Editorial Ariel es un sello editorial de Planeta, S. A.

ISBN 978-84-344-1322-1

Depósito legal: B. 7.107 - 2011

Impreso en España por
Limpergraf, S. L.

El papel utilizado para la impresión de este libro
es cien por cien libre de cloro y está calificado como **papel ecológico**.

Índice

Prefacio

En los últimos veinte años el mundo ha sido testigo de la caída del bloque soviético, el aumento en el número de Estados fallidos, el auge del terrorismo internacional, la liberalización de los mercados unida a la creación de nuevos bloques comerciales, varias crisis financieras, la expansión de internet, el nacimiento de la revolución ecologista, el aumento de la emigración y una drástica reconfiguración geográfica de la producción económica. Si bien es cierto que todos estos eventos o tendencias han dado lugar a enormes cambios y discontinuidades en el panorama global político y económico, el cambio más importante, el que tendrá mayores repercusiones, es el auge de nuevas multinacionales procedentes de países con un nivel de ingresos medio-alto, emergentes y en vías de desarrollo. El crecimiento internacional de estas nuevas multinacionales supone la mayoría de edad de países que hasta este momento se habían comportado como meros sujetos pasivos en los acontecimientos económicos, financieros y políticos globales. No se puede infraestimar la importancia de este fenómeno, ya que prácticamente todos los sectores industriales sienten hoy el impacto del incremento de tamaño, sofisticación y alcance geográfico de las nuevas multinacionales, un fenómeno que desafía nuestros razonamientos clásicos sobre la división de trabajo entre los países desarrollados y los emergentes.

Los trabajos de investigación sobre las nuevas multinacionales han discurrido en paralelo con el fenómeno en sí, pero son pocos los que se han pronunciado o han documentado las capacidades competitivas en poder de las nuevas multinacionales. A menudo desestimadas por considerarlas entidades protegidas en sus mercados nacionales, beneficiarias de préstamos subvencionados y atrasadas tecnológicamente, las nuevas multinacionales han sido objeto de múltiples burlas, de comentarios condescendientes y de predicciones agoreras que las condenan al fracaso. Sin embargo, al margen de todas estas consideraciones, ellas siguen ahí, invirtiendo no sólo en países con un nivel de desarrollo similar al suyo propio, sino realizando atrevidas adquisiciones e incluso alcanzando cuotas de mercado importantes en las economías más avanzadas. El auge de las nuevas multinacionales muestra claramente que sus países de origen tienen más que ofrecer que mercados locales por explotar y mano de obra barata. En su expansión por el mundo sobre la base de su experiencia en ejecución de proyectos, capital relacional y habilidades políticas, las nuevas multinacionales representan un reto no sólo para sus homólogas provenientes de las economías desarrolladas, sino también para nuestra forma tradicional de entender la empresa multinacional. En estas páginas defendemos que las nuevas multinacionales no requieren una modificación general de la teoría de la inversión directa en el extranjero y de la empresa multinacional, pero sí revisar algunos de sus supuestos sobre el papel que representa el país de origen, el proceso de creación de las capacidades competitivas y el ritmo y las pautas de crecimiento internacional de la empresa.

Este libro es el resultado de una larga colaboración entre dos investigadores ubicados en ambos lados del océano Atlántico. Aunque la mayoría de la información recogida en estas páginas se centra en las nuevas multinacionales españolas, comparadas con las de Estados Unidos y las de los países más avanzados de Europa Occidental, también hemos utilizado evidencias sobre las multinacionales de Asia, América Latina y de Oriente Medio con el fin de esclarecer las conductas y las consecuencias del auge de esta nueva forma de empresa.

Agradecemos a la Fundación Rafael del Pino no sólo su ayuda financiera sino también su liderazgo intelectual, que nos ha ayudado a centrar un tema importante, llamado a reformar las bases de la economía global en las próximas décadas. Durante ya varios años, Amadeo Petitbò y su equipo nos han animado a revisar nuestros supuestos teóricos, a reexaminar nuestros argumentos tradicionales y a desarrollar nuevos marcos teóricos desde los que explicar las rápidas pautas de cambio que está experimentando la economía global.

No hubiéramos sido capaces de llevar a cabo este proyecto sin la eficaz ayuda de nuestro equipo de colaboradores. En Wharton, Wifredo Fernández, Arun Hendi, Jason Chien Jee, Chelsea Lew y Maya Perl-Kot recabaron un gran número de datos y estudios de caso que se recogen en varios capítulos del libro. En Oviedo, Laura Fernández Méndez y Francisco Javier García-Canal estudiaron minuciosamente las trayectorias históricas de las empresas multinacionales españolas y Andrea Martínez Noya, Pablo Sánchez Lorda y Ana Valdés proporcionaron diversas sugerencias para mejorar el trabajo. Purificación Flórez nos facilitó datos de varios temas de este proyecto y realizó algunos de los trabajos editoriales, así como la traducción al español. Jue Pu coordinó un equipo de colaboradores en Pekín que nos facilitó información sobre las multinacionales chinas. También empleamos información recopilada por el Centro de Estudios Comerciales del Ministerio de Industria y Comercio, el Instituto Español de Comercio Exterior y el Centre d'Economia Industrial de la Universitat Autònoma de Barcelona. José Manuel Campa, Julio García Cobos, Álvaro Cuervo, Andrea Goldstein y Emilio Ontiveros nos proporcionaron numerosos comentarios y sugerencias para mejorar el trabajo.

Quisiéramos dedicar este libro a nuestras respectivas familias, que nos han permitido concentrarnos en esta tarea durante las últimas horas del día, muchos fines de semana y varios viajes. No podremos devolverles el tiempo empleado, pero esperamos que una vez visto el resultado final piensen que el esfuerzo mereció la pena.

Capítulo 1

Las nuevas multinacionales

> Las nuevas multinacionales cuentan con ciertas ventajas distintivas en su carrera por destacar en el negocio global. A menudo son de propiedad familiar o de control familiar (incluso en el caso de empresas públicas), lo que les ayuda a tomar decisiones con rapidez. A menudo se benefician de financiación barata de los bancos públicos. Pero también se enfrentan a problemas particulares, porque están intentando introducirse en una economía mundial en la que la globalización está ya muy avanzada.
>
> *The Economist*, 10 de enero de 2008

> Las multinacionales de mercados emergentes son jugadores relativamente recién llegados a la globalización, pero están recuperando rápidamente el tiempo perdido.
>
> MARK FOSTER, Accenture, 2008:6

El panorama competitivo global está cada vez más poblado por empresas multinacionales que tienen sus orígenes en países que no se encuentran entre los más avanzados del mundo desde un punto de vista tecnológico o de reputación de marca. Estas «nuevas» multinacionales proceden:

- De economías con un nivel de ingresos medio-alto, como España, Irlanda, Portugal, Corea del Sur o Taiwán.
- De economías emergentes, como Brasil, Chile, México, China, India o Turquía.

- De países en vías de desarrollo, como Egipto, Indonesia o Tailandia.
- De países ricos en petróleo, como los Emiratos Árabes Unidos, Nigeria, Rusia o Venezuela.

Las nuevas multinacionales operan internacionalmente utilizando múltiples formas, desde alianzas y empresas conjuntas hasta subsidiarias de plena propiedad. Algunas de estas multinacionales son pequeñas y están centradas en el producto, mientras otras son grandes e incluso se diversifican en varias líneas de producto e incluso industrias. Los libros se han referido a ellas de muchas maneras, incluyendo términos como «multinacionales del tercer mundo» (Wells, 1983), «empresas tardías» (Mathews, 2002), «multinacionales poco convencionales» (Li, 2003), «retadoras» (BCG, 2009), o «multinacionales emergentes» (Accenture, 2008; Economist, 2008; Goldstein, 2007; Ramamurti y Singh, 2009). En algunos casos, estas empresas son etiquetadas dependiendo de su región de origen, utilizando términos como «multinacionales dragón» (Matthews, 2002) o «multilatinas» (Cuervo-Cazurra, 2008). Las nuevas multinacionales se han convertido en importantes actores en los procesos de inversión directa en el exterior (IDE) y en las adquisiciones transfronterizas (UNCTAD, 2008). A pesar de que no suelen contar con la mejor tecnología de vanguardia o habilidades comerciales en sus respectivas industrias, se han expandido por el mundo utilizando fórmulas innovadoras. El propósito de este libro es identificar y analizar sus capacidades competitivas, las cuales normalmente tienen que ver con sus habilidades organizativas, directivas, de ejecución de proyectos, políticas y de desarrollo de redes.

La proliferación de las nuevas multinacionales ha cogido por sorpresa a observadores, políticos e investigadores. Muchas de estas empresas eran competidores menores hace una década; hoy suponen un gran reto para muchas de las multinacionales más desarrolladas y mejor establecidas del mundo en gran variedad de industrias y de mercados. En este libro reflejamos y analizamos el auge de las nuevas multinacionales españolas, un país que hace una generación carecía de empresas de talla internacional pero que actualmente posee algunas de las más grandes del mundo. Al igual que Corea del Sur, Taiwán o Singapur, España fue un país en vías de desarrollo hasta principios de los años setenta. En treinta años, estos países se han transformado en economías industriales. También el sector de servicios ha experimentado un rápido desarrollo en estos países hasta alcanzar niveles de competitividad homologables a los de los líderes del sector a escala global en ámbitos como las infraestructuras y los servicios financieros. El estudio de las formas en las que las empresas españolas han llevado a cabo el desarrollo de las capacidades necesarias para hacerse un hueco en el panorama competitivo global puede ser útil de cara a anticipar las estrategias de las nuevas multinacionales, pues compañías provenientes de Asia, América Latina y Oriente Medio están ahora incrementando su presencia en industrias claves.

Uno de los rasgos más fascinantes del aumento de las nuevas multinacionales es la rapidez con que han surgido y/o han crecido internacionalmente. Desde 1990 varios países y sus empresas han jugado un papel importante en la economía global no sólo como exportadores sino también como inversores directos en el extranjero. La IDE incluye las adquisiciones y la constitución de filiales en el exterior en las que el inversor mantiene al menos el 10% de las acciones de la subsidiaria extranjera en la que invierte. Mientras que los motivos para la inversión directa pueden ser diversos, el objetivo siempre es controlar la gestión de la compañía en la que se invierte. La tabla 1.1 muestra información sobre los países emisores de IDE más importantes del mundo. Dejando a un lado Hong Kong y los Países Bajos, que son centros de inversión, comercio y tránsito de capitales, Estados Unidos, Reino Unido, Francia y Alemania continúan siendo los mayores inversores directos en el exterior. En los últimos años España se ha colocado por delante de Italia, con un stock de IDE emitida acumulada que asciende a casi 646 millardos de dólares a finales de 2009, una cantidad equivalente al 44,2% del Producto Interior Bruto (PIB) del país. Otros nuevos países importantes en IDE son Rusia (248 millardos de dólares), Taiwán (181), Brasil (157), China (229), Corea del Sur (115), Malasia (75), Sudáfrica (64), India (77),

TABLA 1.1. *Stocks de inversión directa en el exterior (IDE) emitida, 1990 y 2009.*

País	Stock de inversión en el exterior				Número de empresas multinacionales*
	Millardos de dólares		Porcentaje del PIB		
	1990	2009	1990	2009	
Brasil	41,0	157,7	9,4	10,0	226
Rusia	—	248,9	—	20,1	—
India	0,1	77,2	—	6,1	815
China	4,5	229,6	1,1	4,9	3.429
Singapur	7,8	213,1	21,2	120,3	—
Hong Kong	11,9	834,1	15,5	396,1	1.167
Taiwán	30,4	181,0	18,4	47,8	606
Corea del Sur	2,3	115,6	0,9	13,9	7.460
Malasia	0,8	75,6	1,7	39,5	—
Argentina	6,1	29,4	4,3	9,5	106
Chile	0,2	41,2	0,5	25,2	99
México	2,7	53,5	1,0	6,1	—
Turquía	1,2	14,8	0,6	2,4	2.871
Emiratos Árabes Unidos	0,1	53,5	—	21,2	77
Egipto	0,2	4,3	0,4	2,2	10
Sudáfrica	15,0	64,3	13,4	22,6	261
Irlanda	14,9	192,4	31,2	84,7	39
España	15,7	646,0	3,0	44,2	1.598
Estados Unidos	731,8	4.302,9	12,6	30,2	2.418
Francia	112,4	1.719,7	9,0	64,9	1.267
Alemania	151,6	1.378,5	8,8	41,2	6.115
Italia	60,2	578,1	5,3	27,4	5.750
Países Bajos	106,9	850,6	35,9	107,4	4.788
Reino Unido	229,3	1.651,7	23,1	76,0	2.360
Japón	201,4	740,9	6,7	14,6	4.663
Países en vías de desarrollo	145,2	2.691,5	4,1	16,5	21.425
Total mundial	2.086,8	18.982,1	10,0	33,2	82.053

* Año disponible más reciente.
FUENTE: UNCTAD (2010).

los Emiratos Árabes (53), México (53), Chile (41) y Argentina (29). Como en los casos de Hong Kong y los Países Bajos, las cifras de Singapur (213) e Irlanda (192) recogen no sólo las inversiones de sus propias compañías sino también de aquellas que utilizan los dos países como una plataforma para la inversión y el comercio. Globalmente, la participación de los países

TABLA 1.2. *Indicadores de tecnología y gestión de la calidad.*

País	PIB [a] Millardos de dólares	Patentes [b] Número	Patentes [b] Por millardo de PIB	Certificados ISO [c] Número	Certificados ISO [c] Por millardo de PIB
Brasil	2.020,1	2.358	1,2	14.539	7,2
Rusia	2.687,3	2.660	1,0	16.051	6,0
India	3.783,6	4.802	1,3	37.958	10,0
China	9.104,2	9.492	1,0	224.616	24,7
Singapur	252,9	4.959	19,6	4.526	17,9
Hong Kong	307,2	9.862	32,1	3.499	11,4
Taiwán [d]	379,0	94.579	249,5	—	—
Corea del Sur	1.324,4	72.332	54,6	23.036	17,4
Malasia	384,0	1.298	3,4	6.267	16,3
Argentina	586,4	1.102	1,9	8.812	15,0
Chile	243,2	298	1,2	4.103	16,9
México	1.540,2	1.992	1,3	4.990	3,2
Turquía	1.040,3	274	0,3	13.217	12,7
Emiratos Árabes Unidos	265,9	77	0,3	3.283	12,3
Egipto	471,5	97	0,2	1.944	4,1
Sudáfrica	507,6	3.595	7,1	3.792	7,5
Irlanda	183,7	2.747	15,0	2.237	12,2
España	1.495,7	6.704	4,5	68.730	46,0
Estados Unidos	14.256,3	2.191.092	153,7	32.400	2,3
Francia	2.172,1	103.202	47,5	23.837	11,0
Alemania	2.984,4	272.035	91,2	48.324	16,2
Italia	1.921,6	45.962	23,9	118.309	61,6
Países Bajos	673,1	35.982	53,5	13.597	20,2
Reino Unido	2.256,8	103.771	46,0	41.150	18,2
Japón	4.138,5	756.795	182,9	62.746	15,2
Total mundial	72.537,0	4.015.989	55,9	982.832	13,5

[a] En dólares americanos corrientes corregidos por la paridad de poder adquisitivo, 2009.

[b] Concedidas por la Oficina de Patentes y Marcas Registradas estadounidense entre 1977 y 2009 a residentes del país correspondiente que figuran en el primer lugar de la solicitud.

[c] Certificados ISO 9001:2000 de gestión de la calidad emitidos por organismos de acreditación nacionales a 31 de diciembre de 2008.

[d] Fuente: Estadísticas Nacionales, República de China (Taiwán), http://eng.stat.gov.tw/mp.asp?mp=5

FUENTES: Oficina de Patentes y Marcas Registradas estadounidense; Organización Internacional para la Estandarización.

en vías de desarrollo en el stock de IDE emitida acumulada ha aumentado del 6,96% en 1990 al 14,18% en 2009 (UNCTAD, 2010).

Una característica importante de los países de origen de las nuevas multinacionales es que, con la excepción de Corea del Sur y Taiwán, no son líderes tecnológicos, si medimos dicho liderazgo a través de sus patentes (Furman et al., 2002). En contraste, algunos de estos países sobresalen por el gran número de certificados de calidad de gestión, en relación con el tamaño de sus economías, sobre todo China, Taiwán, Malasia y España (tabla 1.2). Estos datos muestran que las empresas en estos países son eficaces y de talla mundial a la hora de implementar sus innovaciones con habilidades directivas y organizativas. La sostenibilidad de las ventajas competitivas que les han permitido convertirse en inversores importantes depende, en gran medida, de su habilidad para actualizar y acrecentar su dotación de recursos y capacidades, como analizamos extensamente en el capítulo 2.

La tabla 1.3 recoge las mayores nuevas multinacionales no financieras en términos de activos extranjeros. En ella se observa que estas empresas operan en gran variedad de sectores que van desde petróleo y minería hasta cemento y químicas, pasando por automóviles y electrónica y varios sectores de infraestructuras como electricidad, transporte y telecomunicaciones. La consultora Boston Consulting Group publica cada año una lista de los llamados «Retadores Globales», la mayoría de los cuales son importantes inversores en el exterior. Las empresas chinas, indias y brasileñas encabezan la lista, en la que no aparecen empresas españolas, irlandesas, surcoreanas ni tailandesas (tabla 1.4). Otra forma más de ilustrar la distribución nacional de las nuevas multinacionales es analizando el Global Fortune 500 de las empresas más grandes del mundo en términos de ingresos. China, Corea del Sur y España encabezan la clasificación (tabla 1.5). Aunque definen y miden la demografía de las nuevas multinacionales de diferentes formas, estas clasificaciones indican sin lugar a dudas que la economía global está cada vez más integrada por empresas con sede en países a los que pocos asociarían con niveles elevados de desarrollo tecnológico o de marcas reconocidas mundialmente.

TABLA 1.3. *Las mayores multinacionales no financieras jerarquizadas por activos en el extranjero, 2006.*

Empresa	País	Sector	Activos en el extranjero (millardos de dólares)	Ventas totales (millardos de dólares)	Número de filiales en el exterior
Telefónica	España	Telecomunicaciones	101,9	66,4	165
Hutchinson Whampoa	Hong Kong	Diversificada [a]	70,7	34,4	115
Grupo Ferrovial	España	Infraestructura	60,2	9,1	—
Repsol YPF	España	Petróleo	38,3	64,4	71
Endesa	España	Electricidad	31,4	25,8	65
Petronas	Malasia	Petróleo	30,7	51,0	4
Samsung Electronics	Corea del Sur	Electrónica	27,0	91,9	78
Cemex	México	Cementos	24,4	18,1	493
CRH	Irlanda	Material de construcción	22,9	23,5	514
Hyundai Motor	Corea del Sur	Automóvil	19,6	68,5	19
Singtel	Singapur	Telecomunicaciones	18,7	8,6	103
CITIC Group	China	Diversificada [b]	17,6	10,1	12
Formosa Plastic Group	Taiwán	Químico	16,8	50,4	11
Jardine Matheson	Hong Kong	Diversificada [c]	16,7	16,3	108
LG Corporation	Corea del Sur	Electrónica	15,0	70,6	3
CVRD	Brasil	Minería	15,0	46,7	17

[a] Puertos, telecomunicaciones, inmobiliario, hoteles, distribución, energía y servicios de infraestructuras, entre otros.

[b] Telecomunicaciones, construcción, medios de comunicación y servicios financieros, entre otros.

[c] Transporte, construcción, distribución, tecnologías de la información y comunicación y servicios financieros, entre otros.

FUENTE: UNCTAD (2008).

Tabla 1.4. *Número de nuevas multinacionales por país recogidas en la lista de 2009 de los 100 Retadores Globales del Boston Consulting Group (BCG).*

País	Número de empresas
China	36
India	20
Brasil	14
México	7
Rusia	6
Emiratos Árabes Unidos	4
Chile	2
Malasia	2
Indonesia	2
Tailandia	2
Turquía	2
Argentina	1
Hungría	1
Kuwait	1

BCG no incluye empresas de España, Corea del Sur o Taiwán.
Fuente: BCG (2009).

Las primeras «nuevas» empresas multinacionales surgen en los llamados tigres asiáticos, que se industrializaron durante los años sesenta (Haggard, 1990). Taiwán, un país que destaca tanto por su tecnología como por su innovación, ha demostrado ser el terreno más fértil para el desarrollo de empresas inversoras en el exterior, entre las que se encuentran la matriz de Formosa Plastics, Taiwan Semiconductor y Acer. Siguiendo una trayectoria de desarrollo más orientada a la industria a gran escala, Corea del Sur es el país de origen de algunas de las industrias más conocidas en electrónica y electrodomésticos (Samsung y LG) y en automóviles (Hyundai y KIA). La ciudad-estado de Singapur ha generado multinacionales en los sectores de alimentación y bebidas (Fraser y Neave, Want Want), electrónico (Olam), telecomunicaciones (Singtel), inmobiliario (CapitaLand), transporte (Neptune Orient Lines) y hotelero (City Developments). Por su parte, Hong Kong es la sede de un gran número de multinacionales, encabezadas por Hutchinson Whampoa, la mayor compañía portuaria del mundo.

TABLA 1.5. *Las nuevas multinacionales por país, en el Ranking Fortune Global 500, 2010.*

País	Número de empresas
China	46
Corea del Sur	10
España	10
India	8
Taiwán	8
Brasil	7
México	2
Rusia	6
Irlanda	2
Malasia	1
Polonia	1
Portugal	0
Arabia Saudí	1
Singapur	2
Tailandia	1
Turquía	1

El ranking se basa en la facturación total durante 2009.
FUENTE: Revista *Fortune*.

Más recientemente, las nuevas multinacionales de los países del bloque denominado mediante el acrónimo BRIC (Brasil, Rusia, India y China) han realizado grandes avances en la economía global. Las empresas brasileñas Companhia Vale do Rio Doce (CVRD) y Metalúrgica Gerdau se encuentran entre las mayores empresas mineras y siderúrgicas, Embraer mantiene con la canadiense Bombardier un duopolio en el mercado aéreo global de vuelos regionales y Natura Cosméticos tiene presencia tanto en América Latina como en Europa. Lukoil, Gazprom y Severstal se encuentran entre las principales multinacionales rusas. Por su parte, India cuenta con empresas en posiciones prominentes no sólo en sectores tecnológicos y de servicios externos (como Infosys, Tata Consultancy Services o Wipro) sino también en otros sectores como el siderúrgico, el de automoción y el farmacéutico. Las empresas chinas han irrumpido con fuerza en los mercados globales no sólo como exportadoras sino también como inversoras en el exterior y lo han hecho en multitud de industrias, desde minería y petróleo hasta química y siderúrgica. En electrodomésticos y electrónica, China cuenta con tres empresas cada vez más conocidas, Haier, Lenovo y Huawei.

En los países de América Latina de habla hispana, algunas empresas de México y Argentina se han convertido en importantes competidores globales. En alimentación, Bimbo y Gruma se encuentran entre las empresas más grandes del mundo en sus respectivos mercados, es decir, pan de molde y tortillas. En cementos, Cemex es la segunda o tercera más grande del mundo, dependiendo del producto concreto. Grupo Modelo es la tercera cervecera del mundo. Estas empresas han realizado adquisiciones o han constituido filiales en Norteamérica, en Asia y en Europa. Tenaris de Argentina es líder mundial en tubos de acero de una pieza, e Industrias Metalúrgicas Pescarmona es una importante empresa en el negocio de grúas.

Oriente Medio también se ha convertido en la sede de importantes empresas multinacionales, incluyendo DP World de Dubai (el segundo mayor operador portuario del mundo), Orascom (el grupo constructor y de telecomunicaciones egipcio con importantes operaciones en África y Oriente Medio), Mobile Telecommunications Company (el gigante kuwaití) y Enka Insaat ve Saayi (el grupo de infraestructuras turco). Estas empresas están haciendo avances en el mundo y son noticia, sobre todo, por su rápido crecimiento mediante fusiones y adquisiciones.

La tabla 1.6 muestra información de las nuevas multinacionales que ocupaban las posiciones de mercado más relevantes a escala global a finales del 2008. De su análisis se desprende que las nuevas multinacionales se han convertido en líderes globales no sólo en sectores tradicionales como alimentación o bebidas, sino también en sectores de alta tecnología como el aeronáutico y el de servicios de información. Otra pauta importante que se manifiesta en la tabla 1.6 es la especialización de los distintos países. Las multinacionales argentinas y mexicanas destacan tanto en bienes de consumo como de producción, mientras que las multinacionales brasileñas lo hacen en minería y aeronáutica. Las taiwanesas, las surcoreanas y las chinas aventajan en electrónica, y las indias son líderes mundiales en servicios de información y externos.

TABLA 1.6. *Las nuevas multinacionales con las posiciones más relevantes en el mercado global al final de 2008.*

Empresa	País	Sector	Posición en el mercado global
Arcor	Argentina	Confitería	1.º en dulces
Bimbo	México	Alimentación	2.º en pan
Modelo	México	Bebidas	3.º en cerveza
CVRD	Brasil	Minería	3.º en minería
Tenaris	Argentina	Siderurgia	1.º en tubos sin costura
POSCO	Corea del Sur	Siderurgia	4.º en acero
Bharat Forge	India	Metales	2.º en forja
Cemex	México	Cemento	2.º en cemento
Acer	Taiwán	Ordenadores	3.ª marca de ordenador
Lenovo	China	Ordenadores	4.ª marca de ordenador
BYD	China	Electrónica	1.º en baterías de níquel-cadmio
Samsung Electronics	Corea del Sur	Electrónica de consumo	2.º en electrónica de consumo
Embraer	Brasil	Aeronáutica	1.º en aviones regionales
Gazprom	Rusia	Servicios energéticos	1.º en servicios energéticos
DP World	Dubai	Operador portuario	4.º operador portuario
Infosys	India	Servicios de información	Top 5 en servicios de información
TCS	India	Servicios de información	Top 5 en servicios de información
Wipro	India	Servicios externos	Top 5 en servicios externos

La tabla no incluye las multinacionales españolas; véase la tabla 1.7.
FUENTE: Compilado por Mauro Guillén de varias fuentes.

La experiencia española

De entre todos los países que en los años sesenta estaban todavía intentando desarrollar una base industrial sólida, España ha sido, junto con Corea del Sur y Taiwán, el país que ha generado el mayor número de multinacionales realmente globales. La tabla 1.7 enumera los ejemplos más destacados de las empresas españolas con una importante presencia en el extranjero. Incluye empresas ubicadas en todos los grandes rubros industriales, excepto en los sectores químico, electrónico y del automóvil, en los que sólo hay unas pocas compañías que sean de propiedad española. En alimentación, las empresas españolas han realizado importantes adquisiciones en Europa, Asia y las Américas, convirtiéndose en las mayores productoras del mundo de arroz y aceite de oliva y en la segunda mayor del mundo de pasta. Por su parte, Viscofán es la mayor productora de revestimientos artificiales para la industria cárnica. En vinos, Freixenet ha sido la mayor productora de vino espumoso del mundo durante dos décadas. Estas empresas se analizan en profundidad en el capítulo 3. En el sector textil y de confección, España también cuenta con empresas de talla internacional, como la líder global en tela vaquera, Tavex (hoy fusionada con la brasileña Santista); Inditex, que posee la segunda marca de confección más valiosa del mundo (Zara), y Pronovias, la mayor diseñadora y fabricante de ropa nupcial. La trayectoria de crecimiento y las capacidades de las empresas españolas de confección se analizan en el capítulo 4, donde se comparan con empresas provenientes de economías emergentes.

Aunque las empresas españolas no son líderes globales en industrias intensivas en capital, como química, metal, electrónica y automóvil, unas pocas sobresalen como competidoras globales importantes en ciertos nichos de mercado. Por ejemplo, Acerinox es la tercera mayor productora de acero inoxidable, con fábricas en España, Estados Unidos, Sudáfrica y Malasia. Las empresas de componentes del automóvil españolas han sido tradicionalmente eficientes y bien valoradas (Andersen Consulting, 1994). El Grupo Antolín es el mayor fabricante de revestimientos interiores y tiene fábricas en cuatro continentes.

TABLA 1.7. *Las multinacionales españolas con las posiciones más relevantes en el mercado global al final de 2009.*

Empresa	Sector	Posición en el mercado global a finales de 2009	Posición en el mercado global anteriormente
Ebro Foods	Alimentación	1.er productor de arroz y 2.º de pasta Principal competidor: Grupo SOS	1.er productor de arroz en 2001
Grupo SOS	Alimentación	1.er productor de aceite de oliva	1.er productor de aceite de oliva en 2000
Chupa Chups	Alimentación	1.er productor de caramelos con palo y 2.º de dulces	
Viscofán	Alimentación	1.er productor de revestimientos artificiales para la industria cárnica	1.er productor de revestimientos artificiales para la industria cárnica en 2005
Freixenet	Vino espumoso	1.er productor de vino espumoso Principal competidor: Codorniu	1.er productor de vino espumoso en 2002
Tavex	Textiles	1.er productor de tela vaquera	1.er productor de tela vaquera en 2005
Zara (Inditex)	Confección	2.ª marca de ropa más valiosa (Interbrand 2010)	2.ª marca de ropa más valiosa en 2005
Pronovias	Confección	1.er fabricante de ropa nupcial	
Acerinox	Siderurgia	5.º productor de acero inoxidable	3.er productor de acero inoxidable en 2003
Repsol-Gas Natural*	Gas	1.er distribuidor de gas natural Principal competidor: Enagás (12.º)	2.º distribuidor de gas natural en 2006
Roca	Sanitarios	1.er fabricante de sanitarios	1.er fabricante de sanitarios en 2000

$$\text{TABLA } 1.7. \ (\textit{Continuación})$$

Grupo Antolín	Componentes automovilísticos	1.er productor de revestimientos interiores de automóvil	
Zanini	Componentes automovilísticos	1.er productor de embellecedores de ruedas (tapacubos)	
Gamesa	Maquinaria	6.° fabricante de turbinas eólicas	2.° fabricante de turbinas eólicas en 2000
Indo	Equipamiento óptico	3.er fabricante de lentes	
Mondragón	Diversificado	1.er grupo cooperativo por cifra de ventas	9.ª cooperativa propiedad de trabajadores en 2005
Grupo Ferrovial	Infraestructuras	4.° promotor y gestor de infraestructuras de transporte (ranking de Public Works Financing 2010) Principales competidores: ACS (1.°) y Sacyr (9.°)	2.° promotor y gestor de infraestructuras de transporte en 2000
ACS	Infraestructuras	1.er promotor y gestor de infraestructuras de transporte (ranking de Public Works Financing 2010) 4.ª compañía constructora (ranking Forbes 2010) Principales competidores: Acciona (14.°) y FCC (17.°)	1.er promotor y gestor de infraestructuras de transporte (Dragados, hoy filial de ACS. Ranking de Public Works Financing)
Acciona	Infraestructuras	1.er promotor de parques eólicos Principales competidores: Iberdrola, Endesa	
Iberdrola	Electricidad	1.er operador de parques eólicos Principal competidor: Acciona Energy (3.°)	

Telefónica	Telecomunicaciones	5.º operador de telecomunicaciones por número de accesos.	3.er operador de telecomunicaciones por número de clientes en 2006
Santander	Banca	4.º banco por capitalización bursátil, 1.ª marca de banca minorista. Principales competidores: BBVA (10.º y 6.º, respectivamente)	4.º banco por capitalización bursátil en la eurozona en 2001
Prosegur	Seguridad	3.ª compañía por ventas	
Sol Meliá	Hoteles	17.º Sol Meliá cadena hotelera por número de habitaciones 21.º NH Hoteles 24.º Barceló	10.ª cadena de hoteles de vacaciones por número de camas en 2000
Real Madrid	Deportes	1.er club de fútbol por ingresos. Principal competidor: FC Barcelona (2.º)	2.º club de fútbol por ingresos en 2000

* Joint venture entre Repsol-YPF y Gas Natural.
Fuente: Compilada por William Chislett, Esteban García-Canal y Mauro F. Guillén de varias fuentes.

Zanini, el mayor productor de embellecedores de ruedas, es una empresa que se estudia en el capítulo 5 juntamente con otras empresas que han hecho grandes progresos en la industria de maquinaria, como es el caso de Gamesa, el sexto mayor fabricante del mundo de turbinas eólicas, y Ficosa y Corporación Gestamp, que se encuentran entre los líderes mundiales en sistemas de retrovisores y componentes de metal, respectivamente.

Los sectores en los que las multinacionales españolas han sido más conocidas internacionalmente son las infraestructuras, el ocio y los servicios financieros, lo que muestra inequívocamente que el país no ha desarrollado una importante base tecnológica. Las empresas españolas dedicadas a electricidad, transportes, telecomunicaciones, banca y hoteleras se encuentran entre las más grandes del mundo dentro de sus respectivas áreas de actividad. Por ejemplo, gracias a adquisiciones y privatizaciones, el Grupo Ferrovial se ha convertido en el cuarto mayor gestor de infraestructuras de transportes y en el mayor promotor inmobiliario; Acciona, en el mayor promotor de parques eólicos; Telefónica, en la quinta operadora más grande por número de accesos, y Sol Meliá, en la mayor cadena de hoteles de vacaciones. Aunque la situación cambia cada día, el Santander es uno de los ocho mayores bancos del mundo en términos de capitalización bursátil e ingresos.

La creciente presencia de las multinacionales españolas en la economía global puede ilustrarse gráficamente con la ayuda de los datos agregados de inversión directa. La figura 1.1 muestra la evolución de la posición de inversión directa acumulada en el exterior por empresas españolas, medida como porcentaje del PIB. A principios de los años ochenta, tanto la inversión extranjera acumulada en España como la inversión española acumulada en el exterior eran escasas, no más del 5% del PIB. En 1986 España se convirtió en miembro de pleno derecho de la Unión Europea, llamada en ese momento Comunidad Económica Europea. El tratado de adhesión exigía la inmediata supresión de las barreras comerciales para productos manufacturados, pero se negoció un período de transición de siete años para los servicios, incluyendo los sectores de infraestructuras y financiero. Las empresas europeas realizaron

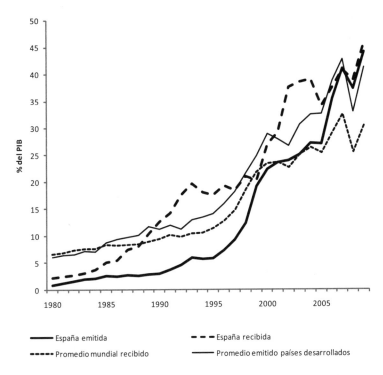

Fig. 1.1. *Posición acumulada de inversión exterior emitida
y recibida (España y promedio mundial), 1980-2009.*

Excluyendo capital en tránsito.
Fuente: UNCTAD, *World Investment Report* (varios años).

adquisiciones de importantes empresas manufactureras españolas, sobre todo en sectores oligopolistas. Como resultado, el peso del stock de inversiones extranjeras recibidas en España creció aproximadamente hasta el 15% del PIB a mediados de los años noventa.

La inversión directa emitida por empresas españolas no adquirió importancia hasta mediados de los años noventa, centrándose sobre todo en infraestructuras y servicios financieros. El detonante fue el final del período de transición negociado en 1986 y la entrada en vigor del Acta Única Europea de 1993, lo que significó el final de las barreras al comercio y la competencia en los servicios. Las principales empresas españolas de sectores como el eléctrico, agua, petróleo, gas, transportes, telecomuni-

27

caciones y banca comenzaron a realizar grandes adquisiciones. A finales de los años noventa, la inversión española acumulada en el exterior había crecido hasta más del 20% del PIB. En 1999 la inversión española acumulada en el exterior casi alcanzó el nivel de inversión extranjera en España, y ese mismo año España superó la media de los países desarrollados del mundo en términos de inversión acumulada en el exterior (fig. 1.1).

Con la adopción del euro como moneda en 1999 las empresas españolas mantuvieron su ritmo de inversión en el exterior en los primeros años del siglo XXI, debido a la facilidad con la que podían captar fondos a intereses inimaginables justo unos pocos años antes. El ejemplo de la adquisición de YPF por Repsol en 1999 por un valor de casi 5 millardos de dólares ilustra el efecto positivo de la unión monetaria. La legislación argentina estipulaba que cualquier adquisición debería instrumentarse a través del pago en efectivo. Al ser una empresa de la zona euro, Repsol podía acudir a los mercados de valores y de endeudamiento europeos. «Es prácticamente imposible pensar que una compañía española lance una emisión de tal dimensión y la coloque con éxito sin el euro», manifestó en aquel momento el entonces presidente de Repsol, Alfonso Cortina.[*]

Una característica importante de la inversión directa emitida desde España es su concentración geográfica e industrial. Casi el 90% de la IDE tiene como destino América Latina o Europa y casi el 80% ha sido realizada por empresas de infraestructuras y de servicios financieros. En este período, las compañías en proceso de privatización en España fueron especialmente propensas a invertir en el exterior: Endesa (cuyo proceso de privatización comenzó en 1988), Repsol (1989), Argentaria (1993), Gas Natural (1996) y Telefónica (1996). Como se recoge en la figura 1.2, durante los años noventa las empresas españolas invirtieron fundamentalmente en América Latina. Esto se debió en parte a las obvias afinidades culturales y lingüísticas, pero también y de manera más importante a que las empresas españolas en infraestructuras y servicios financieros estaban buscando mercados emergentes en los que invertir

* Business Week, 22 de mayo de 2000.

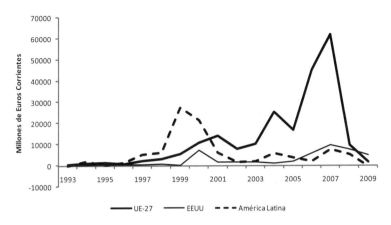

FIG. 1.2. *Flujos emitidos de inversión directa en el exterior (IDE)*
desde España por región de destino, 1993-2009.

Excluyendo capital en tránsito.
FUENTE: Secretaría de Estado de Comercio Exterior.

para gozar de mayores márgenes de beneficios y poder crecer (Guillén, 2005). Como ha señalado Casanova (2002), estas empresas se dieron cuenta en su momento de que «la mejor defensa es el ataque». Su respuesta estratégica a la amenaza de ser adquiridas por rivales europeos más poderosos fue crecer en tamaño. El tamaño puede ser una efectiva medida antiadquisición, sobre todo si la expansión tiene lugar en mercados con más riesgo y más volátiles. El hecho de que varios gobiernos de América Latina decidieran privatizar sus empresas públicas en esos sectores en ese mismo período supuso una oportunidad única (García-Canal y Guillén, 2008). Una vez posicionadas firmemente en América Latina, las multinacionales españolas centraron su atención en Europa, que se convirtió en el principal destino de sus inversiones a partir de 2001.

Haciendo un desglose por sector, se observa que las salidas anuales de inversiones directas españolas muestran bruscos altibajos, motivados por la irregular cadencia temporal de las grandes adquisiciones. De entre todas ellas destacan las adquisiciones multimillonarias de la argentina YPF por Repsol en 1999, varios bancos de México y Brasil por el BBVA y Santander en 2000, operadoras de telecomunicaciones en

29

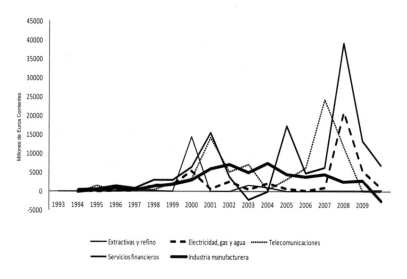

FIG. 1.3. *Flujos emitidos de inversión directa en el exterior (IDE) desde España por industria, 1993-2009.*

Excluyendo capital en tránsito.
FUENTE: Secretaría de Estado de Comercio Exterior.

Europa y Estados Unidos por Telefónica también en 2000, Abbey National por Santander en 2004 y O2 por Telefónica en 2006, Scottish Power por Iberdrola en 2007, la estadounidense Compass por BBVA y varias filiales de ABN-Amro por Santander también en 2007. Debido a la crisis mundial económica y financiera, durante 2008 las inversiones en el exterior disminuyeron.

A finales de 2008 había en total 2.064 empresas multinacionales españolas, o 1.835 si contamos como una las empresas pertenecientes al mismo grupo (por ejemplo, Telefónica o Ferrovial). Estas compañías llevaron a cabo una o varias adquisiciones transfronterizas, constituyeron filiales de plena propiedad o empresas conjuntas. Si también consideramos las alianzas con empresas extranjeras como una operación de expansión internacional, el número de empresas internacionales con una presencia estable en el exterior asciende a 2.495 (2.241 considerando los grupos de empresas como unidad de análisis). Entre 1986 y 2008 estas empresas llevaron a cabo

9.000 adquisiciones, inversiones, alianzas o procesos de ofertas para contratos públicos en el extranjero. Cerca de un 60% de estas operaciones fueron realizadas por empresas del sector servicios. El ámbito de infraestructuras y el de servicios financieros representaban la mitad de esa cifra o el 30% del total. En el sector manufacturero, que representa el otro 40%, empresas relativamente pequeñas ubicadas en los sectores de alimentación, de equipos de transportes, electrónico, metal, químico y de maquinaria fueron las más activas.*

La reciente evolución de la inversión directa emitida desde España refleja muchas de las peculiaridades de las actividades de las nuevas multinacionales. Primero, el grueso de la expansión internacional de las empresas españolas no se basó en la posesión de activos intangibles tecnológicos, sino más bien en otro tipo de conocimiento como el organizativo, el directivo, de ejecución de proyectos, habilidades políticas y de formación de redes. Segundo, la expansión en el extranjero se concentra geográficamente ya que la mayoría de las empresas han invertido en una o, como máximo, en dos regiones del mundo. Y tercero, las adquisiciones y las alianzas han sido las formas más importantes de conseguir extenderse geográficamente y de actualizar las capacidades competitivas. Al principio de su proceso de internacionalización, la mayoría de las multinacionales españolas utilizaron modos de participación de control compartido como empresas conjuntas o alianzas. Con el tiempo, empezaron a realizar con mayor asiduidad adquisiciones totales y a constituir filiales de plena propiedad. Mientras que a finales de los años ochenta tan sólo el 40% de todas las inversiones españolas en el exterior eran controladas mayoritariamente por empresas españolas, en 2008 este porcentaje ascendió al 80% (Guillén y García-Canal, 2009).

* Mauro F. Guillén y Esteban García-Canal, *La presencia de la empresa española en el exterior* (Madrid: ICEX, 2009). Basándonos en fuentes oficiales españolas, el *Informe Mundial de la Inversión* indica que a finales de 2006 en España se establecieron 1.598 multinacionales (v. tabla 1.1). Nuestros datos indican que a finales de 2006 había 1.870 multinacionales (Guillén y García-Canal, 2009).

Plan y método

Nuestro análisis teórico y empírico está organizado siguiendo una lógica de comparación sistemática entre países, sectores y empresas. El capítulo 2 presenta un marco conceptual para entender las peculiaridades de las nuevas multinacionales, sus ventajas competitivas y su modelo de crecimiento. En él argumentamos que la forma tradicional de analizar las corporaciones multinacionales y la IDE se está quedando obsoleta, aunque los postulados básicos de las teorías utilizadas siguen siendo válidos. De este modo, proponemos una serie de argumentos que matizan, reorientan y enriquecen las teorías existentes sobre las empresas multinacionales.

Los capítulos 3 a 7 se centran en el proceso de internacionalización de empresas de diferentes sectores. El capítulo 3 se ocupa de los sectores tradicionales, como alimentación y vinos. La interrelación entre ventaja comparativa y capacidades de la empresa permanece en el centro de la dinámica competitiva en estas industrias, que han sido revolucionadas por fusiones y adquisiciones y la incorporación de nueva tecnología. El capítulo 4 se centra en la internacionalización de las empresas fabricantes de bienes de consumo duradero como ropa, aparatos ensamblados o electrodomésticos, en los que los diferentes niveles de acceso a tecnología de producto propia y canales de distribución perfilan los modelos de competencia y entrada en los mercados extranjeros. El capítulo 5 analiza la expansión internacional de los productores de bienes industriales, entre los que se incluyen materiales de construcción, turbinas eólicas y componentes para el automóvil. El capítulo 6 se centra en los sectores regulados y de infraestructuras, en los que empresas de economías emergentes y también de España han destacado en todo el mundo. El capítulo 7 examina la internacionalización de empresas de actividades de servicios, como multimedia, educación, transporte y proyectos de ingeniería llave en mano. Por último, el capítulo 8 recoge las conclusiones concernientes a la forma en la que las nuevas multinacionales han desarrollado capacidades y han accedido a los mercados extranjeros y propone un marco teórico para integrar las nuevas multinacionales en las teorías existentes sobre la empresa multinacional.

Nuestro enfoque al estudiar las nuevas multinacionales sigue el método de comparación de casos. Los casos de estudio se usan en la investigación académica a los efectos de descripción empírica y de clasificación, para la elaboración de teorías y de pruebas, para diagnósticos clínicos, para la formación profesional, así como para la evaluación de programas (Hamel, 1993; Yin, 2003; Flyvbjerg, 2006). Han alcanzado una gran popularidad en el campo de la investigación en organización y dirección de empresas. En un artículo muy citado, Eisenhardt (1989) los propuso como una metodología ideal para explorar un fenómeno empírico y elaborar una teoría basada en la evidencia recopilada. En este libro comparamos sistemáticamente casos de compañías ubicadas en el mismo sector industrial con el fin de contrastar argumentaciones específicas acerca de las motivaciones, los factores impulsores y las consecuencias de las pautas de expansión internacional de las nuevas multinacionales.

Con el fin de asegurar que nuestro análisis tiene validez interna y que puede ser generalizado dentro de los límites de un conjunto de parámetros, estudiamos empresas en sectores determinados siguiendo el método comparativo de casos emparejados (Gerring, 2007; Gupta y Guillén, 2009). La principal idea sobre la que se basa esta metodología es elegir estratégicamente casos para un estudio comparativo sistemático, de tal forma que algunas variables son controladas mientras que otras permiten al investigador desarrollar y examinar una teoría. En concreto, para cada sector utilizamos un diseño de investigación 2×2, analizando sistemáticamente cómo el modelo de internacionalización de las empresas se ve afectado por parejas de variables como la integración vertical y la diversificación del producto, la importancia de la tecnología de producto propia y la dificultad de acceder a los mercados extranjeros, así como la independencia estratégica de la empresa y su predisposición a cooperar para acceder a nuevas capacidades. En cada sector, realizamos un análisis en profundidad del modelo de crecimiento internacional de cada empresa y lo comparamos con sus homólogos en España y en otros países, tanto con mayores como con menores niveles de desarrollo. De esta forma, estamos en mejor posición de proponer generalizaciones acerca de cómo el alcance de los contextos competitivos nacionales y globales, las decisiones estratégicas de la empresa y la reacción de sus competidores determinan el proceso de internacionalización en el caso de las nuevas multinacionales. En el capítulo final desarrollamos un marco teórico integrador para analizar el proceso a través del cual las nuevas multinacionales acumularon y desarrollaron los recursos y las habilidades que respaldan su expansión internacional. Al mismo tiempo, discutimos las implicaciones de nuestro análisis para la teoría de la empresa internacional que se derivan del surgimiento y rápido desarrollo de las nuevas multinacionales.

Capítulo 2

Las multinacionales tradicionales y las nuevas

> El control de la empresa extranjera [...] se desea para apropiarse de la totalidad de los rendimientos de determinadas habilidades y capacidades.
>
> STEPHEN HYMER, 1960:25

> Tan sólo unos pocos de los «Retadores Globales» han llegado a dominar el uso de la innovación como un medio para obtener ventaja competitiva. Pero aquellos que lo consigan estarán bien posicionados para llegar a ser líderes globales en sectores industriales que cambian rápidamente.
>
> Boston Consulting Group, BCG, 2009:28

El modelo tradicional de empresa multinacional, caracterizado por la inversión directa en el exterior (IDE) con el objetivo de aprovechar las capacidades específicas de la empresa desarrolladas en el país de origen y un enfoque paulatino de internacionalización, país por país, dominó la economía global durante gran parte del siglo XX. Este modelo tiene sus orígenes en la segunda revolución industrial de finales del siglo XIX. Las empresas británicas, norteamericanas y europeas se expandieron por todo el mundo sobre la base de activos intangibles como tecnología, marcas y habilidades directivas. El punto culminante de su expansión mundial se alcanzó en los años sesenta y principios de los setenta, cuando las barreras al comercio y a la inversión desaparecieron gradualmente en todo el mundo (Chandler, 1990; Wilkins, 1974; Kindleberger, 1969; Vernon, 1979).

Aunque en aquel momento ya se documentaron variaciones significativas en la estrategia y en la estructura de las multinacionales norteamericanas y europeas (Stopford y Wells, 1972), y el auge de las multinacionales japonesas durante los años setenta y ochenta añadió aún más diversidad al universo de las corporaciones multinacionales (Kenney y Florida, 1993), las empresas de países relativamente ricos y tecnológicamente avanzados tenían en común una serie de características. Entre ellas destacaban sus fortalezas tecnológicas, de marketing y directivas, que les permitieron superar la llamada «desventaja del extranjero» en diversos mercados, invirtiendo en su mayor parte en subsidiarias de plena propiedad o de propiedad mayoritaria, transfiriendo tecnología, productos y experiencia desde sus oficinas centrales hasta las operaciones más remotas repartidas por todo el mundo y estableciendo controles burocráticos y financieros.

No obstante, en las dos últimas décadas las nuevas multinacionales de países emergentes, de ingresos medio-altos o ricos en petróleo han seguido modelos totalmente diferentes de expansión internacional. El inesperado aumento de importancia de empresas como Cemex de México, Embraer de Brasil, Haier de China, Tata Consultancy Services de India o Banco Santander de España hace que nos hagamos tres preguntas fundamentales. Primera, ¿tienen estas empresas algunas características distintivas que las diferencien de las empresas multinacionales tradicionales? Segunda, ¿qué ventajas les han permitido operar y competir no sólo en países con el mismo o más bajo nivel de desarrollo económico sino también en economías de mayor renta per cápita? Tercera, ¿cómo han sido capaces de expandirse al exterior a una velocidad vertiginosa, desafiando la sabiduría convencional acerca de las ventajas de un desarrollo escalonado de la expansión internacional? Antes de estar en posición de contestar a estas preguntas, esbozaremos los postulados de la teoría establecida de las empresas multinacionales, al objeto de explorar en qué medida sus postulados básicos necesitan ser reexaminados.

La teoría de la empresa multinacional

Aunque las empresas multinacionales han existido desde hace mucho tiempo, los investigadores no intentaron entender la naturaleza y los factores determinantes de sus actividades transfronterizas hasta la década de los cincuenta del siglo pasado. El mérito de ofrecer el primer análisis global de la empresa multinacional y de la IDE se le reconoce al economista Stephen Hymer, que en su tesis doctoral observó que el «control de la empresa extranjera se desea para acabar con la competencia entre aquella empresa extranjera y las empresas en otros países [...] o el control se desea para apropiarse de la totalidad de los rendimientos de determinadas habilidades y capacidades» (Hymer, 1960:25). Su aportación fundamental fue que las empresas multinacionales poseen cierto tipo de ventajas propias que las diferencian de las empresas meramente nacionales, ayudándoles de esta forma a superar la «desventaja del extranjero».

Las multinacionales existen porque ciertas condiciones económicas y ventajas propias hacen que sea conveniente y posible para ellas realizar de manera rentable la producción de un bien o de un servicio en un emplazamiento extranjero. Es importante distinguir entre la expansión vertical y la horizontal en el exterior para entender completamente los principios económicos básicos que subyacen en las actividades de las empresas multinacionales en general y de las «nuevas» multinacionales en particular. La expansión vertical se produce cuando la empresa sitúa bienes o empleados en un país extranjero con el propósito de asegurar la producción de una materia prima, un componente o un insumo (expansión vertical hacia atrás) o la distribución y venta de un bien o servicio (expansión vertical hacia delante). La condición necesaria para que una empresa se expanda verticalmente es la existencia de una ventaja comparativa en el emplazamiento en el exterior. Típicamente la ventaja tiene que ver con los precios o con los rendimientos de factores de producción como capital, trabajo o tierra. Por ejemplo, una empresa textil puede considerar producir en un emplazamiento extranjero gracias a los bajos costes de mano de obra.

Sin embargo, es importante comprender que la mera existencia de una ventaja comparativa en un emplazamiento extranjero no significa que la empresa deba expandirse verticalmente. La condición necesaria de los bajos costes de mano de obra o un mayor rendimiento, o ambos, no es suficiente. Después de todo, la empresa puede beneficiarse de la ventaja comparativa en el emplazamiento extranjero simplemente pidiendo a un productor local que se convierta en su proveedor. La condición suficiente para justificar una inversión vertical en el exterior se refiere a las posibles razones que animan a la empresa a realizar por sí misma la producción en el exterior en lugar de confiar esa labor a otras empresas. Las dos razones principales son la incertidumbre en cuanto al suministro y la necesidad de invertir en activos específicos. Si la incertidumbre es alta, la empresa preferirá integrarse hacia atrás en el emplazamiento extranjero para asegurar que la cadena de suministro funciona adecuadamente y que los horarios de entrega se cumplen. Los activos específicos aparecen cuando la empresa y el proveedor extranjero necesitan realizar inversiones en activos específicos a la relación (activos que tan sólo son utilizables en el contexto de la relación entre las dos compañías) para que tenga lugar la operación de suministro. En esa situación la empresa preferiría expandirse hacia atrás para evitar el problema de «retención», es decir, el comportamiento oportunista y abusivo por parte del proveedor extranjero que intente extraer rentas de la empresa a la que suministra. Estas condiciones necesarias y suficientes también se aplican en el caso de la expansión vertical hacia adelante en un emplazamiento en el extranjero. La incertidumbre y la presencia de activos específicos a la relación, por ejemplo con un distribuidor extranjero, podrían forzar a la empresa a realizar las operaciones de distribución y venta por sí misma y/o a invertir en el emplazamiento extranjero para asegurar que los bienes y los servicios llegan al cliente final en la manera adecuada y a un coste razonable.

La expansión horizontal ocurre cuando la empresa establece una planta de producción o una instalación de distribución en un emplazamiento en el extranjero con el objetivo de vender en ese mercado y sin abandonar la producción de bienes o servicios en el país de origen. La decisión de expandirse horizontalmente se rige por factores distintos de aquellos que determinan la expansión vertical. La producción de un bien o servicio en un mercado exterior es aconsejable cuando existen barreras proteccionistas, altos costes de transporte, tipos de cambio de moneda desfavorables o una necesidad imperiosa para la adaptación a las peculiaridades de la demanda local que hacen que la exportación desde el país de origen sea inviable o no rentable. Como en el caso de la expansión vertical, estos obstáculos son simplemente una condición necesaria pero no suficiente. La empresa podría considerar las ventajas relativas de otorgar una licencia a un productor local en el mercado extranjero o de establecer una alianza con una empresa local. La condición suficiente para establecer una planta en propiedad o una instalación de distribución se da cuando la posesión de activos intangibles —marcas, tecnología, experiencia y otras habilidades específicas de la empresa— hace que otorgar una licencia sea un riesgo porque el titular de la licencia podría apropiarse, perjudicar o hacer mal uso de los activos de la empresa.[*]

Los investigadores en el campo de la gestión internacional también han reconocido que las empresas que poseen las ventajas competitivas necesarias no se convierten en multinacionales de la noche a la mañana, sino de forma gradual, pasando por diferentes etapas. De acuerdo con el marco conceptual propuesto originalmente por los investigadores de la Universidad de Uppsala en Suecia (Johanson y Wiedersheim-Paul, 1975; Johanson y Vahlne, 1977), las empresas se expanden al exterior según las características de cada país, comenzando por los más similares en términos de distancia sociocultural. Estos autores también proponen que en cada país extranjero las empresas establecen operaciones siguiendo una secuencia de pasos: exportaciones de manera irregular, exportaciones a través de agentes o distribuidores locales, filiales de ventas y,

---

[*] Para una síntesis del modelo económico básico de la empresa multinacional, véase Caves (1996). Stephen Hymer (1960) fue el primero en observar que las empresas se expanden horizontalmente para proteger (y monopolizar) sus activos intangibles. Otras aportaciones importantes son las de Buckley y Casson (1976), Teece (1977) y Hennart (1982).

por último, filiales de producción y distribución. Un conjunto similar de explicaciones y predicciones fue propuesto en 1966 por Vernon (1979) en su aplicación del ciclo de vida del producto a la dinámica de la localización de la producción. Según Vernon, la empresa asigna recursos a los mercados exteriores cuando acumula conocimiento y experiencia, gestionando los riesgos de expansión y superando así la desventaja del extranjero. Un importante corolario es que la empresa se expande al exterior en la medida en que su experiencia y su conocimiento lo permiten.

Las «nuevas» multinacionales entran en escena

Los primeros investigadores del fenómeno de las empresas multinacionales de los países en vías de desarrollo, recientemente industrializados, emergentes, o de rentas medio-altas, centraron su atención tanto en las inversiones verticales como horizontales llevadas a cabo por estas empresas, pero sobre todo en las últimas. Las inversiones verticales, después de todo, son fácilmente justificables en términos del deseo de reducir la incertidumbre y minimizar el oportunismo cuando se necesitan inversiones en activos específicos, tanto si la empresa multinacional procede de un país desarrollado como si no (Lecraw, 1977; Lall, 1983; Wells, 1983; Caves, 1996:238-241). Las inversiones horizontales de las nuevas empresas multinacionales, no obstante, son más arduas de explicar porque se supone que son llevadas a cabo por la posesión de activos intangibles, y las empresas de países en vías de desarrollo no se espera que los posean, al menos la misma clase de activos intangibles que las multinacionales ya establecidas procedentes de los países ricos (Lall, 1983:4). Esta paradoja se hace más evidente con la segunda oleada de inversión en el exterior procedente de países en vías de desarrollo, que comienza a finales de los años ochenta. A diferencia de la primera oleada de inversión en el exterior proveniente de los países en vías de desarrollo que tuvo lugar en los años sesenta y setenta (Lall, 1983; Wells, 1983), las nuevas multinacionales de los ochenta y los noventa pretenden convertirse en líderes mundiales en sus respectivos sectores, dejando de ser jugadores marginales (Mathews, 2006). Además, las nuevas empresas multinacionales no proceden sólo de países emergentes. Algunas empresas catalogadas como empresas nacidas globales *(born-globals)* o renacidas globales *(born-again born-globals)* (Bell, McNaughton y Young, 2001; Rialp et al., 2005) han surgido de países desarrollados siguiendo trayectorias aceleradas de internacionalización que desafían la visión gradual de la expansión internacional.

Las principales características de las nuevas multinacionales, comparándolas con las tradicionales, aparecen en la tabla 2.1. Las dimensiones de la tabla realzan las diferencias clave entre las multinacionales nuevas y las convencionales. Quizá lo que más llama la atención es el ritmo acelerado de la internacionalización de las nuevas multinacionales, a medida que han intentado reducir la distancia entre su cobertura de mercado y la presencia global de las empresas multinacionales de los países más desarrollados (Matthews, 2006).

Una segunda característica de las nuevas multinacionales es que, independientemente del país de origen, han estado obligadas a superar no sólo la desventaja del extranjero, sino también la desventaja de ser recién llegados a la escena internacional y carecer, por tanto, de los recursos y de las capacidades de las multinacionales establecidas de los países más avanzados. Por esta razón, la expansión internacional de las nuevas multinacionales corre en paralelo al proceso de mejora y actualización de capacidades a través del cual los recién llegados buscan el acceso a recursos y capacidades externas para ponerse al nivel de sus competidores más avanzados, reduciendo su diferencial de competitividad con respecto a las multinacionales establecidas (Mathews, 2006; Aulakh, 2007; Li, 2007). No obstante, a pesar de carecer de una dotación de recursos equivalente a los de las empresas multinacionales de los países desarrollados, las nuevas multinacionales tienen, normalmente, una ventaja sobre ellas, y que es que tienden a poseer unas capacidades políticas más fuertes. Como las nuevas multinacionales están más acostumbradas a relacionarse con gobiernos discrecionales y/o inestables en sus países de

TABLA 2.1. *Las nuevas multinacionales comparadas con las multinacionales tradicionales.*

Dimensión	Nuevas multinacionales	Multinacionales tradicionales
Velocidad del proceso de internacionalización	Acelerada	Desarrollo gradual
Ventajas competitivas	Débiles: desarrollo de recursos requerido	Fuertes: los recursos necesarios están disponibles internamente
Capacidades políticas	Fuertes: empresas acostumbradas a entornos políticos inestables	Débiles: empresas acostumbradas a entornos políticos estables
Trayectoria de expansión	Trayectoria dual: entrada en países emergentes para acceder a sus mercados y en países desarrollados para desarrollar y renovar sus capacidades	Trayectoria sencilla: de países más cercanos a más distantes
Modos de entrada preferidos	Crecimiento externo: alianzas, empresas conjuntas y adquisiciones	Desarrollo interno: filiales de plena propiedad
Adaptabilidad organizativa	Alta, debido a su reciente y relativamente limitada presencia internacional	Baja, debido a sus arraigadas estructura y cultura organizativas

origen, están mejor preparadas que las multinacionales tradicionales para triunfar en países extranjeros caracterizados por un entorno institucional débil (Cuervo-Cazurra y Genc, 2008; García-Canal y Guillén, 2008). Teniendo en cuenta la alta tasa de crecimiento de los países emergentes y su peculiar ambiente institucional, las capacidades políticas han sido especialmente valiosas para las nuevas multinacionales.

Estas tres primeras características llevan a otra característica clave de las nuevas multinacionales: su trayectoria dual en la expansión internacional. Las nuevas multinacionales se en-

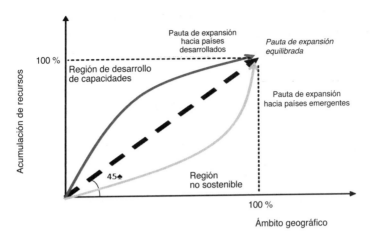

Fig. 2.1. *Pautas de expansión internacional de las nuevas multinacionales en países desarrollados y emergentes.*

frentan a un dilema importante en su expansión internacional porque necesitan equilibrar el deseo de una mayor cobertura global de mercado con la necesidad de aumentar sus capacidades. Pueden usar fácilmente sus ventajas competitivas acumuladas en el país de origen en otros países emergentes o en vías de desarrollo, pero deben también entrar en países más avanzados para exponerse a la demanda más exigente y desarrollar así sus capacidades. Esta tensión se refleja en la figura 2.1. Las empresas pueden expandirse internacionalmente de forma que puedan aumentar sus capacidades, ampliar su ámbito geográfico de actuación, o ambas opciones simultáneamente. Aunque algunas multinacionales de mercados emergentes pueden centrarse sólo en este tipo de países para su expansión internacional, convirtiéndose en lo que Ramamurti y Singh (2009) llaman optimizadores locales, la expansión corporativa de las nuevas multinacionales normalmente supone moverse simultáneamente en ambas direcciones: mejora de sus capacidades competitivas y aumento de su cobertura geográfica. A lo largo de la diagonal, la empresa persigue una trayectoria de crecimiento equilibrada, que coincide con la pauta habitual de expansión de las multinacionales establecidas. Encima de la diagonal se encuentra la región de acumulación de capacidades, en la que la empresa sacrifica el número de países en los que opera (es decir, su cobertura geográfica) para reducir distancias con otros competidores, sobre todo los procedentes de economías avanzadas. Debajo de la diagonal, la empresa entra en una región insostenible porque, al priorizar la cobertura global sin aumentar las capacidades de la empresa, pone en peligro su futuro. La tensión entre mejora de capacidades y aumento de la cobertura global obliga a las nuevas multinacionales a entrar simultáneamente en países desarrollados y en vías de desarrollo, ya desde los comienzos de su expansión internacional. La entrada en países en vías de desarrollo les ayuda a aumentar de tamaño, acumular experiencia operativa y generar beneficios, mientras que aventurarse en países desarrollados contribuye fundamentalmente al proceso de mejora de sus capacidades competitivas. Las nuevas multinacionales han tendido a introducirse en países en vías de desarrollo al comienzo de su expansión internacional y han limitado su presencia en países desarrollados a unos pocos emplazamientos donde pueden crear capacidades, bien porque tienen un socio allí o porque han adquirido una empresa local. A medida que van recuperando competitividad con respecto a las multinacionales establecidas, las nuevas multinacionales comienzan a invertir más en los países desarrollados para posicionarse en los mercados de esos países, aunque también realizan adquisiciones en ellos para asegurarse activos estratégicos, como tecnología o marcas.

Una quinta característica de las nuevas multinacionales es su preferencia por participar en procesos basados en crecimiento externo (tabla 2.1). Estas empresas utilizan simultáneamente las alianzas globales (García-Canal et al., 2002) y las adquisiciones (Rui y Yip, 2008) para superar la desventaja del extranjero en el país del socio/objetivo y conseguir acceder a sus ventajas competitivas, con el propósito de aumentar sus propios recursos y capacidades. Cuando participan en alianzas globales, las nuevas multinacionales utilizan su posición de mercado en su país de origen para, a cambio de facilitar la entrada de sus socios en el mismo, acceder recíprocamente a los mercados nacionales de sus socios y/o a su tecnología. Además del tamaño del mercado local, su poder de negociación para participar en estas alianzas aumenta con la fortaleza de su posición en el mercado. Este hecho viene ilustrado con el caso de algunas nuevas multinacionales del sector de electrodomésticos, como Haier de China, Mabe de Mexico o Arcelik de Turquía, cuya expansión internacional se potenció mediante alianzas con líderes mundiales que les permitieron aumentar sus competencias tecnológicas (Bonaglia et al., 2007). Los procesos de mejora de capacidades competitivas basados en adquisiciones han sido posibles en algunos casos debido al acceso privilegiado de las nuevas multinacionales a recursos financieros, subsidios gubernamentales o imperfecciones del mercado de capitales, como se pone de manifiesto en el caso de las multinacionales chinas (Buckley et al., 2007).

Una última característica de las nuevas multinacionales es que disfrutan de más libertad para implementar las innovaciones organizativas para adaptarse a los requisitos de la globalización, al no adolecer de las limitaciones típicas de las multinacionales establecidas. Como consecuencia de su larga tradición y las peculiaridades de su desarrollo, muchas multinacionales de las economías desarrolladas sufren la fuerza de la inercia y la dependencia de la trayectoria seguida, que se manifiesta en la dificultad para cambiar sus profundos valores arraigados, su cultura y su estructura organizativa. Matthews (2006) señala que las nuevas multinacionales de Asia han adoptado una serie de formas organizativas innovadoras que se adaptan a sus necesidades, incluyendo estructuras de red y descentralizadas.

Cuando analizan las inversiones en el extranjero de las nuevas multinacionales de los años sesenta y setenta, los investigadores centran su atención en dos importantes cuestiones, a saber: sus motivaciones y las ventajas específicas de la empresa, si las hay. La tabla 2.2 resume los principales motivos recogidos en la bibliografía. Como señalamos antes, los investigadores documentaron y explicaron fácilmente el deseo de algunas de las nuevas multinacionales de integrarse verticalmente hacia atrás o hacia delante en los mercados extranjeros para reducir la incertidumbre y el oportunismo en la relación entre la empresa y el proveedor de la materia prima, o entre la empresa

Tabla 2.2. *Motivaciones para la realización de inversiones directas en el exterior por parte de las nuevas multinacionales.*

Motivación	Descripción	Referencias
Integración vertical hacia atrás buscando materias primas	La empresa busca asegurar el suministro de inputs cruciales ante la presencia de incertidumbre o la necesidad de realizar inversiones específicas	Lall,a 1983; Wells, 1983; Fields, 1995; UNCTAD, 2006
Integración vertical hacia delante en nuevos mercados	La empresa busca garantizar el acceso a clientes y mercados ante la necesidad de realizar inversiones específicas	Wells, 1983; Fields, 1995; UNCTAD, 2006
Restricciones gubernamentales en el país de origen	La empresa trata de superar las restricciones gubernamentales al crecimiento que existen en su propio mercado	Lall, 1983; Wells, 1983; UNCTAD, 2006
Reparto de riesgos	La empresa localiza activos en diferentes países para gestionar el riesgo	Lecraw, 1977
Llevar el patrimonio personal al extranjero	La empresa invierte en el exterior al objeto de que el propietario o propietarios diversifiquen el riesgo de su inversión en la empresa entre diferentes países	Wells, 1983
Acompañar a un cliente del país de origen en sus proyectos internacionales	La empresa sigue a sus clientes del país de origen a medida que ellos realizan inversiones directas horizontales en otros países	Wells, 1983; UNCTAD, 2006
Inversión en nuevos mercados como respuesta a reformas económicas en el mercado de origen	Empresas que como consecuencia de las políticas de privatización y/o desregulación en su país de origen ven amenazada la posición monopolística u oligopolística que disfrutan en el mismo	Guillén, 2005; Goldstein, 2007
Adquirir activos intangibles específicos de otras empresas	La empresa adquiere empresas en países más desarrollados con la finalidad de ganar acceso a su activos intangibles	Lall, 1983; UNCTAD, 2006
Explotar activos intangibles específicos de la propia empresa	Véase la tabla 2.3	

y el distribuidor o agente en el mercado extranjero. Los trabajos de investigación se documentaron principalmente con evidencia de empresas de Corea del Sur y Taiwán, sobre todo a través de la creación de compañías de comercio exterior, en algunos casos con el respaldo y el apoyo financiero del gobierno (Fields, 1995:183-237). Por ejemplo, mientras que en los años sesenta una minúscula proporción de las exportaciones de Corea del Sur llegaban a mercados extranjeros a través de la distribución y los canales de venta establecidos por las empresas surcoreanas, en los años ochenta aproximadamente el 50% de las mismas eran totalmente internalizadas, es decir, gestionadas por los propios exportadores (Cho, 1987). Como cabía esperar, las nuevas multinacionales sintieron las presiones de la incertidumbre y la presencia de activos específicos de manera más fuerte que si hubieran desarrollado activos intangibles. Por ejemplo, utilizando como prueba una encuesta realizada en 1992 a una muestra representativa de 837 empresas exportadoras españolas, Campa y Guillén (1999) encontraron que las empresas con mayores gastos en I+D tenían más probabilidad de internalizar operaciones de exportación. Un estudio reciente de la evidencia empírica concluyó que muchas de las nuevas multinacionales, especialmente en los sectores de extracción y manufacturero, se convirtieron en multinacionales cuando se integraron verticalmente hacia atrás o hacia delante (UNCTAD, 2006).

Los investigadores también documentaron que las empresas multinacionales de países en vías de desarrollo quisieron expandirse al exterior para superar las limitaciones impuestas por el gobierno del país de origen en el mercado local. En muchos países en vías de desarrollo y recién industrializados, limitaciones tales como los sistemas de licencias, la distribución de cuotas y las restricciones a la exportación privaron a las empresas de tener suficientes oportunidades de crecimiento a su disposición; de ahí el deseo de expandirse al exterior (Lall, 1983; Wells, 1983). En parte relacionado con el motivo anterior, las empresas sintieron la necesidad de diversificar riesgos situando activos en países diferentes (Lecraw, 1977). Este motivo estaba relacionado con la inestabilidad macroeconómica y política característica de muchos países en vías de desarrollo y recién industrializados. Una variante en este efecto tiene que ver con el caso de las multinacionales de propiedad familiar de países en vías de desarrollo bajo la amenaza de escrutinio o confiscación por parte del gobierno (Wells, 1983).

Los primeros estudios sobre las nuevas multinacionales también identificaron la relación cliente-proveedor como motivo para que un proveedor estableciera servicios de producción en un país extranjero en el que el cliente ya tenía presencia (Wells, 1983; UNCTAD, 2006). En algunos casos, tanto el cliente como el proveedor son empresas del país de origen que se siguieron uno al otro al exterior, mientras que en otros casos, el comprador es una multinacional de un país desarrollado que le pide a su proveedor de un país en vías de desarrollo o recién industrializado que se sitúe con él, tanto en su país de origen, como en los otros países (Guillén, 2005).

Los investigadores también prestaron atención a los activos intangibles específicos y propios de las nuevas multinacionales, señalando que se dedicaron a la inversión exterior con el propósito no sólo de adquirir esos activos sino también de explotarlos. La expansión exterior orientada a adquirir activos intangibles, principalmente tecnología y marcas, no fue muy importante durante los años setenta y ochenta, pero ha comenzado a generalizarse en las dos últimas décadas (UNCTAD, 2006). Con la llegada de la liberalización de los movimientos de capital y de los tipos de cambio en muchos países en vías de desarrollo y recién industrializados, las nuevas multinacionales han tenido más margen de maniobra para realizar adquisiciones, algunas de varios millardos de dólares. Muchos de estos acuerdos se han centrado en compañías o divisiones en crisis, localizadas en Estados Unidos y en Europa, que poseen algunas marcas y productos tecnológicos que las nuevas multinacionales están en mejor posición de explotar, debido a sus capacidades manufactureras superiores o más eficientes.*

* Hennart (2009) manifiesta que la mayor eficacia en los mercados de activos y de derechos sobre los activos en los países desarrollados hace que las empresas se diversifiquen menos y, por esta razón, sean más modulares, es decir, es más fácil que sean asumidas e integradas por una multinacional de mercados emergentes dispuesta a adquirir tecnología y experiencia externa.

Las adquisiciones no han sido la única vía para acceder a activos intangibles. La evidencia pone de manifiesto que la rapidez de la expansión internacional de las nuevas multinacionales ha sido facilitada por una serie de alianzas internacionales dirigidas a poder acceder a recursos y habilidades fundamentales que permitan a estas empresas ponerse al nivel de las nuevas multinacionales de los países desarrollados. Como señalamos antes, estas alianzas y adquisiciones han sido fundamentales para que estas empresas igualen en competitividad a las multinacionales de los países desarrollados. Por esta razón, la expansión internacional de las nuevas multinacionales corre en paralelo con el proceso de mejora de sus capacidades competitivas. No obstante, a veces la mejora en las capacidades de la empresa precede a la expansión internacional. Éste es el caso, por ejemplo, de algunas empresas públicas que sufren un proceso de restructuración antes de su internacionalización y de su privatización (Cuervo y Villalonga, 2000). En otros casos, la mejora de capacidades sigue a la expansión internacional. Esto puede suceder en sectores regulados, donde las empresas se enfrentan a fuertes incentivos para establecer rápidamente operaciones en el momento y en el lugar en que surge una oportunidad, y frecuentemente a través de adquisiciones en lugar de inversiones de nueva planta (Sarkar et al., 1999; García-Canal y Guillén, 2008). Cuando las oportunidades para la expansión internacional en estos sectores dependen de la privatización y de la desregulación, algunas empresas que carecen de ventajas competitivas se expanden al exterior aprovechando sus flujos de caja cuando la ocasión se presenta. Como señalamos antes, parecía que las inversiones horizontales y verticales planteaban un reto a las teorías establecidas de las multinacionales. La literatura había hecho hincapié desde finales de los años cincuenta en que las multinacionales en general emprendieron las inversiones horizontales sobre la base de activos intangibles como la tecnología propia, las marcas o la experiencia. La literatura anterior a las nuevas multinacionales simplemente asumió que las empresas de los países en vías de desarrollo y recién industrializados carecían de la clase de activos intangibles característicos de las multinaciona-

49

les americanas, japonesas o europeas (Lall, 1983:4). De hecho, todos los estudios encontraron que las nuevas multinacionales poseían unos niveles de tecnología, habilidades de marketing, estructura organizativa, escala productiva, intensidad de capital y control sobre las subsidiarias en el exterior, menores que los de sus socios de los países ricos (Lecraw, 1977; Lall, 1983; Wells, 1983).

Aun así, las inversiones horizontales no se pueden explicar sin la presencia de algún tipo de activo intangible. La tabla 2.3 detalla los principales tipos de activos intangibles que poseen las nuevas multinacionales, tal y como se recoge en la bibliografía existente. Durante los años setenta y ochenta, la investigación se centró en capacidades como la adaptación de la tecnología a los mercados típicamente de menor escala o de países en vías de desarrollo o recién industrializados, en su mano de obra barata o en mercados imperfectos de insumos (Lecraw, 1977; Lall, 1983; Heenan y Keegan, 1979, Ferrantino, 1992; Tolentino, 1993). También se encontró que las multinacionales de bienes de consumo de estos países poseían una clase diferente de activos intangibles, llamados «marcas étnicas», que atrajeron no sólo a los clientes del mercado de origen, sino también a la diáspora étnica en los países extranjeros, sobre todo en Europa y Estados Unidos (Lecraw, 1977; Wells, 1983; Ferrantino, 1992; Goldstein, 2007:117-122). Otros investigadores señalaron que las nuevas multinacionales poseían una capacidad asombrosa para mejorar incrementalmente los productos disponibles y desarrollar variaciones especializadas para determinados nichos de mercado (Lall, 1983; UNCTAD, 2006).

Durante los años ochenta, los estudiosos del llamado milagro económico del este asiático destacaron otro activo intangible, que tiene que ver con la capacidad de organizar la producción y ejecutar eficientemente proyectos de gran escala con la ayuda de la tecnología tomada del extranjero en sectores tan diversos como acero, electrónica, automoción, construcción naval, desarrollo de infraestructuras y construcción de plantas llave en mano (Amsden y Hikino, 1994). Los investigadores también propusieron que estas capacidades facilitaron el crecimiento de grupos empresariales diversificados (Guillén, 2000;

TABLA 2.3. *Activos intangibles de las nuevas multinacionales.*

Activo intangible	Descripción	Referencias
Adaptación tecnológica	Adaptación de la tecnología disponible a mercados de producto de baja escala, mano de obra barata y/o mercados de producto ineficientes	Lecraw, 1977; Lall, 1983; Heenan y Keegan, 1979; Ferrantino, 1992; Tolentino, 1993
Adaptación temprana de nueva tecnología	Implementación de nueva tecnología desarrollada externamente, especialmente en sectores de infraestructuras como la construcción, electricidad o telecomunicaciones	Guillén, 2005; UNCTAD, 2006
Marcas étnicas	Marcas de consumo con atractivo para las comunidades de ciudadanos del país de origen residentes en el extranjero	Lecraw, 1977; Heenan y Keegan, 1979; Lall, 1983; Wells, 1983; Ferrantino, 1992
Producción y ejecución de proyectos eficientes	Capacidad para asimilar tecnología, combinar recursos y realizar innovaciones organizativas de tal forma que se reduzcan los costes y se potencie el aprendizaje	Amsden y Hikino, 1994; Guillén, 2000; Kock y Guillén, 2001; Matthews, 2006; UNCTAD, 2006; Goldstein, 2007; Ramamurti, 2009; Ramamurti y Singh, 2009
Innovación de producto	Mejoras incrementales del producto; productos especializados para nichos de mercado	Lall, 1983; UNCTAD, 2006
Habilidad para el emprendimiento institucional	Habilidades y conocimiento tácito necesarios para operar en el peculiar contexto institucional de los países menos desarrollados	Lall, 1983; Lecraw, 1993; Caves, 1996; Ramamurti, 2009
Experiencia en la gestión de adquisiciones	Experiencia acumulada en el mercado de origen en relación a la gestión de adquisiciones y los procesos de reestructuración corporativa que ayudan a crear valor en las adquisiciones internacionales	Guillén, 2005; García-Canal y Guillén, 2008
Habilidades para la creación y desarrollo de redes	Capacidad para desarrollar redes de relaciones cooperativas	Buckley et al., 2007; Dunning 2002; Matthews, 2006

Tabla 2.3. *(Continuación)*

Capacidades políticas	Facilidad para relacionarse con los gobiernos locales y para gestionar el riesgo político en países emergentes	Lecraw, 1977; Lall, 1983; García-Canal y Guillén, 2008; Goldstein y Pritchard, 2009

Kock y Guillén, 2001; Ramamurti, 2009; Ramamurti y Singh, 2009), lo que a su vez hizo más fácil para las empresas dentro del mismo grupo expandirse e invertir en el exterior recurriendo a recursos financieros, directivos y organizativos del grupo (Lall, 1983:6; Guillén, 2002; Matthews, 2006; UNCTAD, 2006; Goldstein, 2007:87-93). Un ejemplo específico de habilidad directiva que se convirtió en crucial en la internacionalización acelerada es la capacidad de dirigir de manera eficaz fusiones y adquisiciones o alianzas estratégicas. Estas capacidades se hacen esenciales cuando extraen el valor de estas combinaciones organizativas, que son necesarias para aprender y conseguir acceso a recursos necesarios para incrementar la competitividad internacional de la empresa (Zollo y Singh, 2004; Kale et al., 2000). Las habilidades acumuladas en la gestión de fusiones y adquisiciones y la restructuración corporativa de las grandes empresas españolas que compiten en sectores regulados fue crucial para su expansión internacional hacia América Latina (Guillén, 2005; García-Canal y Guillén, 2008). Buckley et al. (2007), tras analizar el éxito de las empresas chinas que sacaron provecho de la diáspora china, argumentaron que algunas empresas tienen la capacidad de establecer relaciones beneficiosas con otras empresas en posesión de recursos valiosos necesarios para triunfar en los mercados globales. La adopción de estructuras de redes también ha ayudado al desarrollo de las nuevas multinacionales al hacer más fácil la coordinación de las actividades internacionales (Mathews, 2006). No obstante, en muchos casos las relaciones del país de origen también han permitido a estas empresas aprovecharse de la experiencia de la empresa con la que ellas tienen un vínculo (Elango y Pattnaik, 2007; Yiu et al., 2007).

En los últimos años, los investigadores de las nuevas multinacionales han prestado atención a otro tipo de activos intangibles. A nivel tecnológico, los datos empíricos evidencian que las empresas de países en vías de desarrollo, recién industrializados y de renta medio-alta se enfrentan a menos obstáculos cuanto adoptan tecnología nueva que sus competidores más establecidos provenientes de países ricos. Esto sucede, sobre todo, en sectores como construcción, electricidad, operadores portuarios o telecomunicaciones, en los que empresas de Brasil, Chile, México, Corea del Sur, España y Dubai, entre otros países, han demostrado una capacidad superior para tomar prestada tecnología y organizar operaciones eficientes en diferentes mercados (Guillén, 2005; UNCTAD, 2006). Otra área de reciente investigación teórica y empírica es la que tiene que ver con la experiencia política que las nuevas multinacionales parecen poseer por haber estado obligadas a operar originalmente en ambientes fuertemente regulados, y luego rápidamente en los no regulados, como se aprecia en la expansión de empresas españolas del sector bancario, eléctrico, aguas y telecomunicaciones en América Latina y, más recientemente, en Europa (García-Canal y Guillén, 2008). Los primeros investigadores de las nuevas multinacionales no pasaron por alto esta capacidad «política»; al contrario, ellos señalaron, como era de esperar, que estas empresas poseían una «capacidad emprendedora institucional» que les permitió operar eficazmente en las condiciones políticas, reguladoras y culturales características de los países en vías de desarrollo (Lall, 1983; Lecraw, 1993; Caves, 1996; Goldstein, 2007:99-102; Ramamurti, 2009). La gestión del riesgo político y regulador fue identificada en algunos estudios como una capacidad competitiva clave (Lecraw, 1977; Lall, 1983). En los últimos veinte años se ha añadido un nuevo giro a esta comprensión teórica después de observar que las nuevas multinacionales están realizando adquisiciones y están aumentando su presencia en las industrias de infraestructuras de los países ricos de Europa y Norteamérica, incluyendo la generación y distribución de energía, telecomunicaciones, agua, aeropuertos, puertos y autopistas de peaje, entre otras (Guillén, 2005; véase también Goldstein y Pritchard, 2009). La reciente expansión corporativa de empresas españolas de sectores regulados en América Latina indica que tienden a invertir en aquellos países donde sus capacidades políticas son más valiosas, es decir, países con inestabilidad política alta. Las empresas españolas de sectores regulados redujeron con el tiempo su propensión a invertir en países políticamente inestables, demostrando que es más fácil moverse de países políticamente inestables a países estables que al contrario (García-Canal y Guillén, 2008).

Es fundamental destacar que, aunque las habilidades directivas, organizativas y políticas de las nuevas multinacionales pueden no ser «patentables», son escasas, difíciles de imitar y valiosas; esto es, reúnen las tres condiciones que identifican una verdadera «capacidad» (Barney, 1986; Peteraf, 1993; Markides y Williamson, 1996). La expansión internacional de las nuevas multinacionales no puede ser entendida sin tener en cuenta estos activos intangibles tecnológicos propios de la empresa, que le han permitido conseguir rentas de la escasez, además de beneficios extraordinarios surgidos de la competencia imperfecta. De este modo, los activos intangibles han jugado un papel clave en el auge de las nuevas multinacionales, si bien tales activos no han solido ser ni tecnología ni marcas, como en el caso de las multinacionales tradicionales (Caves, 1996), sino más bien activos de carácter directivo, organizativo y político.

Un aspecto importante al que los primeros investigadores de las nuevas multinacionales no prestaron suficiente atención fue que, dependiendo del país de origen, estas empresas que invertían en el exterior solían despuntar en ciertos sectores y no en otros (UNCTAD, 2006). De este modo, las multinacionales surcoreanas han destacado en automoción y electrónica, las taiwanesas en componentes industriales, las brasileñas en productos de automoción y aeroespaciales, las mexicanas en marcas étnicas y en producir bienes como cemento, las españolas en sectores regulados y de infraestructura, las indias en servicios de información, y las chinas (por el momento) en bienes ensamblados. Al hacerlo, las empresas originarias de países en vías de desarrollo, recién industrializados y de renta medio-alta han acumulado activos intangibles propios de la empresa que les han permitido competir con éxito mediante exportaciones interiorizadas e inversiones horizontales, incluso en los países más avanzados del mundo.

Este proceso de inversión exterior desde un país menos desarrollado a otro más desarrollado es anómalo sólo cuando se analiza superficialmente. El nivel global de desarrollo de un país, medido por indicadores como el PIB per cápita, suele ocultar importantes diferencias en la competitividad de los distintos sectores y empresas. Muchos países contienen reductos o enclaves de excelencia rodeados de empresas ineficientes. La literatura sobre aglomeraciones *(clusters)* geográficas y economías de aglomeración ha destacado que las empresas crean capacidades cuando se relacionan con otras empresas situadas en su proximidad (Cortright, 2006; Porter, 1998). Estos trabajos ponen su énfasis en señalar que el nivel de análisis del país no es el apropiado para entender el impacto de la ubicación y la geografía. Irónicamente, uno de los factores que facilita el desarrollo de estas aglomeraciones y enclaves de excelencia podría ser la inversión directa del exterior y los acuerdos de externalización o subcontratación de las empresas situadas en países desarrollados que contribuyeron a la creación de agrupaciones industriales en los menos desarrollados (McKendrik et al., 2001; Meyer, 2004). Uno de los principales propósitos de este libro es descubrir con precisión estos modelos de especialización industrial a nivel local, con la idea de documentar las fuentes de ventaja competitiva que han permitido a las nuevas multinacionales expandirse por el mundo.

Cuando las nuevas multinacionales se han expandido en primer lugar hacia países localizados en la misma región, han seguido algunos de los modelos de expansión concordantes con el ciclo de vida del producto y las teorías de internacionalización (Lall, 1983; Wells, 1983; Goldstein, 2007). Además, cuando salen de su región de origen, suelen priorizar áreas cultural, política o económicamente similares, como ilustra el caso de la expansión de las empresas españolas por América Latina (Guillén, 2005). No obstante, las excepciones notables a este modelo tienen que ver con las inversiones en busca de activos estratégicos (Goldstein, 2007:85-87) y con el ritmo rápido al que han expandido su cobertura global (Matthews, 2006). Este libro también trata de entender las decisiones que las nuevas multinacionales han hecho en términos de mercados extranjeros para su expansión.

En resumen, nuestro enfoque analítico implica comparar las formas en las que las nuevas multinacionales desarrollan capacidades y aumentan su cobertura o alcance global. Como se recoge en la tabla 2.4, prestamos atención a tres maneras de desarrollar las capacidades, a saber: internamente, a través de alianzas o a través de adquisiciones. De manera parecida, las nuevas multinacionales han buscado aumentar su alcance global por medio de los tres modos más comunes de entrar en el extranjero: constitución de filiales en el exterior, alianzas y adquisiciones. En los siguientes capítulos se analizan de manera sistemática las circunstancias bajo las que las empresas españolas han desarrollado sus capacidades competitivas y han logrado un alcance global en varios sectores manufactureros y de servicios, comparando sus estrategias con las de sus competidores europeos y de mercados emergentes.

Conclusión

Las nuevas multinacionales son el resultado tanto de querer imitar a las multinacionales establecidas de los países ricos —a los que han intentado emular estratégica y organizativamente— como de la innovación en respuesta a las características peculiares de los países emergentes y en vías de desarrollo. El contexto en el que se ha llevado a cabo su expansión internacional también es relevante. Las nuevas multinacionales han surgido de países con entornos institucionales débiles, por lo que están acostumbradas a operar en países con regímenes de derechos de propiedad y sistemas legales débiles. La experiencia en el país de origen se volvió especialmente valiosa para las nuevas multinacionales porque muchos países con instituciones débiles están creciendo rápidamente y ellas habían desarrollado las capacidades para competir en tales ambientes.

TABLA 2.4. *Desarrollo de capacidades, presencia global*
y nuevas multinacionales.

Formas de desarrollo de capacidades	Formas de aumentar la presencia global		
	Nueva planta	Alianzas	Adquisiciones
Desarrollo interno	La empresa desarrolla capacidades tecnológicas o de marketing y las explota en una variedad de mercados a través de la inversiones en nueva planta	La empresa cuenta con capacidades tecnológicas o de marketing y utiliza las alianzas para superar barreras competitivas o regulatorias a la entrada en nuevos mercados	La empresa cuenta con capacidades tecnológicas o de marketing y utiliza las adquisiciones para superar barreras competitivas o regulatorias a la entrada en nuevos mercados
Alianzas	La empresa utiliza alianzas para desarrollar capacidades tecnológicas o de marketing, reservándose el derecho a entrar en solitario en mercados de su interés	La empresa utiliza las alianzas tanto para desarrollar capacidades como para acceder a nuevos mercados	La empresa utiliza alianzas para desarrollar capacidades tecnológicas, de marketing u organizativas, pero opta por las adquisiciones para superar barreras competitivas o regulatorias a la entrada en nuevos mercados
Adquisiciones	Ante la carencia de capacidades, la empresa realiza adquisiciones en determinados mercados que le permiten entrar en solitario en los demás países	Ante la carencia de capacidades la empresa realiza adquisiciones para desarrollarlas y utiliza alianzas para expandirse hacia otros países con barreras a la entrada	Ante la carencia de capacidades, la empresa realiza adquisiciones tanto para desarrollarlas como para expandirse hacia otros países

En resumen, las nuevas multinacionales han prosperado en un momento de globalización de mercado en el que, a pesar de las diferencias locales que todavía permanecen, el alcance y la proporción global son cruciales. Estas empresas han respondido a este reto embarcándose en una estrategia internacional acelerada basada en el crecimiento externo dirigido a aumentar sus capacidades e incrementar su alcance comercial global. Implementando esta estrategia, las nuevas multinacionales se aprovecharon de su posición de mercado en el país de origen e, irónicamente, de su escasa presencia internacional, que les permitió adoptar una estrategia y una estructura organizativa que resultó ser más apropiada para el actual escenario internacional, en el que las economías emergentes están creciendo de manera rápida.

También es importante destacar que las multinacionales establecidas de países ricos han adoptado algunos de los modelos de comportamiento de las nuevas multinacionales. El aumento de presión competitiva de estas últimas en sectores como cemento, acero, electrodomésticos, construcción, banca e infraestructuras ha provocado que muchas empresas norteamericanas y europeas empleen en menor medida estrategias tradicionales de diferenciación de producto y de estructuras integradas verticalmente. Hasta cierto punto, el auge de las organizaciones en red (véase, por ejemplo, Bartlett y Ghoshal, 1989) y el importante cambio hacia la externalización representa una respuesta competitiva a los retos a los que se enfrentaron las multinacionales establecidas. Por último, un tipo especial de nueva multinacional es el también llamado empresa nacida global, que se parece a las nuevas multinacionales en muchos aspectos, pero que ha surgido de países desarrollados.

Teniendo en cuenta todos estos hechos, es evidente que el modelo tradicional de multinacional está en declive. De hecho, la globalización, el cambio tecnológico y la mayoría de edad de países emergentes han facilitado el auge de un nuevo tipo de multinacional en la que la inversión exterior se lleva a cabo no sólo por la explotación de competencias específicas de la empresa, sino también por la exploración de nuevos modelos de innovación y formas de acceder a los mercados en el exterior. Además, las nuevas multinacionales se han expandido de manera rápida, sin seguir el modelo de internacionalización gradual, por etapas.

Es importante destacar, no obstante, que el declive del modelo tradicional de empresa multinacional no implica necesariamente la desaparición de las teorías existentes. De hecho, el núcleo de la explicación de la existencia de las multinacionales permanece válido; esto es, para realizar una expansión internacional, la empresa necesita poseer capacidades que le permitan superar la desventaja del extranjero. En otras palabras, sin capacidades específicas de la empresa no hay multinacionales. Nuestro análisis de las nuevas multinacionales ha puesto de manifiesto que su expansión internacional fue posible gracias a algunas capacidades valiosas desarrolladas en el país de origen, entre las que cabe señalar las de ejecución de proyectos, habilidades políticas y desarrollo de redes. De esta forma, la carencia de las clásicas capacidades tecnológicas o de marketing no implica la ausencia de otras capacidades valiosas que pueden proporcionar los cimientos para la expansión internacional. Es precisamente por esta razón que las nuevas multinacionales están aquí para quedarse. En los próximos capítulos ofrecemos un análisis más detallado del proceso por el que las nuevas multinacionales se apoyaron y aumentaron sus ventajas competitivas, estudiando casos seleccionados de nuevas multinacionales de diferentes sectores.

Una nota sobre la rivalidad oligopolística

Resumiendo la teoría de la empresa multinacional, Richard Caves observó que «las empresas multinacionales son grandes empresas que operan normalmente en industrias concentradas y extraen tanto beneficios de monopolio como rentas de sus activos específicos» (Caves, 1996:97). En efecto, la mayoría de las inversiones exteriores se realizan en sectores moderadamente concentrados, como petróleo, químico, automoción, electrónica o banca. Cuando las industrias fragmentadas se hacen más concentradas o cuando los monopolios son desregulados y liberalizados, se observa un aumento en la inversión exterior (Guillén, 2005; UNCTAD, 2006; Goldstein, 2007:99-102). Esto indica claramente que este fenómeno ocurre en países en vías de desarrollo, recién industrializados y de renta medio-alta, así como en países desarrollados. Por ejemplo, las empresas manufactureras de Corea del Sur en sectores moderadamente concentrados tuvieron más probabilidades de invertir en China durante finales de los años ochenta y noventa que las de otros sectores (Guillén, 2002). Es más, los datos han mostrado que las empresas de sectores moderadamente concentrados se siguen unas a las otras en los mercados extranjeros, un modo de comportamiento conocido como «reacción oligopolística» (Knickerbocker ,1973). Los competidores de los mismos sectores en Corea del Sur y en España, por ejemplo, suelen seguirse unos a otros a mercados exteriores (Guillén, 2001). Además de documentar y explicar las pautas sectoriales en cuanto a ventaja competitiva específica de la empresa y a elección del mercado exterior, este libro pretende clarificar el proceso de rivalidad oligopolística, que ha conducido a muchas de las nuevas multinacionales a continuar con la expansión al exterior. En los siguientes capítulos analizamos cada una de estas tres dinámicas, mostrando como la interacción entre ventajas comparativas de ubicación, capacidades propias de la empresa y estructuras de mercado han dado lugar a distintos tipos de nuevas multinacionales en diversos países del mundo.

Capítulo 3

Diversificación e integración vertical en sectores tradicionales

> Lo sabemos todo sobre panadería. Viajamos por todo el mundo mirando detenidamente todas las instalaciones de panadería. Podemos compararnos en cualquier lugar, y podemos detectar un buen número de oportunidades para aumentar la productividad.
>
> DANIEL SERVITJE, Consejero Delegado, Grupo Bimbo, citado por Siegel, 2008:13

> Sólo las marcas con renombre te permiten participar en la economía global. Esto no significa que si careces de una marca no puedas crecer, pero es un requisito para jugar en primera división.
>
> JOSEP LLUÍS BONET FERRER, Presidente y Consejero Delegado, Freixenet[*]

Los sectores agroalimentario y de bebidas presentan características «tradicionales» porque la dotación de recursos naturales y la ventaja comparada han determinado históricamente la estructura de la competencia en el mercado. No obstante, los cambios fundamentales tecnológicos y competitivos de las tres últimas décadas han permitido el auge de numerosas nuevas empresas multinacionales dentro de estos sectores. Además de la incorporación de nuevas tecnologías, la participación de

[*] *Fomento de la Producción*, n.º 1240, 1 de diciembre de 2004.

las empresas de este sector en la inversión directa en el exterior (IDE) ha aumentado considerablemente. Mientras que en 1990 el stock de inversión emitida acumulada en el exterior por los sectores agrícola, pesquero, de alimentación, de bebidas y de tabaco ascendía a 77 millardos de dólares, en 2007 había aumentado a 472 millardos de dólares, un cambio ligeramente más rápido que el del sector manufacturero en su conjunto. Aunque sólo el 1% aproximadamente del stock es atribuible a empresas de países en vías de desarrollo, la actividad inversora de las nuevas multinacionales de países emergentes ha aumentado diez veces, pasando de 0,6 a 6,0 millardos de dólares (UNCTAD, 2009:219).

El valor de las fusiones y las adquisiciones en agricultura, pesca, agroalimentación y bebidas también ha aumentado. En 2008 ascendía a 115,1 millardos de dólares o el 17,1% del total de la actividad de fusiones y adquisiciones en el mundo en términos de ventas de empresas, y a 82,7 millardos o el 12,0% en términos de compras de empresas, lo que indica que el sector atrae ante todo a adquirentes basados en otros sectores. Estas cifras representan un 53% de aumento sobre las ventas del 2007, y un 69% de incremento sobre las compras de empresas durante 2007, sobre todo llevadas a cabo por el aumento de los precios de los productos agrícolas y la consolidación de los sectores de bebidas y cervecero (UNCTAD, 2009:274). La mayoría de la actividad en fusiones y adquisiciones en el sector agroalimentario tiene que ver con los acuerdos de multi-millardos de dólares realizados por las dos compañías más grandes: Nestlé (con una cifra de negocio de 104,1 millardos de dólares anuales) y Unilever (57,1). Cada vez más, las nuevas multinacionales de las economías en vías de desarrollo y de las emergentes están haciéndose un hueco en la industria a escala global, incluyendo Bimbo y Gruma de México, y Arcor de Argentina en productos alimenticios, y San Miguel de Filipinas o Modelo de México en bebidas.

Como en el caso de otros países de Europa del Sur, América Latina y Asia, las empresas españolas del sector agroalimentario y de bebidas eran tradicionalmente pequeñas y orientadas hacia el mercado local. No obstante, las mejoras tecnológicas, de marcas y de escala productiva en las dos últimas décadas les han permitido jugar un papel cada vez más importante globalmente. Después de realizar una serie de inversiones en el exterior y adquisiciones en Europa, Norteamérica y Asia, Ebro Puleva se ha convertido en la mayor productora y comercializadora del mundo de arroz y en la segunda de pasta, Grupo SOS en la mayor compañía en aceite de oliva, Chupa-Chups en la segunda compañía en golosinas, Viscofán en el mayor fabricante de envolturas artificiales para la industria cárnica, y Freixenet en el mayor productor de vino espumoso. Mientras estas empresas parecen pequeñas al lado de las multinacionales de alimentación y de bebidas de los países más desarrollados del mundo, han conseguido forjarse un nicho rentable, aunque con diferentes grados de integración vertical y de diversificación de producto (tabla 3.1).

Debido a su diversidad climática y geográfica, España posee uno de los sectores agrícolas más grandes y más sofisticados del mundo. El país es el décimo productor de alimentos en términos de valor. En 2008 el sector de alimentación en su conjunto (agrícola, ganadero, caza y pesca) empleó a 879.000 trabajadores, y los sectores de procesado de alimentos y bebidas, a 509.000. Entre ambos exportaron 27,1 millardos de euros de carne, fruta, verduras, aceite y bebidas, el 81% al resto de la Unión Europea (MMAMRM, 2009:88, 1014, 1017-1019).

TABLA 3.1. *Estrategias de crecimiento en el sector agroalimentario y de bebidas.*

Diversificación de producto	Integración vertical	
	Baja	*Alta*
Alta	Bimbo Arcor*	Ebro Foods SOS Viscofán
Baja	Gruma	Freixenet*

* Arcor y Freixenet comenzaron su proceso de internacionalización con anterioridad a 1985.

España es a la vez un gran exportador y un gran importador de alimentos, con apenas un 2,5% más de exportaciones que de importaciones. Mientras exista alguna especialización en los mercados que dependen de los recursos naturales, España ilustra la importancia de prestar atención a las economías de escala y a la diferenciación de productos a la hora de explicar los complejos flujos de comercio e inversión internacional (Krugman, 1979, 1980). La estrategia y el éxito de las empresas españolas agroalimentarias y de bebidas no pueden entenderse sin prestar atención a la tecnología, a la escala productiva y a la diferenciación, tal y como demuestran los casos de Ebro Puleva, Grupo SOS, Viscofán y Freixenet.

Ebro Foods

Ebro Foods es el mayor productor y fabricante del mundo de arroz y el segundo de pasta. En España también encabeza el mercado en azúcar y productos lácteos. Tiene una fuerte presencia en el mercado en toda Europa y en el Acuerdo de Libre Comercio de América del Norte. Es la mayor compañía de arroz y pasta en Estados Unidos y Canadá. En 2009 sus ventas anuales ascendieron a 2,2 millardos de euros y empleó a 5.693 personas en todo el mundo. El 26% de las ventas se verificaron en España, el 43% en Europa y el 31% en Norteamérica. La pasta es la división más grande del grupo (42% de ventas), seguida del arroz (38) y los lácteos (20). A finales de 2008 vendió su división de producción y refino de azúcar a Associated British Foods por 385 millones de euros, un negocio sometido a bajos márgenes, exceso de capacidad y rigurosas regulaciones de la Unión Europea. La compañía también está presente en biotecnología y biocombustibles. La empresa es el resultado de la fusión en 2001 de una empresa de azúcar con 50 años de antigüedad y una productora de lácteos. En 2010 cambió su denominación social de Ebro Puleva a Ebro Foods.

Ebro Puleva es una empresa cotizada en Bolsa con una capitalización de mercado de 2,2 millardos de euros a finales de 2009. Su propiedad accionarial, no obstante, se encuentra bastante concentrada. A finales de 2008, casi un 15% del capital estaba controlado por el Instituto Hispánico del Arroz, la más importante productora de semilla de arroz de España, propiedad de la familia de Antonio Hernández Callejas, el Presidente y Consejero-Delegado de Ebro. El holding público SEPI posee el 8,4%, varias cajas de ahorros un 11%, y otras empresas de bebidas y alimentación otro 11%. La familia Hernández Callejas ha jugado un papel fundamental en el gobierno corporativo desde 1988, cuando se fusionaron Ebro Agrícolas y Sociedad General Azucarera, en un acuerdo orquestado por el Ministerio de Agricultura español como medio para dar a la compañía una estructura accionarial estable después de los escándalos asociados con la presencia de la Kuwait Investment Office en las industrias química y azucarera. La familia Hernández había estado presente en el negocio del arroz a través de Arrocerías Herba, una empresa que Ebro adquirió mediante una serie de acuerdos de canje de acciones que permitieron a la familia hacerse gradualmente con el control de Ebro. Antonio Hernández Callejas se convirtió en Vicepresidente de Ebro en 2002, y en Presidente y Consejero-Delegado en 2005.

Antes de su fusión, ni Ebro ni Puleva habían desarrollado fuertes capacidades competitivas que las hicieran destacar frente a otras empresas del sector. De hecho, en aquellos años se encontraban en el punto de mira de los adquirentes extranjeros dada sus precarias capacidades competitivas a nivel internacional y sus grandes cuotas de mercado local. Tradicionalmente, el sector de la alimentación español ha estado compuesto por empresas de tamaño medio y pequeño. Las grandes multinacionales europeas y norteamericanas de alimentación llegaron en los años sesenta y setenta a través de filiales propias. No obstante, durante los años ochenta las empresas extranjeras realizaron adquisiciones de empresas locales de control familiar que tenían problemas. Como parte de su programa de diversificación de cartera global, la Kuwait Investment Office aumentó su participación inicial en Ebro Agrícolas al 34%. El gobierno era muy consciente de que las empresas españolas carecían de capacidades competitivas para triunfar en el mercado único europeo. En el mercado oligopolístico del azúcar, que proporcionaba muchos puestos de trabajo en la zonas del interior de España, el gobierno se dio cuenta de que las empresas eran demasiado pequeñas para competir, y mostró mucho interés en fomentar las fusiones. La idea principal era que las economías de escala y un cambio de las estructuras de propiedad y directivas podrían dar a las empresas españolas una posibilidad de competir internacionalmente. Con el mercado local creciendo rápidamente durante los años noventa, la estrategia parecía funcionar. Ebro Agrícolas continuó siendo una empresa eminentemente local. El siguiente paso fue realizar una fusión con Puleva, un productor lácteo, basándose en la idea de que existen sinergias importantes en los canales de marca y distribución que podían ser aprovechadas a través de un grupo de productos alimenticios.

Armados con una estructura de propiedad estable, nueva dirección y una participación controlada del mercado local, Ebro comenzó a pensar en la expansión al exterior. Antes de entrar en los mercados europeos, que se encontraban saturados y fuertemente regulados, la compañía vio oportunidades en Estados Unidos. Una financiación más barata gracias al euro y el favorable tipo de cambio con el dólar facilitaron la adquisición en 2004 de Riviana Foods, una productora y fabricante de arroz con sede en Houston, por 380 millones de dólares, y en 2006 la adquisición de New World Pasta también en Estados Unidos por 362 millones de dólares, con las que sumaron Ronzoni y American Beauty a su ya fuerte cartera de marcas de pasta (Riviana y Panzani). En 2006 Ebro alcanzó un acuerdo con Kraft Foods para adquirir la estadounidense Minute Rice y las operaciones canadienses por 280 millones de dólares. En 2009 Ebro era ya la mayor compañía de pasta en el mercado de Estados Unidos, con un 23,6% de cuota de mercado, y también la mayor en Canadá, con un 43,4%.

La empresa tiene mucho interés en centrarse en las áreas de marca, alto valor añadido y alta tecnología. El arroz y la pasta son sus productos estratégicos clave para el crecimiento internacional, y los que suponen la mayoría de los beneficios. Tiene fábricas en Europa Occidental y del Este, en Estados Unidos, Puerto Rico, Argelia, Libia, Marruecos, Túnez, Egipto,

Israel, India y Tailandia. La división de arroz se desgajó como entidad separada en 2001. Las adquisiciones internacionales comenzaron en 1986. Entre sus marcas más conocidas están Brillante, La Cigala, Oryza, Reis Fit, Ris Fix, Bosto, Riceland, Mahatma, Success y Carolina. Las actividades biotecnológicas se centran en los alimentos orgánicos y medicinales. En 2001 estableció Puleva Biotech, que es una compañía cotizada en bolsa con una capitalización de mercado de 58 millones de euros. Los estudios de investigación y la producción de combustible ecológico están experimentando actualmente un reajuste estratégico debido al cambio de precios de las energías y a la venta de la división de azúcar.

La transformación de Ebro en una empresa multinacional importante ha tenido lugar a través de adquisiciones en mercados desarrollados como Francia y Estados Unidos, con los que ha conseguido tanto cuota de mercado como marcas. La constitución de filiales en el exterior y las alianzas no han jugado un papel importante en cuanto a adquisiciones de capacidades y extensión de alcance de mercado.

Grupo SOS

Grupo SOS es una empresa española integrada verticalmente para la producción y venta de aceite, arroz, aceitunas, vinagres y otros alimentos de marca. Es la mayor productora y fabricante del mundo de aceite de oliva, y la segunda empresa de agroalimentación de España. En 2008 las ventas ascendieron a 1,4 millardos de euros, de los que el 52% se verificaron en la Unión Europea (España representa casi la mitad), el 25% en Estados Unidos y Canadá, el 12% en América Latina y el 6% en Oriente Medio. La división más grande, el aceite, representa el 69% de las ventas, y el arroz, el 26%. Aunque algunas de sus marcas —Sasso, Louit, SOS y Carbonell— tienen más de cien años de recorrido, el comienzo del Grupo SOS tal y como lo conocemos se remonta a 1990. Fue entonces cuando Jesús y Jaime Salazar unieron sus fuerzas con inversores tanto privados como institucionales para adquirir

Arana Maderas, una empresa alimenticia cotizada en la Bolsa de Bilbao. Los hermanos Salazar transformaron la empresa al crear el Grupo Industrial Arana. En dos años, la mayoría de las acciones fueron adquiridas por Interván y Pictolin. En 1992 adquirieron Hijos J. Sos Borrás, una arrocera. Un proceso de reestructuración en 1994 llevó a unir a todas estas empresas en una sola, Sos Arana Alimentación.

La empresa realizó su primera adquisición internacional en 1994 con la compra de Bernabé Biosca Tunisie, una productora de arroz en Túnez, y en 1997 consiguió el control de Arrocera del Trópico, una arrocera mexicana. Dos años después, en 1999, Arroz Sos Sevilla se hizo cargo de los activos industriales adquiridos a Arrocerías Dársena. Esto le sirvió para comprar a los granjeros y a las cooperativas de Andalucía, dado que está situado en Los Palacios, provincia de Sevilla, el corazón de la principal área productora de arroz en España. Durante el año 2000 la empresa adquirió Grupo SIPA (Saludães Produtos Alimentares), propiedad de la marca líder Saludães. También en 2000 la empresa se convirtió en líder del mercado de galletas y galletas saladas en la península Ibérica con la adquisición de Cuétara y Bogal Bolachas (Portugal). La fusión en 2001 de Sos Arana Alimentación y Cuétara dio lugar a SOS-Cuétara, seguida por la adquisición de una participación mayoritaria en Koipe (propietaria del aceite de oliva Carbonell y de las marcas de aceite de girasol Koipesol) y de Aceica Refinería (una empresa dedicada al embotellamiento y comercialización de semillas de aceite), y de un tercio de Aceitunas y Conservas (ACYCO).

Quizá la adquisición más importante fue, en 2003-2004 y por 35 millones de dólares, la de American Rice, uno de los mayores fabricantes de arroz de Estados Unidos y el propietario de marcas regionales de éxito como Comet, Adolphus, Blue Ribbon y Wonder. American Rice poseía Cinta Azul en Puerto Rico y Abu Bint en Arabia Saudí. Según su máximo ejecutivo en ese momento, esta adquisición le concedió una «plataforma de distribución insuperable para el lanzamiento de otros productos» (Salazar, 2009: 247). En 2005 la empresa adquirió Minerva Oil, una de las cuatro principales productoras italianas de aceite de oliva (propietaria de la marca Sasso) por 62,72 millones de euros, seguida en 2006 por la adquisición de los activos de arroz de Sara Lee en los Países Bajos, una empresa con marcas de renombre como Lassie y excelentes instalaciones de producción, y Carapelli Firenze, propietaria de la marca Carapelli y líder en el mercado italiano de aceite de oliva virgen, en un acuerdo valorado en 132,48 millones de euros. Esta adquisición convirtió a SOS en la mayor compañía de aceite de oliva del mundo, con un 15% de cuota de mercado global. También en 2006 alcanzó un acuerdo con Unilever para adquirir Friol Italia por 33,25 millones de euros, la mayor compañía italiana de semilla de aceite. En 2008 la compañía firmó un acuerdo de asociación con Rasoi Group para comercializar el aceite de oliva en los mercados asiáticos, y vendió la división de galletas Cuétara a Nutrexpa por 215 millones de euros para comprar Bertolli, la mayor compañía de aceite de oliva del mundo, propiedad entonces de Unilever, mediante una transacción valorada en 627 millones de euros. Con esta adquisición, SOS se hizo con el 22% del mercado global de aceite de oliva y con el 30% del mercado de aceite comestible en Estados Unidos en 2008 (Salazar, 2009: 247).

A mediados de 2009, Grupo SOS tenía fábricas procesadoras de alimentos en Portugal, Holanda, Reino Unido, Italia, Alemania, Australia, México, Guyana, Túnez, Brasil y Estados Unidos, además de España. Exportaba a 72 países de los cinco continentes. La empresa importaba cantidades importantes de arroz y olivas del norte de África. Grupo SOS ha crecido principalmente a través de adquisiciones, y se ha movido rápidamente para integrar nuevas marcas en sus redes de producción y de distribución. Establece alianzas estratégicas para llegar a los mercados extranjeros, como en el caso de su acuerdo con Wal-Mart en Estados Unidos. También es una compañía que invierte mucho en I+D, sobre todo en el desarrollo de nuevos productos altamente nutritivos y en equipos de control de calidad. No obstante, en general, Grupo SOS ha empleado mucho más las adquisiciones que la constitución de filiales a la hora de crear capacidades, lograr economías de escala e introducirse en nuevos mercados.

A finales de 2008, Grupo SOS se parecía a Ebro en estructura de propiedad en la que los hermanos Salazar, Jesús y Raúl, poseían directa o indirectamente casi el 26% de las acciones. Caja Madrid poseía el 10,5%. Otras cajas de ahorros con sede en zonas olivareras representaban cerca del 27%, y Banco Santander un 5% más. No obstante, a principios de mayo de 2009 el Consejo de Administración destituyó a los hermanos Salazar de su posición ejecutiva con motivo del escándalo de un préstamo de 212,7 millones de euros dado en 2008 por SOS a una empresa propiedad de los dos hermanos con el objetivo fundamental de comprar acciones y venderlas a fondos de Oriente Medio, violando la ley. Después de años de rápida expansión a través de adquisiciones, la empresa se enfrenta ahora a un período de reestructuración financiera bajo el mando de un antiguo ejecutivo de Caja Madrid. En noviembre de 2010 se anunció la posibilidad de que Ebro adquiriera la división arrocera de SOS por 195 millones de euros.

Freixenet

Como en arroz, pasta y aceite de oliva, las empresas españolas del sector de vino espumoso no destacaron internacionalmente hasta los años ochenta, aunque lo habían intentado desde los años treinta en adelante (Mínguez Sanz, 1994). Los productores franceses han dominado tradicionalmente el segmento de más alta calidad, y han compartido el segmento medio del mercado con los productores italianos y californianos. A mediados de los años noventa, una empresa española, Freixenet (383 millones de euros en ventas, 1.258 empleados), había reescrito las reglas de la competencia en el sector, produciendo cerca de 130 millones de botellas anualmente. Freixenet también se convirtió en el principal exportador al mercado más grande del mundo, Estados Unidos, vendiendo 12,6 millones de botellas, seguido muy de cerca por la italiana Martini Rossi, con 11,2 millones, y dejando muy lejos a la tradicional líder exportadora, la francesa Moët Chandon, con 8,5 millones. La empresa es la compañía más grande de vino espumoso del mundo, y se encuentra entre uno de los diez grupos de vino más importantes del mundo.

Técnicamente hablando, Freixenet no produce «champagne» sino «cava», que es la denominación oficial para los vinos espumosos producidos en España entre el valle del Ebro y, sobre todo, en la comarca del Penedès, situada en el oeste de Barcelona, donde los inicios del sector datan de 1892. De esta forma, las empresas españolas en el negocio de los vinos espumosos siempre han tenido que superar la desventaja comparada de no ser una productora con sede en las famosas comarcas francesas productoras de champagne, donde el *méthode champenoise* fue inventado hace unos trescientos años (Prial, 1996). Hasta los años setenta, la menor calidad y la débil reputación de marca de los productores españoles solo podía ser compensada con menores costes de mano de obra que en Francia —y por las barreras arancelarias—. La producción de cava español era vendida en su mayoría en el mercado interior. No obstante, a principios de los años noventa, el 40% de la producción española se vendió en Estados Unidos, Alemania, Reino Unido, la Confederación de Estados Independientes, Suecia, Suiza, Canadá y otros países (Bonet, 1993; Mínguez Sanz, 1994). Freixenet representa el 70% del total de las exportaciones españolas, aunque tradicionalmente ha sido la segunda productora. Codorníu ha sido mucho más lenta que Freixenet a la hora de convertirse en exportadora, en inversora en canales de distribución en el extranjero, y en adquirente de viñedos y de instalaciones de producción en Estados Unidos y América Latina.

Freixenet es una empresa familiar, actualmente controlada por la tercera generación. Sus orígenes se remontan a 1889. Comenzó su internacionalización bastante pronto. En 1935 abrió una subsidiaria de ventas en Estados Unidos, que se cerró a los pocos años. A principios de los años cincuenta fue pionera en las exportaciones a Estados Unidos y Europa, pero a finales de los años setenta el nivel de exportaciones era todavía bastante pequeño. La empresa se enfrentaba por entonces a una gran desventaja en el extranjero debido a la falta de marca reconocida y de reputación, no sólo por la empresa misma, sino en términos de país de origen. No obstante, los esfuerzos comerciales tuvieron al final su compensación porque poco a poco la empresa fue ganando cuota de mercado y reputación en mercados como el Reino Unido. En palabras de Josep Lluís Bonet, Presidente y Consejero Delegado de Freixenet, «nuestra visión empresarial tiene mucho sentido del riesgo y ha sido muy tenaz. Un ejemplo muy claro ha sido nuestra actuación en el Reino Unido, donde instalamos nuestra primera sucursal allá por 1960 y, aun estando veinte años perdiendo dinero, nunca nos planteamos cerrarla, porque sabíamos que era un mercado difícil de entrar, en el que había que estar presente. De hecho, hoy es el segundo destino de nuestras exportaciones».[*]

El gran empuje internacional se produjo en los ochenta, con la creación en 1980 de Freixenet USA y en 1984 de Freixenet Alemania GmbH, situados en los dos mayores mercados de vinos espumosos. Alemania es el mercado exportador más importante para Freixenet. Primero entró en el negocio de restaurantes a través de un acuerdo de distribución con una compañía de zumos, Granini. A principios de los años noventa, esta empresa fue adquirida por un gran rival, Eckes, y Freixenet tuvo que optar por suspender la relación o pensar en nuevas formas de aumentar su presencia en el mercado. La decisión fue realizar un sondeo, que reveló que Freixenet podía incrementar su cuota de mercado reposicionando el producto como salido de España —uno de los destinos principales de los turistas alemanes— y enfatizar sentimientos como pasión y felicidad. La participación de Eckes como ejecutor de la nueva estrategia era crucial. La cuota de mercado de Freixenet creció del 3 al 10% (Ariño et al., 2000).

Al igual que en Alemania, Freixenet decidió cambiar su enfoque tradicional en el mercado de Estados Unidos. La nueva estrategia incluía varios componentes importantes. Primero, estudiaron los diferentes segmentos de mercado y decidieron centrarse en el de los precios de las botellas de champagne entre 4 y 9 dólares. Por debajo de ese segmento se podían en-

---

[*] *El Exportador Digital,* septiembre de 2002.

contrar a los competidores californianos de peor calidad. Por encima de ese segmento estaban los productores italianos y californianos de mayor calidad, mientras los *champagnes* franceses de primera calidad dominaban el segmento más alto del mercado. Entonces Freixenet introdujo una nueva marca para este segmento intermedio, Cordón Negro, que se suponía que atraería a los profesionales jóvenes. Reforzaron el lanzamiento de la nueva etiqueta con una campaña masiva de publicidad, convirtiendo a la empresa en la tercera anunciante de vino espumoso en el mercado estadounidense. Freixenet se convirtió en líder de mercado en Estados Unidos por volumen en un corto período de tiempo, vendiendo más botellas que todos los productores franceses juntos (Adams/Jobson, 1996:71-74). Cordón Negro era un vino espumoso producido y embotellado en España y exportado a Estados Unidos y a otros mercados importantes, presentando de esta forma una desventaja de reputación frente a las etiquetas francesas.

No obstante, a pesar de gastar casi un 12% de las ventas en publicidad, el marketing masivo y sagaz no es suficiente para explicar el éxito internacional de Freixenet. El factor tecnológico también jugó un papel decisivo. Freixenet se debatió entre adoptar métodos industrializados de producción de vino espumoso utilizando grandes contenedores metálicos, o emular el tradicional *méthode champenoise*. El primero es muy eficiente, pero la calidad del vino se ve disminuida. Entendiendo que su éxito dependía de producir champagne de calidad media-alta a bajo coste, Freixenet comenzó a gastar un 1% de sus ventas en I+D, y desarrolló un procedimiento automatizado basado en «jaulas» o estructuras donde se colocaban las botellas para la segunda fermentación del vino, durante la cual se produce su carácter espumoso característico. Las jaulas sostenían un gran número de botellas, haciendo posible automatizar la operación diaria de girar cada botella para eliminar el sedimento de las células de masa de levadura muertas que se acumulan en el cuello de la misma. Tradicionalmente, esta operación se realizaba manualmente. Dado el elevado volumen de producción de 130 millones de botellas anuales, la automatización representó una ventaja importante, sobre todo en un momento en que los costes de mano de obra en España estaban aumentando rápidamente. Esta innovación productiva ha permitido a Freixenet producir masivamente vino espumoso de calidad media-alta a bajo coste.

Después de desarrollar su imagen de marca y de mejorar sus métodos de producción, Freixenet se transformó en una empresa multinacional con todas las de la ley. En 1985 fundó Freixenet Sonoma Caves en California (1,7 millones de botellas con la etiqueta Gloria Ferrer) y adquirió la tercera casa más antigua (1757) de champagne francés, Henri Abelé de Reims (400.000 botellas), en un claro intento de aprender sobre las nuevas tendencias y tecnologías del sector así como de ganarse el derecho a incluir la prestigiosa etiqueta «champagne» en sus catálogos de vinos espumosos. En 1986 creó el viñedo Sala Vivé en México (700.000 botellas). Estas y otras adquisiciones permitieron a Freixenet casi doblar su capacidad de producción en cuestión de dos años y posicionarse en los más altos segmentos del mercado.[*] A finales de los años ochenta y principios de los noventa Freixenet abrió subsidiarias de marketing y ventas en Francia, Rusia, México, Australia, Japón y China, además de sus centros de producción de mosto y de vino en Estados Unidos, México y Francia. Sus últimas adquisiciones se han dirigido hacia los vinos tranquilos, incluyendo entre ellas Yvon Mau en Burdeos, el Wingara Wine Group en Australia y varias bodegas en la Ribera del Duero, Rías Baixas, Priorat y Penedès. Hoy en día Freixenet tiene presencia en términos de empresas de producción o de distribución en más de 120 países.[**]

---

[*] En 1984 Freixenet adquirió tres productores locales que habían sido privatizados por el gobierno después de la nacionalización del grupo empresarial Rumasa: Segura Viudas (11 millones de botellas), Castellblanch (13 millones de botellas) y René Barbier (10 millones de botellas).

[**] *Wall Street Journal*, 29 de diciembre de 1994, pp. 1, 5; *Dinero*, 21 de junio de 1993, pp. 70-71, 74-76; *Expansión*, 27 de agosto de 1993, p. 3; *El País Negocios*, 4 de junio de 1995, p. 10; *El País Negocios*, 7 de diciembre de 1997, p. 6; *Advertising Age International Supplement*, 29 de junio de 1998, p. 13; *Cinco Días*, 27 de noviembre de 2002; *El País Negocios*, 1 de octubre de 2001.

La estrategia japonesa de Freixenet pone de relieve cómo una empresa carente de capacidades competitivas y que tiene que hacer frente a fuertes competidores puede establecerse en un mercado importante. La empresa comenzó a exportar a Japón en los años ochenta. En 1991 estableció formalmente una subsidiaria. Anteriormente el mercado japonés para los vinos espumosos era muy pequeño y estaba dominado por las marcas francesas. Freixenet sólo vendió 180.000 botellas. No obstante, el mercado japonés de vino fue creciendo rápidamente debido a factores demográficos, alto poder adquisitivo y gusto por los productos occidentales. La alta densidad de población en las áreas urbanas hizo que la distribución fuera más fácil y eficiente. No obstante, los elevados costes, así como las complicadas redes de distribución, dominadas por los grandes mayoristas, hacían muy difícil la entrada de nuevas empresas. Por lo tanto, Freixenet optó por una estrategia basada en los menores costes fijos posibles, estableciéndose con grandes compañías como Suntory e Itochu, ambos grupos diversificados de bebidas con extensas redes de distribución. La empresa vende actualmente 6 millones de botellas de vino espumoso en Japón, su quinto mercado después de España, Alemania, Estados Unidos y Reino Unido, y ocupa el segundo lugar después de Moët Chandon. En vinos tranquilos, Freixenet ha logrado convertirse en líder de mercado, sobre todo con la etiqueta Lágrima Real. Freixenet supone el 16% del mercado de vino japonés en volumen, y el 6% en valor.

El caso de Freixenet refleja la utilización de filiales en el exterior, alianzas y adquisiciones como medio para que las multinacionales emergentes entren en nuevos mercados y creen capacidades competitivas. La empresa había desarrollado fuertes capacidades en producción y en marketing en un mercado interior extremadamente competitivo en el que era el segundo productor. Entonces explotó estas capacidades a través de exportaciones, realizando alianzas para la distribución con el fin de superar las barreras para entrar en ciertos mercados internacionales y reforzar sus propias marcas. Las inversiones en constitución de filiales se realizaron en países como Estados

Unidos y México, donde influyeron sus capacidades internas. Por último, las adquisiciones de bodegas de alta calidad ayudaron a la empresa a acceder a nuevas capacidades.

Viscofán

Fundada en Navarra en 1975 por un grupo de industriales del País Vasco, Viscofán es líder mundial en envolturas artificiales para la industria cárnica, con un 36% de cuota de mercado mundial, eclipsando a Devro —con sede en Escocia— y a Viskase —con sede en Estados Unidos—. En la categoría específica de envolturas de celulosa controla un 60% de cuota mundial. En Estados Unidos, casi dos de cada tres salchichas se fabrican utilizando celulosa fabricada por Viscofán. La empresa comenzó como una rama de Papelera Guipuzcoana de Zicuñaga (actualmente conocida como Iberpapel), una papelera activa desde 1941, con presencia en Europa, norte de África y Sudamérica.[*]

Las empresas cárnicas utilizan envolturas artificiales para fabricar salchichas bombeando una emulsión de carne en la envoltura. La envoltura rellena de carne se retuerce a ciertos intervalos para hacer salchichas individuales y entonces se cocinan. La envoltura de celulosa se extrae y el producto final se empaqueta y se vende como salchichas «sin piel» o salchichas Frankfurt. Durante el período de entreguerras, las empresas de alimentación de todo el mundo se dieron cuenta de que las envolturas naturales no eran ideales para la producción en masa dada su falta de homogeneidad y de estandarización. Las envolturas de colágeno hechas con piel de vaca se convirtieron en una alternativa viable, siendo su pionero una empresa alemana, Naturin GmbH. Son especialmente apropiadas para salchichas, salami y otros productos cárnicos.

Las envolturas artificiales tienen ventajas claras frente a las naturales. La materia prima para la envoltura de celulosa pue-

---

[*] La información de Viscofán fue reunida de fuentes secundarias y por una entrevista con Jaime Echevarría, Presidente de Viscofán, Madrid, 8 de mayo de 2009.

de ser producida mediante tecnología bien conocida, y son baratas y fáciles de transportar. No obstante, el proceso de manufactura es complejo y consiste en tres fases: *a*) elaboración de viscosa a partir de fibras de celulosa natural, que es un proceso químico; *b*) extrusión o regeneración de la celulosa mientras se fabrican simultáneamente tubos de celulosa, lo que requiere secar la envoltura extrudida cuidadosamente bajo condiciones controladas y enrollarla en carretes de material semiterminado llamados «láminas», que hacen que sea más fácil y más barato transportarlos a larga distancia, y *c*) plisación, una operación final durante la que los carretes de láminas son plisados y comprimidos en palos tubulares, utilizados más tarde por las empresas cárnicas. De esta forma, la integración vertical resulta necesaria para producir envolturas a bajo coste. También habría que destacar que las primeras dos etapas son intensivas en capital, mientras la tercera es más intensiva en mano de obra. Dado que los carretes son fáciles y económicos de transportar a largas distancias, actualmente la empresa puede ubicar cada actividad por separado.

Papelera Guipuzcoana de Zicuñaga se dedicaba a la manufactura de envoltorios de celofán para dulces y otros alimentos. No obstante, los productos a base de plásticos desplazaron al celofán a finales de los años sesenta y principios de los setenta. Como deseaban continuar suministrando a la industria alimenticia, el director de Papelera vio una oportunidad en las envolturas artificiales. Tenían décadas de experiencia en la fabricación de celulosa para otros fines. Además, se pronosticaba entonces un crecimiento acelerado de la demanda de salchichas Frankfurt y de otros tipos de comida rápida. En los años setenta, el negocio de las envolturas de celulosa estaba dominado por Viskase, propiedad en ese momento de Union Carbide, y por Teepak, al principio propiedad de Johnson & Johnson y posteriormente vendida a Devro, una empresa escocesa tradicionalmente centrada en envolturas de colágeno. Los fundadores de Viscofán pensaron que podían innovar en tecnología de producción para ser más eficaces que las empresas establecidas en su sector, pero carecían de una reputación en el mercado y del acceso a los clientes. Decidieron acercarse a Naturin GmbH, la compañía alemana pionera en envolturas de colágeno en los años treinta y que era líder mundial. Viscofán dio a Naturin el 5% de sus acciones a cambio de contactos comerciales. «Nuestra alianza con Naturin fue fundamental para convertirnos en un productor global importante de envolturas artificiales de celulosa», apuntó Jaime Echevarría, Presidente tanto de Viscofán como de Papelera Guipuzcoana de Zicuñaga.

Viscofán creció rápidamente a principios de los años ochenta, entrando en numerosos mercados de exportación. Union Carbide, propietaria en ese momento de Viskase y Teepak, se sintió amenazada y presentó una queja a la Comisión Internacional de Comercio sosteniendo que Viscofán había infringido sus patentes y se había apropiado de secretos comerciales. A partir de enero de 1985, a Viscofán se le impidió vender en el mercado estadounidense por un período de diez años. En 1986 la empresa empezó a cotizar en Bolsa para conseguir recursos para financiar sus ambiciosos planes de diversificación e internacionalización. En 1988 entró en el sector de verduras en conserva con la adquisición de Industrias Alimentarias de Navarra (IAN), Muerza y Comarro.

El proceso de internacionalización de Viscofán comenzó en 1990 con la adquisición de su accionista Naturin y la construcción de una filial procesadora de espárragos en Perú (otra instalación se encontraba en construcción en China en 2009). Las familias que poseían la empresa alemana estaban impacientes por vender y Viscofán aprovechó la oportunidad. Además de la valiosa base de clientes de Naturin, Viscofán pasó a poseer instalaciones de producción en Alemania y una instalación de acabado en Detroit (Michigan), todas ellas centradas en las envolturas de colágeno. Dado que los diez años de prohibición de vender envolturas de colágeno en Estados Unidos se convirtieron en cuatro años más, en 1991 la empresa estableció Viscofán do Brasil y creó una fábrica de acabado de envolturas de celulosa en el segundo mercado más grande del mundo de salchichas. En 1995 adquirió el negocio brasileño de envolturas de celulosa de la alemana Hoechst, que incluía una fábrica integrada verticalmente. En 1996 Viscofán adquirió Gamex en la República Checa, a la se transfirió parte de las operaciones de acabado alemanas y españolas debido a los bajos costes de mano de obra. Una vez finalizada la prohibición, Viscofán trasladó la instalación de Detroit a Alabama, añadiendo en 1998 una instalación manufacturera de envolturas de celulosa.

A pesar de la rápida expansión, la rentabilidad se redujo. Después de reducir costes mediante el traslado de la mayor parte de la producción de Alemania y España a Brasil y a la República Checa, la empresa continuó su crecimiento internacional con la adquisición en 2005 de Koteksprodukt en Serbia por 3,9 millones de euros y la adquisición en 2006 de su antiguo rival y Némesis, Teepak, por valor de 65 millones de euros, que había sido vendido por Johnson & Johson a Devro, y después a un grupo financiero. Con esta adquisición consiguió instalaciones tanto en Estados Unidos como en México. El otro productor importante de envolturas de celulosa, Viskase, tenía instalaciones anticuadas y altos costes, y se ha acercado repetidamente a la bancarrota en los últimos diez años.

En 2009 Viscofán tuvo una cifra de negocio de 583 millones de euros y 3.780 empleados en todo el mundo, fábricas manufactureras de envolturas en España, Alemania, Estados Unidos, Brasil, México, República Checa y Serbia, e instalaciones de verduras enlatadas en España y en China. Tiene oficinas comerciales en Canadá, Costa Rica, Polonia, Rusia, Tailandia y Reino Unido. Las oficinas de Costa Rica y Tailandia actúan como oficina central regional para Centroamérica y Asia, respectivamente. Actualmente Eurasia es el mercado más importante de la empresa, generando 241 millones de euros en ingresos, seguido por Norteamérica (175 millones de euros) y Sudamérica (74 millones de euros).

Viscofán se convirtió en la empresa más grande del mundo en envolturas de celulosa gracias a sus operaciones racionalizadas, su compromiso con la I+D y su estrategia. El mercado global de envolturas de celulosa es grande: casi 15.000 millones de metros (una media de un metro es suficiente para producir diez salchichas). Por lo tanto, las economías de escala y la curva de experiencia son esenciales para competir. Viscofán creció orgánicamente y a través de adquisiciones, hasta tal punto que tiene una gran ventaja de costes sobre sus competidores. La empresa gasta el equivalente al 5% de las ventas en I+D. Diseña y ensambla sus propias máquinas y equipos con el propósito de acelerar el proceso de extrusión, que es intensivo en capital, y rediseñar las operaciones de acabado, que son intensivas de mano de obra, para que puedan ser ejecutadas de manera más eficiente. Viscofán aumenta la velocidad de la cadena de extrusión de manera significativa. Otra área importante de investigación es la mejora en la calidad y la reducción del grosor de los pliegos. Por último, la empresa también invierte en desarrollo de nuevos productos.

Por todo esto, las capacidades distintivas de Viscofán, aquellas con las que no contaba ningún otro competidor actual o pasado, son:

- Maquinaria y equipos en propiedad.
- Tamaño, que permite una economía de escala única en el sector.
- La habilidad de continuar reduciendo costes de manera significativa gracias a su experiencia acumulada y a la curva de aprendizaje.
- Instalaciones en varios lugares repartidos por todo el mundo, lo que le confiere flexibilidad a la hora de conocer las necesidades de los clientes y seguridad frente a los pedidos de última hora, los imprevistos en el trasporte u otros problemas.
- La desconexión entre la extrusión intensiva en capital y las operaciones de acabado intensivas en mano de obra, lo que permite a la empresa situar cada actividad en el país adecuado dependiendo de los costes de mano de obra, y también impedir a los actuales o potenciales competidores llegar a conocer las complejidades del proceso manufacturero en su conjunto.

Por lo tanto, su dominio en el mercado global es por lo general el resultado de tecnología propia y rápido despliegue de fábricas por todo el mundo. Y en un mercado que crece a un ritmo entre el 4 y el 5% al año y no es objeto de recortes.

«Las salchichas son la forma de proteína más barata —manifiesta su Presidente, Jaime Echevarría—. Además, atraen a los jóvenes y respetan las preferencias culturales y religiosas porque se pueden hacer de vacuno, de cerdo, de pollo, de pavo o de verduras.»

Creando capacidades en alimentación y bebidas

Las empresas multinacionales españolas en los sectores de alimentación y bebidas han seguido el camino de crear capacidades competitivas mediante la entrada en mercados más desarrollados en lugar de en los mercados menos desarrollados (figura 2.1). Ebro, SOS, Freixenet y Viscofán comenzaron desarrollando fuertes capacidades en un mercado interior relativamente grande y continuaron las exportaciones a los mercados más desarrollados, entrando de esta forma en contacto con los competidores más sofisticados. Las alianzas y las adquisiciones en esos mercados les ayudaron a ganar cuota de mercado y a crear nuevas capacidades. Con el tiempo, se dedicaron a la constitución de filiales en el exterior. La mayor parte de sus ventas y de sus activos están en los mercados desarrollados (Europa y Estados Unidos), aunque han construido una presencia importante en algunas economías emergentes. Han logrado convertirse en las mayores empresas dentro de categorías de producto específicas —arroz, pasta, aceite de oliva, vinos espumosos, envolturas de celulosa para salchichas— principalmente porque han creado las capacidades necesarias para triunfar en los mercados desarrollados de alimentación y bebidas, que son los más grandes del mundo. Una vez establecidas allí, ahora pueden aprovecharse más fácilmente del rápido crecimiento de los mercados emergentes de Asia y de América Latina.

Este modelo de expansión es bastante diferente del que siguieron empresas como Bimbo o Gruma de México, y Arcor de Argentina. Estas multinacionales alimenticias latinoamericanas crearon capacidades en el mercado interior pero decidieron centrar su expansión internacional hacia los mercados emergentes, y han realizado muy pocas adquisiciones. Como se muestra en la tabla 3.1, las empresas españolas tendieron a integrarse verticalmente, y también a diversificar sus ofertas de productos (excepto en el caso de Freixenet). Este modelo de crecimiento fue implementado a través tanto de la constitución de filiales en el exterior como de adquisiciones. Antes de compararlas más sistemáticamente con sus socios latinoamericanos, vamos a analizar cada una de ellas.

Grupo Bimbo es la segunda compañía de pan del mundo. Con unas ventas de 6,6 millardos de dólares, es la mayor multinacional de alimentación con sede en una economía emergente. Fundada en 1945, la mayoría del capital está en manos de la familia Servitje. Vende 5.000 productos diferentes bajo unas 100 marcas. Después de asegurar su posición dominante en el mercado mexicano de pan de molde, y de convertirse en el único proveedor de McDonald's, Bimbo se expandió primero por América Latina durante los años noventa: Guatemala, Chile, Venezuela y Perú. Más tarde vino la República Checa, y la adquisición en 1998 de Mrs. Baird con sede en Fort Worth (Texas), la mayor empresa familiar de panadería de Estados Unidos. Un año más tarde adquirió el negocio de panadería de Four-S en California. Más adquisiciones en México, América Latina, Estados Unidos y Europa convirtieron al Grupo Bimbo es un gigante. En 2006 adquirió de la española Panrico una fábrica de pastelería en Pekín. La empresa espera que China sea su mercado de crecimiento más rápido en los años próximos. México todavía representa dos tercios de las ventas. Bimbo se ha convertido en un puntal de marketing, pero su capacidad más importante es su producción eficiente. Daniel Servitje, el Consejero-Delegado, explica: «Lo sabemos todo sobre panadería. Viajamos por todo el mundo mirando detenidamente todas las instalaciones de panadería. Podemos compararnos en cualquier lugar, y podemos detectar un buen número de oportunidades para aumentar la productividad» (Siegel, 2008:13).

Gruma es también una compañía considerablemente más grande que Ebro o que SOS. Con 3,8 millardos de dólares en ventas, es el mayor fabricante de tortillas y harina de maíz del mundo. Al igual que Bimbo, comenzó su expansión internacional por América Latina. A diferencia del gigante mexicano del pan, es menos diversificada, y esto ha supuesto que utiliza la constitución de filiales en el exterior en lugar de las adquisiciones (tabla 3.1). En los últimos años se ha expandido de manera importante por Europa, Norteamérica y Asia, con adquisiciones en Italia, Países Bajos, Reino Unido, Estados Unidos y Australia. En 2007 estableció una fábrica filial de tortillas en China. Tiene una operación conjunta al 60/40 con Archer Daniels Midland, que muele harina de trigo. El Presidente y Consejero-Delegado es Roberto González Barrera. Él y su familia poseen el 51% de la empresa, y Archer Daniels Midland cerca del 23%.

Arcor de Argentina es más pequeña que el Grupo Bimbo o que Gruma (2,2 millardos de dólares en ventas y 20.000 empleados). Fundada en 1951, es la mayor empresa de dulces del mundo y el mayor fabricante de galletas de América Latina. Tiene treinta fábricas en Argentina, cinco en Brasil, cuatro en Chile, una en México y otra en Perú. Exporta a 120 países de los cinco continentes. Está integrada verticalmente hacia atrás en producción de azúcar y de leche y hacia adelante en embalajes. Su primera actividad exportadora se remonta a los años sesenta, primero por América Latina y después por Europa y Estados Unidos. A finales de los años setenta estableció oficinas de distribución en Paraguay y Uruguay, en 1981 en Brasil, y en 1989 en Chile. En 1993 la segunda generación de la familia fundadora Pagani tomó el mando. Ayudada por la estabilidad de la economía argentina gracias a la convertibilidad monetaria, Arcor intensificó su expansión exterior (Kosacoff et al., 2007). En 1995 abrió su primera planta en el exterior, en Perú, y en 1998 adquirió Dos en Uno, líder en el mercado de dulces y chocolates de Chile. En 1999 abrió una fábrica de chocolate en Brasil. Establecieron subsidiarias de ventas en México, Colombia, Canadá y España. En 2001 alcanzó un acuerdo de distribución con Brach's para el mercado estadounidense, y adquirió varias marcas Nestlé para el mercado brasileño. En 2005 Arcor firmó un acuerdo con Danone para dirigir conjuntamente sus negocios de galletas y barritas de cereales en Argentina, Brasil y Chile, y en 2006 comenzó a colaborar con Bimbo para producir y vender productos de confitería y de chocolate en México.

Hoy Arcor es una empresa multinacional con una fuerte presencia en las mayores economías de América Latina, exportando a otras partes del mundo.

Las nuevas multinacionales de un sector tan tradicional como el agroalimentario han seguido un modelo común de crecimiento. Empezaron en una línea de negocio, expandiéndose localmente desde una región hasta todo su país de origen, abriendo varias fábricas y alcanzando economías de escala en el proceso. Muchas de ellas diversificaron sus productos localmente y sus exportaciones antes de dedicarse a las inversiones exteriores. Presionados por los competidores locales y por las multinacionales extranjeras con presencia local, invirtieron en desarrollo de nuevos productos, en mejora de las técnicas de producción, en control de calidad y en reconocimiento de marcas, creando importantes habilidades manufactureras y de marketing en el proceso. A medida que crecieron, se reorganizaron en compañías seudo-multidivisionales, aunque manteniendo un grado relativamente elevado de centralización en la toma de decisiones. Adquirieron a algunos de sus competidores locales con menos éxito, o les expulsaron del mercado. Se dedicaron a las inversiones en el exterior después de que sus países de origen lograran la estabilidad macroeconómica y el tipo de cambio les permitiera realizar adquisiciones (y comenzó a frenar las exportaciones). También utilizaron las alianzas con multinacionales para entrar en algunos mercados desarrollados.

Las diferencias más importantes entre las nuevas multinacionales agroalimentarias tienen que ver con la propiedad y con la secuencia de entrada en mercados exteriores. Mientras existe una fuerte conexión familiar en la mayoría de ellas —y por supuesto en los casos analizados en este capítulo—, difieren en términos de su estrategia para consolidar su crecimiento. Algunas de ellas decidieron cotizar en Bolsa, y algunas incluso cotizan en Estados Unidos (por ejemplo, Gruma). Otras, como Arcor y Freixenet, mantienen la propiedad familiar. En términos de secuencia de mercado, las empresas latinoamericanas se establecieron en primer lugar en países vecinos con similares niveles de poder adquisitivo. Por el contrario, las empresas españolas se centraron primero en mercados más desarrollados —donde se exigían marcas fuertes— y después entraron en los países latinoamericanos. Mientras que SOS y Ebro optaron por adquisiciones internacionales como forma de conseguir acceso a marcas fuertes y a cuota de mercado, Freixenet eligió sobre todo desarrollar sus propias marcas cuando esta estrategia fuera viable.

Un aspecto importante de la estrategia de las nuevas multinacionales agroalimentarias es su enfoque hacia una categoría de productos relativamente limitada cuando la comparamos con los gigantes del sector, como son Nestlé, Unilever o Danone. Por otra parte, las nuevas multinacionales en estos sectores pueden tener la ventaja de la percepción del cliente del país de origen, como ilustra el caso de Freixenet. Cada una de las empresas analizadas en este capítulo se ha convertido en el número uno del mundo: Ebro en arroz y pasta; Grupo SOS en aceite de oliva; Viscofán en envolturas artificiales; Freixenet en vinos espumosos; Bimbo en pan (actualmente el número dos, pero con buena suerte podrá a ser el número uno); Gruma en harina de maíz y tortillas, y Arcor en dulces. Nestlé, Unilever o Danone son muy diferentes: a través del desarrollo interno y de las adquisiciones han acumulado una cartera de cientos de marcas de productos vendidos por todo el mundo. El hecho que las nuevas multinacionales de alimentación y de bebidas sean de propiedad familiar, controladas y/o dirigidas por las familias, está intrínsecamente relacionado con su deseo de centrarse en una línea de producto específica.

Capítulo 4

Acceso al mercado y a la tecnología en el sector de bienes de consumo duradero

> El hecho de que algunas empresas como Wal-Mart, Zara, Dell y Toyota hayan alcanzado un éxito extraordinario haciendo cosas mundanas, como gestionar supermercados, vender ropa o fabricar ordenadores o automóviles, ha hecho que los directivos tomen plena conciencia de que lo que sus organizaciones producen puede importar mucho menos que la forma de producirlo.
>
> *The Economist*, 6 de abril de 2009

> Podemos fabricar cualquier estilo a cualquier precio para cualquier mercado.
>
> Sever García, Director de Ventas, Pronovias USA.[*]

La competencia en el sector de bienes de consumo duradero —como ropa, electrodomésticos o electrónica, entre otros— viene marcada por la tecnología, el diseño, las economías de escala y las marcas. Hasta hace poco, las empresas de los países más ricos eran las líderes indiscutibles. Según Interbrand (2010), a excepción de solamente tres, las cien marcas más valiosas del mundo eran de países ricos industrializados como Estados Unidos, Japón, Reino Unido, Francia, Alemania, Italia, Canadá, Finlandia, Países Bajos, Suecia y Suiza. Las tres excepciones eran Samsung (que ocupaba el puesto 19 en

[*] *Women's Wear Daily*, 6 de agosto de 2003.

términos de valor) y Hyundai (65), ambas de Corea del Sur, y Zara (48), de España. Ciertamente, las economías emergentes representan cada vez una proporción mayor de la economía global. No obstante, sus marcas todavía no cuentan con un amplio reconocimiento mundial. En su lista de los 100 «Retadores Globales» procedentes de economías emergentes, el Boston Consulting Group sólo identificó veinte empresas de bienes de consumo duradero, incluyendo confección, electrodomésticos y electrónica (BCG, 2009). De igual manera, de las 104 multinacionales de mercados emergentes en el ranking Global 500 de la revista *Fortune,* menos de cinco eran empresas de estos sectores (véase también Accenture, 2008).

En este capítulo examinamos el auge de las nuevas multinacionales en los sectores de moda, bienes ensamblados sencillos y electrodomésticos. Comenzamos esbozando los casos de empresas españolas que se han hecho un hueco en la economía global, recurriendo a ejemplos de empresas de economías emergentes para establecer el grado en el que el modelo de crecimiento internacional de las multinacionales españolas muestra coincidencias con sus homólogas en otros países. Tenemos en cuenta dos tipos de estrategias de crecimiento internacional: desarrollo interno de capacidades y acceso a capacidades externas a través de alianzas y adquisiciones. Analizamos el grado en el que cuatro categorías diferentes de productos —confección, juguetes, encendedores y electrodomésticos— se diferencian unos de otros en términos de la importancia de la tecnología del producto (en contraposición a diseño e innovación de proceso) y el acceso a canales de distribución en mercados exteriores (tabla 4.1).

El sector de la moda: Inditex y Pronovias

Hasta hace muy poco, la competencia en el sector de la confección estaba impulsada por los costes, el diseño y las marcas. No obstante, las tecnologías en producción y en distribución han empezado a jugar un papel muy importante.

TABLA 4.1. *Cuatro tipos de sectores de bienes duraderos.*

Barreras en los canales de distribución en mercados exteriores	Importancia de la tecnología propia de producto	
	Baja	*Alta*
Altas	Encendedores	Electrodomésticos
Bajas	Ropa, juguetes tradicionales	Juguetes electrónicos

Quizá el mejor ejemplo de este proceso de cambio es el auge de Inditex (Industria de Diseño Textil) como una de las empresas de confección más destacadas del mundo, pionera del segmento «asequible y a la moda» *(cheap-chic)*. A finales de 2009, Inditex era una empresa de gran envergadura: 11,1 millardos de euros en ventas, unos 92.000 empleados y la propietaria de varias marcas reconocidas mundialmente, incluyendo Zara, la segunda marca de ropa más valiosa del mundo (7,5 millardos de dólares), después de H&M (16,1 millardos de dólares). La empresa tenía 4.607 tiendas en 74 países por todo el mundo, de las que el 41% estaban en España y el 40% en el resto de Europa. Inditex tenía 48 tiendas en Estados Unidos, 26 en Brasil, 135 en Rusia, 68 en China y no tenía ninguna en India, países que representan grandes oportunidades de futuro crecimiento. Las tiendas fuera de Europa generan de media más ventas que las de Europa: casi un 11% del total de las ventas proceden de las Américas y un 12% de Asia. Sólo el 12% de las tiendas son franquicias, la mayoría en Asia y en Oriente Medio. Inditex fabrica y comercializa unos 600 millones de prendas de ropa al año. En 2006 la revista *Wired* incluyó a Inditex en su lista de las 20 empresas más innovadoras del mundo.

La salida a bolsa de Inditex en mayo de 2001 causó sensación y convirtió a su fundador y propietario mayoritario, Amancio Ortega, en la décima persona más rica del mundo, con una fortuna neta de 18,3 millardos de dólares, casi un tercio de la de Warren Buffet, según la revista *For-*

bes. Ortega nació en el noroeste de la provincia de León en el seno de una familia humilde. Su padre era empleado ferroviario. La familia se trasladó a A Coruña, en Galicia, cuando aún era niño. En 1963 creó un taller de lencería con su primera mujer, Rosalía Mera (que ocupa el puesto 246 en el ranking de *Forbes* con una fortuna neta de 2,6 millardos de dólares). Abrieron su primera tienda en 1975. Eligieron el nombre de «Zorba», pero ya existía, por lo que se decantaron por Zara. La empresa no es simplemente una empresa familiar: es una familia. El fundador y la mayoría de los ejecutivos son locales y comen regularmente con los trabajadores, muchos de los cuales son accionistas.* Amancio Ortega es el mayor accionista, con el 59%, y Rosalía Mera la segunda mayor accionista, con el 5,8%.

Con el tiempo, las capacidades de fabricación y distribución de Inditex se han convertido en legendarias dentro del sector. La empresa vende unos 11.000 modelos diferentes de artículos de ropa y accesorios cada año. Aproximadamente la mitad de ellos los fabrica Inditex, a diferencia de la mayoría de sus competidores, que dependen de la subcontratación para la inmensa mayoría de sus colecciones. Inditex subcontrata el 80% de la producción de género y prácticamente la totalidad de las actividades de costura. Su logística y su integración vertical están tan bien coordinadas que la empresa puede responder a las tendencias del mercado en apenas dos semanas.** Las tiendas, la mayoría de ellas propiedad de la empresa, están electrónicamente conectadas con la casa central. Los inventarios suponen tan sólo un 7% de los ingresos. La estrategia de integración vertical altamente coordinada tiene todo el sentido, debido a la necesidad de la empresa de reducir costes y generar flexibilidad, reduciendo el impacto potencialmente dañino de la incertidumbre y la presencia de activos específicos a lo largo de la cadena de valor. Gran parte de esta maravilla tecnológica es atribuida a José María Castellano, Consejero

* *Cinco Días*, 9 de mayo de 2003; *El País*, 28 de febrero de 2003.
** *The Economist*, 16 de junio de 2005.

Delegado hasta 2005, que había trabajado para un par de multinacionales extranjeras antes de unirse a Inditex, además de ser catedrático de universidad. En un mundo de la moda caracterizado por la subcontratación y los enormes gastos en publicidad, Inditex parece ser un recordatorio del poder competitivo de la integración de la producción y la logística. La empresa está creciendo rápidamente basándose en esas capacidades competitivas, mientras sus principales competidores (Benetton, GAP, The Limited) están anquilosándose o adolecen de profundos problemas. Los medios internacionales de comunicación financiera vienen alabando unánimemente el modelo de negocio de la compañía.*

Casi el 90% de los 92.301 empleados de Inditex trabaja en las tiendas, el 5,5% en las instalaciones centrales, el 5,9% en logística y sólo un 1,3% en las fábricas. La base manufacturera más importante propiedad de la empresa está en España (casi la mitad de la capacidad total), con instalaciones más pequeñas en Portugal, Marruecos y Turquía. En sus más de una veintena de fábricas en España, Inditex paga a los trabajadores ocho veces más de lo que gana un trabajador equivalente en la provincia china de Guandong. Aun así, la empresa continúa siendo competitiva en precios en todos los mercados globales. Inditex se aprovisiona a través de una red de 1.237 suministradores en España, Portugal, Marruecos, China, India, Bangladesh, Camboya y Vietnam. La empresa ha establecido siete grupos de suministro empleando a 30.000 trabajadores en Tánger (Marruecos), 53.000 en Estambul (Turquía), 212.000 en Dhaka (Bangladesh), 22.000 en Delhi (India), 31.000 en Guimarães y Oporto (Portugal), 3.200 en Galicia (España) y 14.000 en Phnom Penh (Camboya).

Quizás el único competidor capaz de igualar el crecimiento y la rentabilidad de Inditex es H&M (Hennes &

* *The Economist*, 19 de mayo de 2001:56; *Forbes*, 28 de mayo de 2001:98; *Wall Street Journal*, 18 de mayo de 2001:B1; *Business Week*, 20 de octubre de 2008.

Mauritz AB). Aunque tiene menos de la mitad de las tiendas que Inditex, la empresa sueca genera casi los mismos ingresos. A diferencia de Inditex, subcontrata la mayoría de su producción, sobre todo en Asia. Fundada en 1947, no entró en ningún mercado fuera de Europa hasta 2000, cuando abrió su primera tienda en Estados Unidos. Entró en Oriente Medio en 2006 y en China en 2007. No tiene presencia en América Latina ni en India. Aunque los analistas tienden a comparar a H&M con Inditex, las empresas no pueden ser más diferentes en términos de integración vertical y fortaleza competitiva. Inditex parece estar preparada para vencer a H&M como líder mundial en marca de ropa.

Otra marcada diferencia entre las dos empresas tiene que ver con el ritmo y el orden de entrada en el mercado exterior. Mientras H&M ha establecido su presencia en menos de 30 países a lo largo de 60 años, Inditex ha abierto tiendas en más de 70 países en un período de unos 35 años. H&M se expandió primero en el norte de Europa y después entró de manera secuencial en el sur de Europa, Estados Unidos, Europa del Este, Oriente Medio y Asia. Inditex se ha expandido a través de Europa, las Américas, Oriente Medio, África y Asia casi simultáneamente, entrando en varios países cada año. Por ejemplo, en 1998 estableció una primera tienda Zara en países tan diversos como Reino Unido, Turquía, Kuwait, Argentina y Venezuela; en 2006 fue a Serbia, China y Túnez; en 2007 abrió tiendas en Guatemala, Colombia, Croacia y Omán, y en 2008 abrió sus primeras tiendas en Ucrania, Corea del Sur, Montenegro, Honduras y Egipto. De esta forma, el orden de entrada en mercados exteriores por parte de Inditex no ha seguido los modelos de expansión internacional (Johanson y Vahlne, 1977). Otra característica importante es que Inditex ha utilizado desde muy pronto una combinación de modos de entrada de propiedad al cien por cien y de negocios conjuntos. En India, por ejemplo, opera en colaboración con Trend, del Grupo Tata.

Aunque mucho más pequeña en tamaño y más centrada en su estrategia de producto, una empresa igualmente innovadora en el sector español de la confección es Pronovias, el mayor fabricante y comercializador del mundo de moda nupcial, con 175 millones de euros en ventas y 738 empleados, aproximadamente. La empresa comenzó en Barcelona en el exclusivo Passeig de Gràcia, en 1922. Languideció hasta que presentó su primera colección nupcial *prêt-à-porter* en 1964. Fue quizá la primera compañía del mundo que se le ocurrió la idea de crear una cadena de tiendas exclusivas para novias. Con unas ventas anuales de 480.000 vestidos (el equivalente al 5% de la cuota de mercado mundial) divididas a partes iguales entre los mercados español y exterior, está por delante de las empresas estadounidenses Mori Lee y Alfred Angelo, de las británicas Brackenbridge y Brides International y de la francesa Pronuptia. Un equipo de 70 diseñadores crea nada menos que 650 vestidos nupciales y de fiesta distintos cada año y cerca de 2.000 accesorios para acompañarlos. La mayoría de sus artículos de marca están hechos en una fábrica a las afueras de Barcelona, mientras que los accesorios y la lencería se subcontratan en China. Distribuye por todo el mundo a través de una red de 150 tiendas propiedad de la empresa y de 3.800 puntos de venta en 75 países. Tiene franquicias en España, Portugal, Grecia, Turquía, Arabia Saudí, Egipto, México y Japón. La empresa ha establecido subsidiarias de distribución en varios países. Sever García, el Director de Ventas de Pronovias USA, señala que la ventaja competitiva de la empresa reside en la flexibilidad y la capacidad de respuesta al mercado. «Podemos fabricar cualquier estilo a cualquier precio para cualquier mercado.»* La capacidad para adaptarse a las peculiaridades locales de cada mercado es verdaderamente esencial debido a las diferencias en psicología, costumbres, gustos y media de edad de las mujeres que se casan.

Al igual que Inditex, el éxito de Pronovias no es sólo el resultado de una comprensión cabal de los distintos mercados del mundo. También hay mucho conocimiento de diseño, producción y distribución acumulado durante décadas

* *Women's Wear Daily*, 6 de agosto de 2003.

de experiencia. España en general, y Cataluña en particular, tienen un coste de mano de obra relativamente alto. Aun así, Pronovias ofrece vestidos nupciales y de fiesta sofisticados con todo tipo de encajes y volantes a precios al por mayor relativamente asequibles que van desde los 150 a los 3.000 euros. Su plan actual es subir al segmento de los 600-10.000 euros, e integrarse verticalmente en los canales de distribución, sustituyendo las franquicias y los puntos de venta ajenos por tiendas de propiedad de la empresa. La empresa está controlada en su totalidad por la segunda generación de la familia fundadora (Palatchi) y viene profesionalizando progresivamente la gestión.*

En definitiva, los casos de Inditex y Pronovias muestran la importancia de las habilidades y la flexibilidad manufactureras, de la perfecta logística en la distribución y del sentido común en el marketing (sin necesidad de grandes gastos en publicidad masiva). Históricamente, las empresas españolas no jugaron un papel predominante en el sector global de la moda, pero empresas como Inditex, Mango y Pronovias están reescribiendo las reglas de la competencia en sus respectivos segmentos de mercado.

Bienes ensamblados sencillos: juguetes y encendedores

Al igual que en la confección, los bienes ensamblados sencillos son productos relativamente tradicionales y maduros en los que las barreras de entrada al mercado son reducidas y la tecnología de producto es fácil de desarrollar o de conseguir. Por lo tanto, la competencia gira alrededor de los diseños, las marcas y la capacidad de producir a bajo coste. Las empresas de estos sectores son de dos tipos. De un lado, las grandes multinacionales de países avanzados, que siguen confiando en sus diseños y en sus capacidades de marketing

---

* *Actualidad Económica,* 26 de mayo de 2003; *Expansión,* 23 de febrero de 2001; 28 de febrero de 2003; 17 de septiembre de 2003; «Pronovias Previews Spring», *Women's Wear Daily,* 6 de agosto de 2003:12.

décadas después de que su ventaja manufacturera desapareciera. De otro, las nuevas multinacionales surgidas de la subcontratación de la producción a Asia y a América Latina, que hasta ahora sólo han tenido éxito en los segmentos más bajos del mercado.*

Como en el resto de Europa Occidental, el sector español del juguete sufrió una larga crisis a principios de los años setenta, seguida de una cierta recuperación a finales del siglo XX. La empresa más grande, Famosa, tipifica muchos de los éxitos y de los fracasos del sector juguetero español. Nació en 1957 como una confederación de talleres de juguetes de propiedad familiar en el llamado Valle del Juguete, en Alicante. Actualmente vende en unos 50 países, emplea a 450 trabajadores (250 de ellos con sede en la ciudad de Onil) y genera ventas de aproximadamente 170 millones de euros mediante la comercialización de 1.500 productos y 50 marcas. En 2007 Famosa tenía un 19,8% de cuota en el mercado español de juguete tradicional y juegos, seguida por Hasbro (18,6) y Mattel (17,4). La empresa tenía una cuota de mercado considerable en el resto de la Unión Europea y una importante presencia en Chile, México y Puerto Rico. Una cuarta parte de sus ventas son muñecas, seguidas por animales de peluche (cerca de un 25%), figuras (14), juguetes preescolares (12) y coches de juguete a pilas (30). Comercializa juguetes bajo licencia de Disney, Warner Bros. y Marvel Comics (Spiderman), así como de varios diseñadores locales.

Las nuevas tecnologías han permitido a las empresas jugueteras, incluida Famosa, introducir un gran número de procesos y de productos innovadores, pero también representa una grave amenaza de sustitución, sobre todo en el campo de los videojuegos y de otros juegos electrónicos, que han despla-

* La información sobre los sectores del juguete y de los encendedores proviene de algunos informes de Euromonitor. El dato se refiere a 2003, salvo mención en contrario. La información de la empresa en los casos de Famosa y Flamagas se obtuvo mediante entrevistas realizadas en 2006 bajo los auspicios del Centro de Estudios Comerciales (CECO) del Ministerio de Industria, Turismo y Comercio de España.

zado parcialmente a los juguetes tradicionales. El sector está relativamente fragmentado en todo el mundo, con tres grandes empresas que representan el 27% del total de ventas. Las dos más grandes son Mattel y Sony (con un 10% de cuota de mercado cada una de ellas), seguidas por Hasbro (7), Nintendo (6) y Microsoft, Electronic Arts, Bandai y Lego (cada una de ellas con un 3% aproximadamente). Famosa tiene el 0,5% de cuota de mercado mundial, el 1,6% en Europa y el 18% aproximadamente en España.

Mientras que los juguetes tradicionales representan cerca de las dos terceras partes del total del mercado del juguete en valor, los juegos electrónicos están creciendo a un ritmo de casi un 8% anualmente, más del doble que los juguetes tradicionales, que crecen al 3%. Además, en muchos mercados, a los ocho años de edad ya se manifiesta una preferencia por los juguetes electrónicos frente a los tradicionales. Las ventas de juguetes tradicionales están concentradas en los mercados de mayor poder adquisitivo. Estados Unidos representa el 41% del total mundial, seguido por Japón (10) y Reino Unido (8). Desde 1998, los mercados con la más alta tasa de crecimiento son China, España y Corea del Sur. Otras tendencias importantes en el sector son el crecimiento de artículos al aire libre como toboganes, columpios y casitas para jugar; el incremento en la demanda de juguetes educativos, a menudo de carácter electrónico; la nostalgia cada vez mayor por las muñecas tradicionales; el aumento de los juegos de mesa y los puzles; y, por último, el auge de internet como importante canal de distribución para los juegos electrónicos. Aproximadamente el 70% de los productos nuevos introducidos en el mercado, tanto juguetes tradicionales como videojuegos, fracasan.

Incluso las empresas más grandes del sector están sometidas a presión competitiva. Mattel, cuyas muñecas Barbie representan una tercera parte del total de sus ventas, depende del mercado de Estados Unidos para la mitad de su facturación, donde lucha para mantener su posición pese al crecimiento de los videojuegos. En 2006 adquirió Radica Games, con sede en Hong Kong, por 230 millones de dólares en un intento de diversificarse alejándose de los juguetes tradicionales. La segunda empresa de juguetes tradicionales es Hasbro, que lanzó uno de los mayores *best sellers* de todos los tiempos, el Sr. Patata (Mr. Potato Head). Hasbro se ha movido con más soltura que Mattel en el negocio de las licencias y de los videojuegos. Fabrica la mayoría de sus juguetes en China y en México, y la mitad de sus productos se venden en Wal-Mart, Toys 'R' Us y Target.

Incluso sin la globalización y sin el cambio tecnológico, las empresas de juguetes tradicionales estarían sometidas a presión competitiva por diversas razones. Primero, las barreras de entrada son generalmente escasas, sobre todo en los mercados asiáticos de rápido crecimiento. Esto se debe a que las economías de escala y las necesidades de capital para fabricar juguetes tradicionales son relativamente escasas. Por el contrario, las barreras de entrada en consolas de videojuegos son bastante elevadas debido a las grandes inversiones en I+D y a las economías de escala en producción. Además, las mayores empresas de este segmento (Sony, Nintendo y Microsoft) son empresas de gran envergadura, con recursos muy importantes y una alta rentabilidad. Segundo, en los mercados más desarrollados, el auge de grandes distribuidores como Wal-Mart, Carrefour o Toys 'R' Us ha reducido su poder de negociación, a no ser que inviertan con éxito en diferenciación de producto a través de marcas. Tercero, las fábricas de juguetes tradicionales no poseen mucho poder de negociación con sus proveedores más importantes, incluyendo a los productores de materia prima y a los dueños de los derechos de propiedad intelectual como Disney o Warner Bros. Por último, los juguetes tradicionales están sometidos a regulaciones de seguridad muy estrictas, sobre todo en los mercados norteamericano y europeo, aunque muchos ven estas restricciones como una barrera proteccionista contra los fabricantes chinos, que a menudo se han encontrado con problemas de calidad.

El sector del juguete español ha evolucionado siguiendo líneas similares a las trazadas anteriormente. Según la Asociación Española de Fabricantes de Juguetes (AEFJ), en 2007 había 215 empresas en el sector, que daban empleo a unas 5.000 personas. La mayoría de ellas (115) son microempresas con menos de 10 empleados. Las exportaciones ascienden a 388 millones de euros, dirigidas, en su inmensa mayoría, hacia los mercados europeos (el 78%). Las importaciones alcanzan el millardo de euros, el 61% de ellas procedentes de China. La revalorización del euro con respecto a las monedas de la mayoría de los países ha supuesto un problema para los exportadores de juguetes europeos desde 2005. No obstante, los exportadores españoles han sufrido mucho menos que sus homólogos franceses y alemanes, que han visto caer las exportaciones de juguetes un 10 y un 28%, respectivamente, hasta 2007.

El mercado español del juguete continuó creciendo hasta 2008 gracias al aumento de la natalidad y de la renta. La demanda sigue siendo extremadamente estacional, realizándose el 66% de los envíos a los distribuidores entre octubre y finales de diciembre y el 71% de las ventas al consumidor final entre el 1 de diciembre y el 6 de enero. Como en otros países, el crecimiento de la demanda de videojuegos está dejando atrás a los juguetes tradicionales. Las mayores empresas en el mercado español del juguete tradicional y electrónico son Sony (18%), Mattel (10), Famosa (9), Hasbro (9) y Nintendo (8). En el segmento tradicional, Mattel (20), Famosa (18) y Hasbro (17) dominan el mercado. Los grandes minoristas como Carrefour, Alcampo, Eroski, El Corte Inglés, Hipercor o Makro ya representan un tercio de las ventas, pero las tiendas especializadas continúan siendo el canal más importante (65%).

La producción industrial del juguete en España comenzó a partir de 1875 en la ciudad de Onil, provincia de Alicante, de manos de un Guardia Civil retirado, Ramón Mira Vidal. En ese momento las muñecas estaban hechas de cerámica, porcelana o cartón y los demás juguetes de hojalata. Foya de Castalla, el también llamado Valle del Juguete, que incluye las comarcas de Ibi, Onil, Biar, Tibi y Castilla, pronto empezó a ser el centro de la industria española del juguete. En 1957, después de que el plástico se convirtiera en la materia prima más importante, 25 empresas pequeñas con sede en Onil se dieron cuenta de la importancia de ganar escala y decidieron crear Fábricas Agrupadas de Muñecas de Onil, S. A. (FAMOSA), con Isidro Rico Juan, de la empresa Isidro Rico Miralles, como Director General y Ramón Sempere como Presidente. Entre los primeros productos lanzados por Famosa estaban Güendolina, Paulova, Pierina y Yamita, seguidos por las figuras Telerín después de firmar un acuerdo de licencia con TVE en 1963.

Como en el caso de muchas otras empresas jugueteras, el crecimiento de Famosa se debe sobre todo a un par de productos de éxito. En 1968 la empresa lanzó la muñeca Nancy, su gran éxito, de la que se vendieron más de un millón de unidades. En 1972 la empresa comenzó a retransmitir un villancico que se hizo muy popular («Las muñecas de Famosa se dirigen al portal...»); las emisoras de radio lo llegaron a transmitir gratis por considerarlo parte de la tradición navideña. En 1978 Jaime Ferri sustituyó a Isidro Rico como Director General y Famosa lanzó Nenuco, un muñeco bebé que se convertiría en el más vendido en España, Francia e Italia.

Famosa y el resto de las industrias jugueteras españolas empezaron a sentir los efectos de la crisis económica a principios de los años ochenta. El empeoramiento coincidió con la llegada de Mattel, Hasbro y Lego, a los que había que sumar la competencia procedente de Asia y la introducción de los primeros videojuegos. Esta combinación de factores llevó a varias empresas a la bancarrota (Eko, Payá), obligando a otras a venderse (Exin) o fusionarse (Educa y Borrás). Con todo, a pesar de la oleada de consolidación, el sector juguetero español todavía incluía más de 200 productores al final de los años ochenta.

Aunque la necesidad de un cambio estratégico era evidente, Famosa tardó varios años en reaccionar ante el nuevo panorama competitivo. En 1991 estableció un departamento de compras en Hong Kong para coordinar la subcontratación en China. El mismo año fundó Onilco Innovación, S.A., un centro de diseño y de lanzamiento de nuevos productos. Actualmente, Famosa subcontrata en China algo más del 80% de sus productos. En Onil sólo fabrica los juguetes a pilas. Según el Director General Manuel Rubiales, «Famosa no ha sufrido tanto como otras empresas porque ha asumido la realidad de lo que Asia representa». Sólo otras dos empresas (Falca e Injusa) se han unido a Famosa a la hora de dirigirse hacia China.

Como resultado de la subcontratación de empresas estadounidenses y europeas, China se ha convertido en el centro manufacturero del juguete del mundo. Hay más de 6.000 fábricas de juguetes y de videojuegos, de las que 4.500 están ubicadas en la provincia de Guangdong. China exporta 15 millardos de dólares de juguetes, lo que representa el 70% de la producción mundial; España es el noveno destino más importante de los juguetes fabricados en China. Cada año China fabrica un millón y medio de juguetes y juegos diferentes. Los costes de fabricación de juguetes son casi un 30% más bajos en China que en España, suficiente para justificar el traslado de la producción. Casi el 80% de los juguetes fabricados en China están subcontratados por empresas multinacionales.

La oficina que Famosa tiene en Hong Kong selecciona proveedores, ordena encargos, realiza el control de calidad y gestiona envíos. Famosa confía en los proveedores de Shanghai para sus juguetes de peluche y en las empresas de Guangzhou para las muñecas y las figuras. En total, la empresa subcontrata la mayoría de sus juguetes a través de cuatro o cinco proveedores, dadas las ventajas de coste derivadas de mayores volúmenes de pedidos. Una red de subsidiarias de ventas en Nottingham, París, Milán, San Juan, Lisboa, Madrid y ciudad de México permite a Famosa distribuir sus juguetes en los principales mercados. La subcontratación en China y las subsidiarias de ventas en los mercados internacionales han permitido a Famosa superar los retos de la globalización y de la innovación tecnológica.

Un aspecto importante de la transformación de Famosa ha tenido que ver con el gobierno corporativo y la entrada de accionistas privados. En 2002 las 27 familias (220 accionistas individuales) propietarias en aquel momento —procedentes de las diversas empresas asociadas con Famosa— acordaron vender el 100% del capital a un grupo inversor liderado por Inveralia (una firma de capital privado asociada con el Banco Pastor) y a los antiguos propietarios de Larios (un grupo de bebidas alcohólicas). Inveralia adquirió un 33% de participación, mientras Torreal (el brazo de inversión del millonario Juan Abelló) y

Ahorro Corporación (la unidad de capital privado de la Confederación de las Cajas de Ahorros españolas) asumieron un 24,5% cada uno. El Director General Jaime Ferri y su equipo se hicieron con el 20% restante. La estrategia de los nuevos inversores era precisamente aumentar la subcontratación en China y crear subsidiarias de venta en los principales mercados. En 2003 la Caja de Ahorros del Mediterráneo (CAM) adquirió el 10% de las acciones por partes iguales de los tres inversores existentes, por 17,3 millones de euros. En 2005 Vista Capital de Expansión, la firma de capital riesgo propiedad del Banco Santander y Royal Bank of Scotland, adquirió el 100% de las acciones por una cantidad entre los 140 y los 150 millones de euros en efectivo. Esta venta permitió que los tres inversores iniciales consiguieran una gran plusvalía, aunque no fue así en el caso de la CAM. Vista dio al nuevo equipo directivo liderado por Manuel Rubiales el 10% de las acciones.

El nuevo equipo directivo emprendió varias adquisiciones ambiciosas. En 2006 compró Play by Play (15 millones de euros en ventas, el 30% fuera de España), que poseía las licencias de Super Mario, Garfield, Snoopy y Pokémon. Unos pocos meses después, Famosa adquirió Feber (30 millones de euros en ventas), una manufacturera de toboganes, columpios, casitas para jugar, juguetes de exterior y, lo que es más importante, coches de juguete a pilas. El año 2006 también vio la adquisición de Plush Games. El Director Ejecutivo, Rubiales, ha afirmado que el juguete de exterior es «un producto que nunca emigrará a China» debido a los altos costes de transportes y a la posibilidad de producción automatizada. La empresa tiene una carga de endeudamiento considerable y Vista Capital tuvo que inyectar más de 46 millones de euros en 2008. A finales de 2009, Vista estaba intentando vender su participación.

Famosa se enfrenta a importantes retos, incluyendo la necesidad de acelerar el proceso de innovación, disminuir los costes de fabricación y perfeccionar la distribución. De los 1.200 productos ofertados cada año por la empresa, 350 son nuevos. La competencia desleal de empresas que no se enfrentan a regulaciones de seguridad o no pagan licencias continúa perjudicando al sector, reduciendo sus beneficios un

17% anualmente. Los fabricantes españoles insisten en que la subcontratación no es la respuesta a los problemas del sector y que varias categorías de juguetes (equipamientos de exterior y triciclos, por ejemplo) continúan siendo rentables fabricándose en España. Algunas empresas, como Juguetes Picó, han optimizado sus operaciones manufactureras fabricando ciertos componentes del juguete en instalaciones que también se utilizan para suministrar tubos de escape a empresas de automóviles como Ford España. Sin embargo, Famosa y el resto del sector juguetero español todavía necesitan demostrar que pueden superar los desafíos de la competencia en un mercado siempre cambiante a través del diseño y la innovación.

Los desafíos competitivos en el sector tradicional del juguete se presentan también en otros tipos de bienes ensamblados sencillos, aunque las barreras de entrada (y por lo tanto la rentabilidad) no siempre son bajas. Por ejemplo, los encendedores de marca son un producto de alta rentabilidad, con márgenes que pueden llegar al 30%, gracias a la diferenciación de producto a través de diseño y marca. Además, las fuertes diferencias en los canales de distribución de país a país, que están estrictamente relacionados con el consumo de cigarrillos, obligan a las compañías a adaptarse a las peculiaridades locales. En Estados Unidos, las estaciones de servicio representan casi la mitad de las ventas de encendedores, mientras en Europa Occidental los estancos, a menudo sujetos al monopolio estatal, son el canal más importante, representando casi el 25% de las ventas. En Asia y América Latina dominan las tiendas de alimentación y los vendedores ambulantes.

La española Flamagas, que vende encendedores y otros accesorios bajo la marca Clipper, es la cuarta empresa del sector a nivel mundial. Los líderes son Bic de Francia, Tokai de Japón y la sueca Match (propietaria de la marca Cricket). Flamagas se fundó en 1959 por parte de la familia Puig, cuyo baluarte es la cosmética. Antonio Puig comenzó sus negocios en 1914. Su primer éxito comercial fue la barra de labios Milady, lanzada en 1922. En 1940 introdujo su producto más famoso, Agua Lavanda Puig, un agua de colonia. Actualmente, el grupo se llama Puig Beauty & Fashion y es una de las empresas de cosméticos más grandes del mundo, con una cuota de mercado del 2% (el número uno es L'Oréal, con un 9%). En 2000 adquirió Myrurgia y un año después Gal. Puig colabora con Zara y Mango en sus líneas de cosmética.

Flamagas emplea a unas 1.300 personas y genera unas ventas anuales de cerca de 100 millones de euros. Fabrica varios tipos de encendedores: de piedra o electrónicos y recargables o desechables. También fabrica encendedores de cocina y todos los repuestos, filtros y equipos de recarga. El moderno encendedor de gas de bolsillo se remonta a 1948, un producto manufacturado en primer lugar por Flaminaire, una empresa adquirida por Bic en 1971. Casi el 40% del capital de Bic está en manos de los sucesores de su fundador, Marcel Bich, que tienen más de la mitad de los derechos de voto. Una cuarta parte de los 470 millones de dólares de ventas de Bic son encendedores, que la compañía fabrica en Europa, Estados Unidos y Asia (en plantas subcontratadas). Tokai Corporation, parte del conglomerado Itochu, fue fundada en 1972 y tiene fábricas en varios países asiáticos, europeos y latinoamericanos. También subcontrata en China. Swedish Match es una empresa que cotiza en Bolsa, aunque controlada por AB Volvo. Tiene fábricas en 16 países, pero sólo un 4% (80 millones de dólares del total de sus ventas) son encendedores. Flamagas es la segunda, con 64 millones de dólares en ventas de encendedores. Además de las cuatro grandes empresas del sector, hay cientos de fábricas pequeñas de encendedores, 300 de ellas en China, la mayoría en Wenzhou, en la provincia de Zhejiang, al sur de Shanghai.

China fabrica entre el 60 y el 70% de los encendedores de todo el mundo, aunque pocas empresas chinas los venden bajo sus propias marcas. En 2006 el coste de fabricación de un encendedor de piedra en China oscilaba entre 0,04 y 0,06 euros y el coste de fabricación de un encendedor electrónico entre 0,06 y 0,10 euros. En Europa, los costes eran tres o cuatro veces más altos. No obstante, la competencia en el mercado no está determinada por los costes principalmente. El diseño, las marcas, la seguridad y los canales de distribución son claves para el éxito comercial y, en última instancia, representan las barreras de entrada que sólo unos pocos, las empresas altamente capacitadas, logran superar.

Al principio, el crecimiento internacional de Flamagas estuvo impulsado por las exportaciones de encendedores manufacturados en su fábrica de Llinars del Vallès, a las afueras de Barcelona. En algunos mercados se firmaron acuerdos de distribución en exclusiva con grandes empresas tabaqueras, como con Imperial Tobacco en el Reino Unido. En otros mercados importantes establecieron subsidiarias de ventas (Portugal, Rusia, Polonia, Turquía y Brasil). No obstante, la exportación era una estrategia de crecimiento con serias limitaciones. La revalorización de la peseta durante los años ochenta redujo la competitividad internacional de la empresa, precisamente en un momento en el que las fábricas chinas comenzaron a exportar. La crisis monetaria de 1992-1993 ofreció un cierto respiro, pero la adopción del euro por parte de España en 1999 significó que tendrían que tomarse medidas más radicales. Flamagas decidió que era el momento de establecer fábricas en el exterior en zonas de bajo coste. En 2000 la empresa estableció una planta en India, que fabrica 30 millones de encendedores al año, de los cuales el 70% se exportan. En 2004 estableció una fábrica de plena propiedad en el sur de Shanghai, donde fabrica 70 millones de encendedores al año y podría fabricar fácilmente 200 millones sin ampliar la planta. La planta de Barcelona continúa siendo el único fabricante de los dos componentes principales: la válvula fija y el quemador, que son enviados a las instalaciones indias y chinas para el ensamblado final. La válvula, en particular, es un componente sofisticado consistente en un cilindro de metal con una membrana que garantiza un flujo constante de gas con independencia de la presión del depósito.

Flamagas manifiesta que el coste de producción en su planta china es similar al de su planta de Barcelona. La primera es muy intensiva en mano de obra, mientras que la última está totalmente automatizada. La diferencia mayor tiene que ver con la flexibilidad. Lleva más tiempo y dinero intercambiar la producción de distintos modelos en la planta automatizada de Barcelona que en la planta china. Por lo tanto, las plantas de producción de Flamagas operan de modo que se optimice el uso de sus tres instalaciones, en un claro ejemplo de los beneficios de la flexibilidad que aporta a las empresas multinacionales el establecimiento de una red de producción global, imposibles de replicar por los competidores con una producción local (Kogut y Kulatilaka, 1994).

Mientras el grupo de clientes más importante —los fumadores en los países más ricos— está disminuyendo, las empresas de encendedores de las economías desarrolladas como Flamagas han logrado continuar creciendo a través de diferenciación de producto y la expansión global. A diferencia del sector del juguete, las barreras de entrada permiten a las empresas establecidas alcanzar altos niveles de rentabilidad, a pesar de las ventajas de coste de los productores de mercados emergentes.

Electrodomésticos

Los electrodomésticos son también productos rentables. Tanto la I+D como las barreras de entrada en los canales de distribución pueden representar serios desafíos para la mayoría de las empresas, salvo para aquéllas con mejores capacidades competitivas. Además, las empresas locales suelen disfrutar de una ventaja en adaptación de producto y en distribución. De esta forma, el sector de los electrodomésticos es un buen ejemplo de lo que Ghemawat (2007) llama «semiglobalización». Pese a que los distintos productos electrodomésticos cuentan con una base tecnológica común, las importantes diferencias transnacionales en infraestructuras, hogares y preferencias del consumidor obligan a las empresas a realizar importantes adaptaciones locales. Además, hay fuertes competidores locales en cada uno de los principales mercados, todos ellos con marcas y canales de distribución bien establecidos (Paba, 1986). De hecho, el sector fue descrito hace años como un caso de globalización frustrada (Baden-Fuller y Stopford, 1991): las empresas locales suelen ser más rentables que las empresas globales. Aunque las diferencias locales persisten, el sector es hoy más global que hace veinte años debido a la consolidación internacional a través de fusiones y adquisiciones (Bonaglia et al., 2007). A nivel global, el sector estuvo dominado hace décadas por las empresas europeas y norteamericanas, pero ha sido testigo de la entrada de sucesivas oleadas de nuevos competidores internacionales, incluyendo las empresas japonesas, taiwanesas, surcoreanas, turcas, chinas e indias. La empresa española que ha demostrado mayor resistencia a estas tendencias es Fagor Electrodomésticos, hoy en día situada entre las diez más importantes del mundo.

Fagor Electrodomésticos fue el origen de Mondragón Corporación Cooperativa (MCC), el grupo cooperativo propiedad de los trabajadores más grande del mundo. Sus orígenes se remontan a 1955, cuando un grupo de empresarios y trabajadores liderados por el padre José María Arizmendiarrieta, un sacerdote jesuita, adquirieron una empresa (un fabricante de estufas de gasóleo con licencia administrativa para fabricar electrodomésticos) situada en Vitoria. En ese momento la economía española estaba fuertemente regulada y la licencia era quizá más valiosa que cualquier otro activo de la empresa (Ormaechea, 1993). En 1956 se le cambió el nombre al negocio por el de ULGOR, unas siglas que recogen las iniciales de los apellidos de los cinco fundadores, y se trasladaron a Mondragón, a unos 100 kilómetros de distancia. La empresa se constituyó como una cooperativa y comenzó a producir calentadores y estufas (Ormaechea, 1993). En 1957 se añadió una división de electrónica, que más tarde se convirtió en Fagor Electrónica. ULGOR, que más tarde cambiaría el nombre por Fagor Electrodomésticos, contrató a muchos egresados de las escuelas técnicas y de formación profesional fundadas en 1943 por el padre Arizmendiarrieta (Ormaechea, s.f.). Algunos antiguos estudiantes de la escuela constituyeron otras cooperativas a lo largo de los años, entre las que se incluyen Arrasate (1957), una compañía de máquinas-herramienta, y Funcor (1956), una fragua y fundición (Clamp, 2003). El desarrollo de las cooperativas se vio relanzado con la creación de la Caja Laboral Popular en 1959, una Caja de Ahorros. El lema «libreta o maleta», atribuido al padre Arizmendiarrieta, recoge el espíritu de independencia, también financiera, que transmitían los líderes de las cooperativas y aludía al fantasma de la emigración en caso de que la industrialización de la zona no tuviera éxito. La caja actuó no sólo como una fuente de financiación, sino también de experiencia directiva para las cooperativas, que tenían que firmar un contrato de asociación con ella (Arrieta y Ormaechea, s.f.).

A finales de 2009 Mondragón Corporación Cooperativa (MCC) tenía 85.000 empleados (el 17% fuera de España) y 14,8 millardos de euros de ingresos (el 59% fuera de España), convirtiéndola en una de las diez corporaciones empresariales más grandes de España y entre los 500 mayores grupos de Europa.[*] Las cooperativas pertenecientes al grupo se dedican a todo tipo de actividades, desde chips, electrodomésticos, componentes del automóvil y muebles hasta máquinas-herramienta, robótica, ascensores, maquinaria pesada y grandes proyectos de construcción. Mondragón también incluye la quinta empresa de distribución comercial de España (Eroski). Aunque continúa siendo una cooperativa propiedad de los trabajadores, Mondragón se ha convertido en una empresa multinacional con 65 plantas manufactureras en otros países y cerca de 100 operaciones de distribución en Europa Occidental, Europa del Este, las Américas, Norte de África y Asia. Tras quince años de intenso crecimiento, el número de empleados casi se ha cuadruplicado, pasando de 25.000 en 1992 a los actuales 85.000. Solamente un poco más de la mitad de los empleados son socios cooperativos. Las cooperativas manufactureras representan poco más del 40% de los empleos y de los ingresos. Algunas de las 65 plantas manufactureras que hay en el exterior fueron adquiridas de otras compañías, sobre todo en Europa. La mayoría de las plantas en el exterior representan inversiones horizontales para intentar superar las barreras comerciales y de otro tipo, reducir los costes de transporte o suministrar a las plantas de ensamblaje de clientes extranjeros. Sólo unas pocas de las plantas son inversiones verticales con intención de reducir costes de producción. Ninguna de las operaciones en

---

[*] La información corporativa de MCC proviene de su informe anual de 2008, disponible en www.mcc.es.

el exterior se instrumentaron como cooperativas: son o bien de plena propiedad o de propiedad parcial de una de las cooperativas en España.

Fagor Electrodomésticos es la cuarta productora de Europa de electrodomésticos de «línea blanca» o electrodomésticos del hogar, tales como cocinas, hornos, extractores, hornos microondas, acondicionadores de aire, frigoríficos, congeladores, lavadoras, secadoras, lavavajillas, calentadores, calderas, acumuladores, módulos de cocinas y artículos de cocina. Vende en unos cien países y mantiene instalaciones manufactureras en España, Francia, Polonia, Marruecos, Italia y China. Su estrategia de adaptación a los diferentes mercados y de aprovechamiento de ciertas eficiencias transfronterizas está en línea con las características del sector. Fagor y Bosch Siemens de Alemania son los líderes del mercado en España, seguidos por Electrolux, Indesit y Whirlpool. Juntas, estas cinco compañías representan el 70% de las ventas. Fagor es la sexta marca en Europa y la quinta en términos de producción. Sin embargo, el panorama del sector a nivel mundial ha cambiado debido al auge de Haier de China y LG de Corea del Sur como competidores globales, aunque GE, Electrolux y Whirlpool continúan siendo las empresas de mayor tamaño.

La estrategia competitiva de Fagor estuvo inicialmente determinada por los principios democráticos que inspiraron a las cooperativas Mondragón y por el interés asociado de ofrecer a los trabajadores salarios más altos y mejores condiciones de trabajo en relación con otras empresas de la zona (Ormaechea, 1993). Para ser competitivas, las cooperativas se comprometieron a aumentar las habilidades y destrezas del trabajador y a utilizar maquinaria de última generación (Quevedo, s.f.). Al principio, esta estrategia se tradujo en el empleo de licencias de tecnología de producto obtenidas de las empresas europeas establecidas y en un enfoque en la innovación de la tecnología de proceso y de producción para incrementar la productividad (Clamp, 2003; Quevedo, s.f.). Fagor se dio cuenta en los años setenta que esta estrategia limitaba su crecimiento y la capacidad de convertirse en líder de mercado, dado que las tecnologías maduras eran las únicas disponibles mediante licencias

(Ormaechea, s.f.; Quevedo, s.f.). Además, los propietarios de la tecnología impidieron a Fagor entrar en los mercados más atractivos. Mondragón realizó sus primeros proyectos de I+D en 1968. El primer centro autosuficiente de I+D, Ikerlan, al que cada cooperativa contribuyó con fondos de forma proporcional a su número de empleados, se fundó en 1975. De esta forma, el primer año Fagor Electrodomésticos contribuyó con el 52% del presupuesto. En 2005 la empresa decidió establecer su propio laboratorio de I+D, Hometek.

A pesar de estos acontecimientos pioneros, la trayectoria hacia la autosuficiencia tecnológica fue complicada para Fagor Electrodomésticos. El período más delicado en la historia de la cooperativa fue el de mediados de los años ochenta, cuando la empresa se enfrentó a las consecuencias de la entrada de España en la Comunidad Económica Europea (hoy día Unión Europea). La eliminación de los aranceles significó que el mercado local dejaría de estar protegido. Las multinacionales extranjeras intensificaron su presencia en el mercado español, tanto a través de importaciones como de adquisiciones. De hecho, Fagor fue la única empresa local de electrodomésticos que sobrevivió a la reestructuración del sector y decidió adquirir otras empresas locales (por ejemplo, Fabrelec) para ganar peso. No obstante, el enfoque en el mercado local era problemático. En palabras de un directivo, «la internacionalización era probablemente no sólo la única vía para ser competitivos, sino para sobrevivir» (García-Canal et al., 2002:100). La empresa adoptó un plan centrado en productos básicos, rediseñándolos y reorganizando los procesos manufactureros con la vista puesta en la entrada en los mercados latinoamericanos, norteafricanos y de Europa Occidental. No obstante, el plan no podía ser implementado sin la ayuda de otras empresas porque Fagor carecía de tecnología y de acceso a los mercados exteriores.

Las negociaciones condujeron al establecimiento en 1990 de la alianza Eurodom con Thomson Electroménager de Francia. La británica General Domestic Appliances (GDA) se unió en 1992, y la italiana Ocean en 1993. La alianza buscaba permitir a estas empresas, relativamente pequeñas y con implantación local, a competir contra los grandes del sector, es decir,

Bosch, Electrolux, Zanussi y Whirlpool. En un principio, el objetivo fue coordinar las compras de los principales componentes. Finalmente, Thomson y Ocean se fusionaron, dejando a Fagor y a GDA como los únicos socios. Años más tarde, en 2002, Fagor adquirió las marcas francesas e italianas mediante la compra de Groupe Brandt, convirtiéndose de este modo en la quinta fabricante de electrodomésticos de Europa. Durante su alianza, el desarrollo conjunto de actividades de I+D en proyectos técnicos permitió a Fagor y GDA compartir riesgos y evitar una duplicidad de esfuerzos. En 2001 la italiana Merloni adquirió un 50% de las acciones de GDA y, por consiguiente, la alianza se disolvió.

Fagor también estableció en 1996 una empresa conjunta al 50% con la empresa alemana Vaillant para fabricar calentadores en una planta en el País Vasco. Los productos eran distribuidos y vendidos por cada una de las empresas de forma separada con su propia marca (García-Canal et al., 2002). Sucesivas adquisiciones y constituciones de filiales en América Latina y el Norte de África dieron a la empresa una base de operaciones en los mercados emergentes, donde actualmente se enfrenta a una competencia fuerte por parte de nuevos competidores, como LG y Haier. Por ejemplo, en 1994 estableció una planta filial de frigoríficos en Marruecos junto con un socio local y un año después una operación conjunta con un socio egipcio para fabricar lavadoras y calentadores. Paralelamente, abrió dos plantas en Argentina, que se encuentran paradas desde el descalabro económico y financiero del país de 2001-2002. La expansión hacia Europa del Este por parte de Fagor fue potenciada con la adquisición en 1999 de una participación mayoritaria en la polaca Wrozamet, un fabricante de electrodomésticos de cocina con el que tenía una alianza de distribución para frigoríficos y lavadoras. En 2000 la cooperativa abrió subsidiarias de ventas en Tailandia, Malasia y China. En 2002 estableció su primera operación manufacturera en China, una planta de ollas de arroz, convirtiéndose en la segunda empresa del mundo. En 2004 invirtió en instalaciones manufactureras para frigoríficos comerciales en Polonia y Turquía y entró en una alianza de distribución con Gazmash en Rusia, un consorcio de once manufactureras de electrodomésticos locales encabezadas por Gazprom. Fagor Electrodomésticos también ha invertido en el exterior para reducir costes. En 1992 estableció una operación conjunta con una empresa local tailandesa para producir componentes basados en semiconductores para sus diferentes productos, una instalación que traspasó más tarde a otra cooperativa de Mondragón, Fagor Electrónica.

A pesar de su fuerte presencia en los mercados español y europeo, Fagor Electrodomésticos se encuentra en una encrucijada. Empresas como Bosch, Electrolux o GE poseen mejores capacidades tecnológicas y de diseño, mientras empresas de mercados emergentes como Haier de China, Mabe de México o Acelik de Turquía son más competitivas en precio. Es interesante destacar que estas empresas también han utilizado socios para acceder a mercados exteriores y a recursos externos, aunque han podido aliarse con empresas mayores gracias a su gran poder de negociación como socios locales y, por lo tanto, han conseguido extender su ámbito geográfico a todo el mundo (Bonaglia et al., 2007).

Conclusión: Capacidades internas *versus* capacidades externas en los sectores de bienes duraderos

Los casos analizados en este capítulo demuestran que las nuevas multinacionales de bienes de consumo duradero desarrollan sus capacidades interna o externamente dependiendo de dos características importantes del sector, tal y como se muestra en la tabla 4.1. Las nuevas multinacionales de sectores en los que ni la tecnología propia de producto es importante ni el acceso a los mercados exteriores está limitado pueden crecer internacionalmente a través del desarrollo interno de capacidades como diseño, innovación de proceso y logística de distribución, aunque también pueden subcontratar a medida que los costes en el país de origen aumenten. Inditex y Pronovias, dentro del sector de confección, y Famosa, en juguetes tradicionales, ilustran este modelo.

111

En el otro extremo, cuando la posesión de tecnología de producto propia es crucial para ser competitivo y existen importantes barreras para entrar en mercados exteriores, las nuevas multinacionales de países emergentes y en vías de desarrollo suelen crecer internacionalmente sobre las base de recursos tecnológicos y de distribución, así como de capacidades obtenidas a través de alianzas y adquisiciones. El crecimiento internacional de Fagor Electrodomésticos entre los años setenta y los noventa ilustra esta situación.

Como se muestra en la tabla 4.1, los juguetes electrónicos y los encendedores son sectores de tipo mixto. La competencia en juguetes electrónicos requiere poseer tecnologías de producto que no son necesarias en los juguetes tradicionales. No obstante, el acceso a los canales de distribución en los mercados exteriores no es demasiado problemático si la empresa tiene un producto funcional con la tecnología adecuada. Las empresas del juguete tradicional han realizado alianzas y adquisiciones en un intento de asegurar tales capacidades tecnológicas. Los encendedores exhiben las características opuestas: la tecnología es fácil de desarrollar o de comprar, pero el acceso a los mercados exteriores es problemático debido a la regulación y a las diferencias en los canales de distribución.

Siguiendo las estrategias del desarrollo apropiado de las capacidades internas o externas, las empresas españolas en estos sectores se han situado entre las más grandes del mundo. No obstante, continúan sufriendo el asalto competitivo de otras empresas tanto de los países más avanzados como de los menos desarrollados. Su futuro no está, ni mucho menos, asegurado. Incluso en el sector de la confección, el éxito y el alcance global de Inditex no debe desviar la atención del hecho de que empresas en este sector suelen lograr el éxito y expandirse globalmente, e inmediatamente después tener problemas para mantener su posición. Los ejemplos de GAP y de Benetton representan un amargo recordatorio de que los retos abundan cuando las tecnologías de producto están disponibles para todas las empresas y las barreras de entrada en los mercados exteriores son escasas.

Capítulo 5

Servir a clientes globales en bienes industriales

> Es imposible estudiar el crecimiento económico contemporáneo de los países en vías de desarrollo sin considerar las interrelaciones mutuas entre estas economías y las de los países avanzados.
>
> KANAME AKAMATSU, 1962:3

> Yo antes no tenía que hacer I+D. Ahora hago investigación, diseño y desarrollo; tengo que ser líder y romperme el coco. Éstos son costes pero permiten que la relación constructor-proveedor sea muy difícil de romper.
>
> TARRAGÓ PUJOL,
> Vicepresidente de Ficosa International*

Históricamente los bienes industriales han jugado un papel fundamental en el auge de los países recién industrializados en los años sesenta, incluyendo a Corea del Sur, Taiwán, Tailandia, Brasil, México y España, entre otros. Sectores como el acero, metal, componentes del automóvil y maquinaria se convirtieron en el objetivo de los esfuerzos de desarrollo del gobierno. En este capítulo analizamos ejemplos seleccionados de empresas españolas que se beneficiaron de tales políticas y continuaron con estrategias de crecimiento global, aunque con diferentes grados de diversificación de producto e integra-

---

* *El Mundo*, 20 de junio de 2005.

ción vertical. Asimismo, establecemos comparaciones con las empresas indias y chinas dentro del mismo sector.

Una política frecuente para promocionar la fabricación de bienes industriales consiste en atraer las inversiones de las empresas multinacionales. En el sector de la automoción, por ejemplo, los gobiernos ofrecen a menudo a los ensambladores condiciones favorables con el objetivo de promover el desarrollo de los proveedores locales. De este modo, los gobiernos pueden acelerar la industrialización atrayendo las inversiones directas exteriores orientadas a la exportación y así vincular el surgimiento de empresas locales de servicios de componentes y de mantenimiento. Bajo estas circunstancias, las empresas multinacionales actúan como «trasplantadoras instantáneas de la industrialización» (Ozawa, 1996). Por ejemplo, en países con mano de obra barata, el establecimiento de cadenas de valor que conecten a empresas multinacionales que elaboren productos finales con suministradores locales de bienes intermedios puede contribuir al desarrollo económico del país y a crear enormes oportunidades de crecimiento para las empresas locales. Con el tiempo, el desarrollo económico aumentaría eventualmente los salarios, afectando a las bases de la ventaja comparativa. No obstante, para entonces, algunos fabricantes de bienes industriales habrían desarrollado su propia tecnología y/u otras ventajas competitivas para reemplazar a su ventaja original de mano de obra, permitiéndoles continuar con nuevas oportunidades en los mercados exteriores, así como en el local. Como caso especial, algunos proveedores locales que posean la cualificación necesaria pueden ser requeridos por sus clientes multinacionales para convertirse en sus suministradores en otros países.

Este proceso de sofisticación y de cambio de dirección de la inversión directa en el exterior (IDE) fue conceptualizado por Dunning y Narula (1996) en su modelo de la «Senda de la Inversión Exterior», una teoría que describe cómo los países evolucionan desde que son receptores netos de inversión exterior hasta convertirse en emisores netos. Esta teoría muestra que la llegada de inversiones del exterior puede crear oportunidades puntuales de crecimiento y expansión internacional para los fabricantes locales de bienes industriales. El aprovechamiento de estas oportunidades es una de las razones fundamentales que explican el crecimiento internacional de un buen número de multinacionales españolas del sector de bienes industriales.

El mejor ejemplo de la internacionalización de empresas locales de bienes industriales se refiere al sector del automóvil. Según la Organización Internacional de Fabricantes de Vehículos de Motor (OIFVM), en 2009 España ocupaba el octavo puesto en producción de automóviles, de los que más del 80% se exportaban. Prácticamente toda la industria de ensamblaje es de propiedad extranjera. Había en aquel momento 13 plantas de ensamblaje de automóviles y de vehículos todo terreno cuya propiedad y gestión recaía en Renault, Ford, General Motors, PSA (Peugeot-Citroën), Volkswagen-Seat, Mercedes-Benz, Nissan o Suzuki. España es también un gran mercado de automóviles, el noveno del mundo. Desde los años cincuenta a los setenta, España recibió inversiones del exterior atraídas por el potencial crecimiento del mercado local, los elevados aranceles y las barreras no arancelarias. Durante los años ochenta y noventa, las empresas ensambladoras continuaron invirtiendo tanto en nuevas plantas como en las ya existentes, beneficiándose de la mano de obra relativamente más barata que en el resto de la Unión Europea, y centrándose en las exportaciones de coches pequeños (Guillén, 2001).

El cambio hacia el ensamblaje orientado a la exportación demostró tener grandes consecuencias para los proveedores locales, que tuvieron que aumentar su tecnología y su calidad para sobrevivir. La especialización ayudó a conseguir economías de escala. Los grandes ensambladores como Renault, Ford o General Motors comenzaron a tomar decisiones de suministro a nivel europeo. Los proveedores se organizaron en sistemas jerárquicos, para facilitar la coordinación. La esperanza era que los mejores proveedores de un componente o subsistema específico estuvieran preparados para abrir fábricas de producción allí donde fuera necesario. Proveedores españoles como Ficosa, Grupo Antolín, Fagor Ederlan, Gestamp, Zanini y CIE Automotive aprovecharon estas oportunidades, siguiendo a sus clientes al exterior y convirtiéndose ellos mismos en empresas multinacionales. Como consecuencia de su expansión al exterior, su futuro ya no dependía de la efímera ventaja comparativa del salario en España, si bien, naturalmente, decenas de otros proveedores importantes desaparecieron o fueron adquiridos por otras empresas.

En este capítulo analizamos cuatro casos de empresas españolas de sectores de bienes industriales que crecieron localmente aprovechando una sucesión de oleadas de inversión extranjera desde los años sesenta a los noventa, que también les permitió crecer con gran rapidez a escala internacional cuando ampliaron sus lazos con empresas multinacionales que operaban en el mercado español. Tres de ellas comenzaron en el sector de componentes del automóvil —Zanini, Ficosa y Corporación Gestamp—, mientras que la cuarta, Gamesa, fue fundada en 1976 para fabricar componentes metálicos para empresas de automoción y militares, entrando más tarde en el sector aeroespacial y en la fabricación de turbinas eólicas, actividad por la que es más conocida actualmente. Tal como se refleja en la tabla 5.1, estas cuatro empresas eligieron perseguir oportunidades de crecimiento de maneras muy diversas. Ficosa se diversificó hacia una amplia selección de pequeños componentes de automoción, pero sin integrarse verticalmente, mientras que Corporación Gestamp se integró verticalmente para llegar a convertirse en un proveedor de grandes cantidades de componentes de automoción metálicos, como el chasis y las estampaciones de carrocería. Por el contrario, Zanini decidió centrarse en un único componente, los tapacubos y embellecedores de ruedas. Después de varios años involucrado

TABLA 5.1. *Estrategias de crecimiento en los sectores de bienes industriales.*

Diversificación de producto:	Integración vertical:	
	Baja	Alta
Alta	Ficosa	Gamesa
Baja	Zanini	Corporación Gestamp

activamente en componentes de automoción y aeronáuticos, Gamesa decidió convertirse en un grupo diversificado e integrado verticalmente en el sector eólico.

Ficosa International

Ficosa International suministra componentes de control, de compartimento de motor, de puerta, de asiento y retrovisores a las fábricas más importantes de vehículos, entre las que se incluyen Volkswagen, General Motors, Renault-Nissan, Ford, BMW, Fiat, PSA (Peugeot-Citroën), Toyota, Honda y Daimler-Benz, entre otras. Es uno de los principales proveedores del mundo de espejos retrovisores. En 2009 sus ventas ascendieron a 718 millones de euros y empleaba a más de 6.700 personas. Aunque pequeña al lado de gigantes como Bosch, Denso Corporation, Delphi y Magna International, la empresa se ha hecho fuerte en un nicho de mercado rentable y ha establecido fábricas en 19 países en cuatro continentes.

Los orígenes de Ficosa se remontan a 1949, cuando el joven de 18 años José María Pujol Artigas y su amigo José María Tarragó crearon «Pujol i Tarragó», un pequeño taller para producir cables destinados al mercado de repuestos de Barcelona. La empresa contaba con el apoyo financiero del padre de Pujol Artigas. Los cables necesitaban ser diseñados y fabricados expresamente para cada tipo de coche, lo que les permitió competir a pesar de su escasa escala. El Sr. Pujol describió los primeros años de Pujol i Tarragó como «heroicos» (Pujol Artigas, 1998:35). Ficosa se benefició de las oportunidades de crecimiento asociadas al desarrollo del sector automovilístico en España. Cuando SEAT —originalmente una empresa conjunta entre FIAT y el INI— eligió a Barcelona como lugar para su primera fábrica de ensamblaje, Pujol firmó contratos de suministro con la nueva empresa, así como con Citroën y Renault, que también establecieron instalaciones de ensamblaje con el objetivo de vender en el mercado local. La estrategia de Ficosa fue establecer vínculos estrechos con las oficinas centrales de sus clientes y obtener financiación para sus contratos iniciales con el fin de diversificarse hacia otros componentes. Esta estrategia estuvo en parte determinada por la política del ensamblador de obtener piezas de varios proveedores para evitar problemas de abastecimiento, aunque también fue promovida por las regulaciones que exigían a los ensambladores alcanzar ciertos objetivos de suministro local (Margalef, 2005).

Ficosa constituyó una empresa separada para fabricar cada uno de los componentes, a saber, Transpar Ibérica en 1962 para limpiaparabrisas y espejos retrovisores, Technomatic en 1968 para techos panorámicos e interruptores de ventanas, Lames Ibérica en 1968 para tubos flexibles y Cables Gandía en 1966 para cables de acero. Todas estas empresas estaban controladas por Pujol y Tarragó, S.A., que se constituyó en grupo empresarial. Ficosa estableció su primera instalación en el exterior en 1971, una fábrica para suministrar cables a la cadena de ensamblaje de FIAT en Oporto (Portugal). Ficosa se convirtió en el nombre de la empresa en 1976, dos años después de la constitución del holding (Margalef, 2005).

Durante los años setenta Ficosa buscó oportunidades con otras dos multinacionales ensambladoras que abrieron fábricas en España: Ford, que estableció una gran fábrica de ensamblaje en 1973, seguida por General Motors, en 1979. Atender a clientes distintos supuso modificaciones considerables. Por ejemplo, la fabricación orientada a la exportación estaba modularizada y el ensamblaje justo a tiempo se había convertido en la norma. Para poder coordinarse eficazmente, Ficosa decidió comenzar a utilizar el holding empresarial para gestionar la logística, así como abrir nuevas fábricas en zonas menos industrializadas del país, como las provincias de Lleida y Soria. Por ese motivo, la oficina central de Ficosa empezó a jugar un papel crucial en la gestión logística para todas las empresas del grupo (Margalef, 2005:314).

Llegados los años ochenta, Ficosa se preparó para la eventual entrada de España en la Unión Europea, y por ello estableció sus primeras fábricas de ensamblaje fuera de la península Ibérica. También cambió su nombre por el de Ficosa International y preparó una nueva estrategia de crecimiento basada en el establecimiento de centros de desarrollo tecnológico situados en contacto con los departamento de I+D de las principales ensambladoras. Para cada uno de estos centros, Ficosa contrató un equipo técnico local con el fin de facilitar la comunicación con el cliente. Naturalmente, el papel de estos centros fue ejecutar no sólo funciones técnicas sino también comerciales. De hecho, su papel principal fue comercial, puesto que la mayor parte de los proyectos de I+D se hicieron en las oficinas centrales de la corporación en Barcelona. Una vez que se había firmado un contrato, Ficosa establecía una nueva instalación de producción o adquiría una empresa local. El mismo modelo se reprodujo en varios países. El primer centro se estableció en el Reino Unido en 1988, cerca del departamento de ingeniería y de compras de Ford, seguido por una fábrica de plena propiedad. También ese año se establecieron centros en Francia, Alemania e Italia. En Francia, Ficosa absorbió Maurice Lecoy en 1989, un fabricante de cables, mientras que en 1991 estableció Fico Co Cipa SARL para fabricar espejos y Fico Co Triad para fabricar sistemas de palancas de cambio. En Portugal, donde Ficosa ya tenía presencia, Ficosa International Lda. fue establecida en 1992, también abriendo una nueva fábrica.

Parece claro que la estrategia de Ficosa dio resultado, pues la compañía fue progresivamente requerida como suministradora por parte de las principales ensambladoras europeas (Durán y Úbeda, 1996). No obstante, vender a ensambladores en Europa no era suficiente para asegurar la viabilidad de la empresa a largo plazo. El sector se volvió cada vez más globalizado, especialmente cuando los ensambladores agruparon todos sus modelos en familias, implementando el concepto de «plataforma global», que implica utilizar la misma estructura interior (chasis, suspensión, motor, transmisión y dirección, entre otros elementos) para todos los modelos de la misma familia en todo el mundo. Este enfoque redujo los costes de desarrollo de producto y mejoró las economías de escala. Para los principales proveedores, incluyendo a Ficosa, las plataformas representaron una oportunidad de expandirse globalmente y recoger los beneficios del desarrollo de componentes junto con los ensambladores.

Para llegar a ser un proveedor global, Ficosa comenzó a expandirse más allá de Europa. En 1995 entró en Estados Unidos y México, y en 1997 estableció operaciones en Argentina y Brasil. También en 1997 la empresa constituyó una empresa conjunta al 50% con Tata Group, aunque el socio indio se reservó el control operativo (Porporato, 2004). En 2001 Ficosa abrió una oficina técnica y comercial en Japón y entró en Corea del Sur a través de una empresa conjunta con un proveedor de Daewoo. En 2002 estableció sendas empresas conjuntas en China y en Rumanía. En el amplio mercado europeo de finales de siglo, Ficosa decidió aumentar su presencia adquiriendo en 1999 Metallwarenfabrik Wilke GmbH, una fábrica alemana de espejos para vehículos industriales y autobuses, y en 2000 la división de sistemas de retrovisores de Magneti Marelli, que le permitió entrar en nuevos países, como Polonia y Turquía.

El éxito de la primera empresa conjunta con Tata en India llevó a los socios a abrir nuevas fábricas en 2005 y 2006. Dos nuevas instalaciones se abrieron también en 2005, en Turquía y en Polonia. En 2006 Ficosa estableció en China una empresa subsidiaria de plena propiedad y un centro de ingeniería, así como otro centro de ingeniería en Monterrey (México). En 2007 Ficosa entró en Rusia a través de una cesión de licencia a la empresa local Zavod Avtocomponent.

La estrategia actual de Ficosa se encuentra ante el reto de satisfacer las exigentes demandas de sus clientes. Los fabricantes de automóviles piden a sus proveedores que sean innovadores y eficientes. Por un lado, la innovación es fundamental para participar en el diseño de los componentes de los nuevos modelos. Por otro, la eficiencia es necesaria para cumplir con el objetivo de reducción de costes de los ensambladores a lo largo de la vida de los modelos, así como para hacer frente a la competencia emergente de los proveedores de países de costes más bajos. De este modo, para sobrevivir en este entorno tan exigente, los proveedores de componentes de automoción deben estar preparados para ocuparse de estos dos requisitos que están basados en capacidades diferentes: coste e innovación. En el caso de Ficosa, esta ambidestreza obligó a la empresa a convertirse en una compañía orientada a la tecnología y a estar presente en los principales mercados emergentes.

I+D e innovación han jugado un papel fundamental en la evolución reciente de Ficosa. Durante los últimos años Ficosa ha invertido el 4% de sus ventas en I+D. Sus esfuerzos han sido recompensados con más de 675 patentes concedidas. En palabras del Sr. Tarragó Pujol, Vicepresidente de Ficosa, «Yo antes no tenía que hacer I+D. Ahora hago investigación, diseño y desarrollo; tengo que ser líder y romperme el coco. Éstos son costes pero permiten que la relación constructor-proveedor sea muy difícil de romper».* La empresa reforzó sus capacidades de I+D con la creación en 2004 de un gran centro tecnológico en Mollet del Vallès, a las afueras de Barcelona, que coordina las actividades de sus instalaciones técnicas y de diseño en Estados Unidos, México, Brasil, Francia, Italia, Alemania, Portugal, China, Corea del Sur, Japón e India. Asimismo, la empresa ha entrado en varias empresas conjuntas de I+D para innovar en áreas específicas. Por ejemplo, recientemente emprendió una empresa conjunta con el fabricante japonés de sistemas de automatización Omron Corp para fabricar sistemas avanzados de asistencia al conductor.

La estrategia de aumentar las capacidades tecnológicas viene de la mano de un traslado de producción siguiendo cambios en los costes comparativos. De esta forma, Ficosa produce componentes de alto valor añadido en sus fábricas españolas, donde los salarios ya no son bajos, y los componentes intensivos en mano de obra en las economías emergentes. Como manifiesta el Sr. Tarragó Pujol, «un espejo interior simple es un proceso intensivo en mano de obra y no éramos competitivos. Lo hemos trasladado a una planta en la India y volvemos a ser competitivos. [...] La apuesta en España es la innovación. España tiene mano de obra preparada, cualificada, muy competitiva. Tenemos que jugar la división de la tecnología y esto requiere universidades, centros técnicos y una reconversión de lo que hacemos». Dado que la I+D resulta cara, la empresa ha tratado de crecer en tamaño. En palabras del Sr. Tarragó Pujol, «en

* *El Mundo*, 20 de junio de 2005.

este sector, o creces o difícilmente puedes mantener los gastos. Un centro tecnológico como el de Mollet se mantiene porque nuestro crecimiento permite dedicar más recursos a I+D».

Con todo, las economías emergentes ofrecen a Ficosa no sólo centros manufactureros de bajo coste, sino también oportunidades de crecimiento. Ficosa está presente en las principales economías emergentes, entre las que se incluyen los cuatro países BRIC (Brasil, Rusia, India y China). Por ejemplo, en India Ficosa participa del desarrollo del Tata Nano, los nuevos mini coches de bajo coste que Tata vende por unos 2.500 dólares. La empresa suministrará los espejos retrovisores, los sistemas de lavado y las palancas de cambio.*

Ficosa se enfrenta a un importante reto. Al ser una empresa familiar, su músculo financiero apenas es suficiente para respaldar sus planes de expansión por todo el mundo. La empresa estudió la posibilidad de lanzar una oferta pública de venta a finales de los años noventa, pero la iniciativa no prosperó. Sin embargo, Ficosa invitó a UBS de Suiza y a Landesbank Baden-Württemberg de Alemania a adquirir una participación minoritaria del 6,67 y el 5,2%, respectivamente. La dependencia de la empresa de alianzas para el crecimiento internacional es un motivo de preocupación. La empresa opera con socios en países como Rusia, Turquía, India, China, Brasil y Corea. Algunos proyectos importantes de I+D se llevan a cabo en todo el mundo a través de empresas conjuntas y otras alianzas. Aunque la empresa va adquiriendo una valiosa experiencia en la gestión de alianzas (Porporato, 2004), las colaboraciones son generalmente vistas como fases intermedias y temporales en la expansión internacional de una empresa. Ficosa también ha diversificado sus actividades en España a través de una alianza con Alcor para comprar una participación de control en Sacesa, un proveedor del sector aeroespacial que fabrica, entre otros componentes, el carenado ventral del Airbus A350. Aunque el negocio aeroespacial está algo relacionado con el sector de automoción, esta diversificación se encuentra algo lejana del punto fuerte tradicional de Ficosa, un movimiento

* *El Periódico,* 9 de enero de 2008.

que puede distraer su atención de las amenazas a las que se enfrenta el sector del automóvil. Otro reto es mantener la empresa adaptable. Esta capacidad para adaptarse fue fundamental para la expansión y el crecimiento de Ficosa. En palabras del Sr. Tarragó Pujol, «Ficosa ha llegado a ser lo que es porque en su día se creó un mercado en España que no cubrieron otros y el constructor tuvo que desarrollar un proveedor. Por propia defensa tienes que cubrir la necesidad donde se cree».[*] En este sentido, en un momento en el que los ensambladores están presionando a los proveedores para proporcionar mayor calidad a menor coste, las capacidades para innovar y para adaptarse se vuelven más importantes que nunca.

Zanini

Mientras que Ficosa International persiguió el crecimiento nacional e internacional a través de la diversificación, otras empresas españolas siguieron centradas en su línea original de producto. Zanini Auto Grup es una empresa multinacional con sede en Barcelona dedicada al diseño, la producción y la venta de componentes automovilísticos de plástico. Es líder en el mundo en tapacubos (cubiertas de ruedas o embellecedores), de los que en 2007 fabricó unos 32 millones de unidades, lo que representa un 12% de cuota de mercado global (35% en Europa y 15% en Estados Unidos). Este producto representa el 80% del total de los ingresos de la compañía. Zanini, que cuenta con unos mil empleados, vende fundamentalmente en Europa Occidental y en Estados Unidos y tiene fábricas en España, Francia, República Checa, México, Brasil y Estados Unidos, donde también tiene un centro de diseño. Dispone de una oficina de subcontratación en China y mantiene acuerdos tecnológicos y comerciales con empresas indias y turcas. Es el único fabricante de tapacubos con una presencia de ventas en todo el mundo. Sus principales clientes son Renault-Nissan, General Motors, Grupo VW, Ford, PSA (Peugeot-Citroën),

[*] *El Mundo*, 20 de junio de 2005.

Volvo y Suzuki. Aproximadamente el 10-15% de las ventas son piezas de recambio. Sin embargo, a pesar de su destacada posición, Zanini se ha visto afectada por los recientes recortes de producción en el sector de automoción, al caer sus ventas de 61,6 millones en 2007 a 47,5 en 2008.

Zanini se fundó en 1965 en Parets del Vallès, en la provincia de Barcelona, donde tiene todavía su oficina central corporativa y una fábrica. Al principio, Zanini fabricaba molduras de plástico para clientes fuera del sector de la automoción. La familia fundadora era originaria de Italia, pero poco después vendió la empresa a un grupo de inversores catalanes. En 1976 la empresa fue adquirida por la familia Torras. Entre 1997 y 2003 la firma británica de capital privado 3i poseía el 11,5% de las acciones. Con los años, Zanini invirtió en maquinaria y equipos de última generación para asegurarse el negocio de los fabricantes de coches más destacados del mundo. La tecnología de producción se desarrolla conjuntamente con los ensambladores, mientras que la tecnología de proceso es parte consustancial de la maquinaria y el equipamiento y se puede adquirir de los fabricantes de herramientas especializadas. En este sentido, el desafío de Zanini era enseñar a sus trabajadores a utilizarlas de manera eficaz. Además, la familia Torras poseía otra empresa, Industrial Yorka, un fabricante de productos de alumbrado trasero para automóviles, que les aportó la experiencia en mantener negocios con los ensambladores y en ejecutar de manera eficaz las operaciones manufactureras. En resumen, Zanini fue capaz de crecer basándose en la tecnología que tomó prestada y conseguir rendimientos a través de las economías de escala y de la curva de aprendizaje, lo que le permitió defender su cuota de mercado frente a los competidores situados en países con salarios más reducidos.

Como señalamos antes, la estructura del sector de componentes del automóvil ha cambiado considerablemente desde la llegada de la producción ajustada *(lean production)*. La ubicación conjunta de proveedores y ensambladores es hoy en día una necesidad debido al énfasis puesto en la colaboración de diseño, la entrega justo a tiempo y la presión de costes. En este sentido, las economías de escala juegan un papel fundamental.

En las fábricas intensivas en mano de obra, la escala mínima eficiente para los tapacubos es de unos 4 millones de unidades, mientras que en las más automatizadas rondan los 6 millones. Los competidores más importantes de Zanini son Maier Sociedad Cooperativa (filial de Mondragón Corporación Cooperativa) en el mercado europeo y Lacks Enterprises y McKechnie en el mercado estadounidense. Las fábricas asiáticas no están especializadas y el mercado está muy fragmentado. Maier, Lacks y McKechnie carecen de fábricas fuera de sus respectivas regiones de origen.

Zanini realizó su primera inversión en el exterior en 1997, adquiriendo la división de tapacubos de Peguform France, una subsidiaria de una empresa estadounidense con ventas repartidas por toda Europa. Dos años antes, Zanini había comprado Wegu Ibérica, otro fabricante de cubiertas de ruedas con problemas. En 1998 Zanini estableció su primera fábrica fuera de Europa, en México, una inversión que le supuso 3,6 millones de euros. En 1999 entró en Asia a través de un acuerdo técnico-comercial con Polyplastics en Haryana (India). Ese mismo año la empresa abrió una fábrica en Curitiba (Brasil), a unos 350 km al sur de São Paulo, mientras que la entrada en el gran mercado de Estados Unidos tuvo lugar en el año 2000 a través de una oficina técnico-comercial en Southfield (Michigan), estratégicamente situada para obtener contratos para sus fábricas mexicanas. En 2003 Zanini adquirió Del-Met, una empresa en Tennessee, no lejos de la fábrica de ensamblaje de Toyota, y en 2005 la empresa estableció una oficina de subcontratación en China para abastecerse de moldes, componentes ornamentales y partes cromadas. En 2006 la empresa invirtió 7 millones de euros en la República Checa en la construcción de una fábrica.

Cabe señalar que el modelo de crecimiento de Zanini presenta varias características importantes. La empresa ganó escala gracias al crecimiento de la actividad de ensamblaje de automóviles en España. Entonces continuó con el crecimiento internacional de forma oportunista, realizando tanto adquisiciones, lo que le proporcionó el acceso a nuevos clientes, como constitución de filiales en el exterior para satisfacer las necesidades de pedidos justo a tiempo de los ensambladores en México, Brasil y la República Checa. Zanini es una empresa centrada en el producto que optimiza las economías de escala en lugar de las economías de alcance. Ficosa tomó una serie de decisiones diferentes con respecto a la diversificación de producto, mientras que nuestro siguiente caso, Corporación Gestamp, eligió integrarse verticalmente a lo largo de la cadena de valor en lugar de extenderse hacia diferentes tipos de productos.

Corporación Gestamp

Corporación Gestamp es un proveedor integrado verticalmente de productos de acero para los sectores de automoción, electrodomésticos, construcción y generación de energía eólica. Fabrica productos como estampaciones, guardarraíles, estanterías metálicas y torres de acero tubulares y, más hacia adelante de la cadena de valor, la empresa también proporciona servicios logísticos a sus clientes. Más hacia atrás de la misma, la empresa también mantiene relaciones de colaboración con fabricantes de acero, sobre todo con Arcelor-Mittal. En 2008 Corporación Gestamp tenía 15.625 empleados y unos ingresos de 4.000 millones de euros.

Los orígenes de Corporación Gestamp se remontan a la constitución de Gonvarri en 1958 como un distribuidor de estaño, cuerdas para pianos y chapas de acero. La empresa fue fundada por Francisco Riberas Pampliega, un hombre hecho a sí mismo, junto con tres amigos suyos que más tarde abandonarían la compañía. Riberas era muy consciente del potencial crecimiento del mercado de la chapa de acero, por lo que la empresa estableció vínculos comerciales con importantes clientes y se aseguró el suministro del acero. No obstante, para aprovecharse totalmente de este potencial crecimiento Riberas realizó la proeza de establecer una línea de producción de corte de acero y se convirtió en un centro de servicio de acero en lugar de ser sólo un mero comerciante de chapa de acero. El modelo de negocio de los centros de servicio de acero consiste en manipular y tratar el acero, suministrando servicios especializados de acabado y de procesamiento a los sectores que necesitan unidades y componentes listos para incorporar al proceso productivo. Los centros de servicio juegan un papel fundamental en la cadena de valor del acero. Compran grandes cantidades de acero estructural directamente de las fundiciones, lo almacenan, lo venden en pequeñas cantidades con el servicio de procesamiento solicitado por sus clientes y lo entregan cuando lo necesitan. De este modo, el acero o bien se usa directamente por el cliente, o bien se reduce el tiempo necesario para hacer el acero utilizable por el cliente.

Durante 2007 los fabricantes de acero en la Unión Europea de los 15 vendieron un 33% de su producción directamente a fabricantes de equipos originales, tales como los ensambladores de automóviles, un 27% a través de centros de servicios de acero independientes y un 40% a empresas almacenadoras de acero, que son meros distribuidores (ECORYS, 2008). Estos datos muestran que los fabricantes de acero se expanden estableciendo centros de servicios o absorbiendo a los existentes; si bien en algunos casos también forman alianzas estratégicas con centros de servicios de acero. En 2007 Gonvarri fue el centro de servicio líder en España con unas ventas anuales de 1.800 millones de euros. Sus principales rivales estaban controlados por multinacionales extranjeras: Thyssen Ros Casares, Arcelor Distribución Iberia (anteriormente Grupo Velasco) o Comercial de Laminados (controlado por Klöckner & Co AG). De hecho, el sector está globalizándose con participantes en el acero como Arcelor-Mittal o Thyssenkrupp Steel, que han adquirido una presencia global y algunos de los centros de servicio más grandes de Estados Unidos, como Reliance Steel & Aluminum Co. o Ryerson Inc., que también han establecido operaciones en Europa y Asia.

La primera fábrica procesadora de Gonvarri se estableció en Burgos en 1966, donde había nacido Riberas. Burgos es un área logística importante estratégicamente, situada entre cuatro lugares importantes en el ensamblaje de automóviles: Valladolid al oeste, el fuertemente industrializado País Vasco al norte, Barcelona al este y Madrid al sur. A pesar de los altibajos en el sector del acero, la fábrica de Burgos ha seguido aumentando su capacidad instalada y adoptando la tecnología necesaria para atender a las necesidades de los clientes en términos de calidad, coste y entrega justo a tiempo.

El Sr. Riberas no sólo se anticipó al potencial mercado de los servicios del acero en España, sino también a la hora de establecer fuertes vínculos a lo largo de toda la cadena de valor, desde los fabricantes del acero hasta los consumidores del mismo. Por esta razón, la expansión de la empresa comenzó creando centros de servicio cercanos a las principales fundiciones en España, situadas en Asturias, País Vasco y Valencia. En 1972 Gonvarri adquirió una participación mayoritaria en Hiasa, una pequeña empresa situada cerca de las fábricas de Ensidesa (hoy día Arcelor-Mittal) en Asturias. La gestión de la empresa permaneció en manos de su fundador Manuel Álvarez, hasta su reciente jubilación. Gonvarri también estableció Ferrodisa en 1978 en Sagunto (Valencia), cerca de la fundición de Altos Hornos del Mediterráneo. La empresa también tuvo una participación de 60% desde 1986 a 1996 en Laminados Velasco, un centro de servicios situado cerca de Altos Hornos de Vizcaya. Lógicamente, Gonvarri corrió el riesgo de la integración vertical hacia abajo de las fábricas de acero. Para evitar que esto sucediera, en 1992-1996 Gonvarri vendió el 30% de sus acciones a Sollac Aceros (la subsidiaria española de la francesa Usinor) y otro 30% a Ensidesa, sus dos proveedores principales. Aunque la familia Riberas terminó teniendo menos del 50% de las acciones en el holding familiar, mantuvo el control directivo. Ensidesa también tenía un 15% de las acciones de Hiasa. Tener a Ensidesa y a Usinor como accionistas no fue algo fácil. A pesar de que hoy en día estas dos empresas son parte de Arcelor-Mittal, en los años noventa eran acérrimos rivales. Después de que Ensidesa (rebautizada como Aceralia en esos momentos), Usinor y Arbed se fusionaran en 2001 para crear Arcelor, la familia Riberas volvió a comprar parte de las acciones pertenecientes a Arcelor de manera que se hicieron con el control del 65% y Arcelor mantuvo el 35%. También volvieron a comprar las acciones de Hiasa que pertenecían a Arcelor. El único cambio significativo desde entonces en la estructura de propiedad de Gonvarri fue la adquisición de un 5% de las acciones por parte de Caja Madrid en 2007.

El grupo Gonvarri mantuvo durante años un 6,67% de las acciones de Aceralia.

No obstante, las operaciones de integración vertical más determinantes para el crecimiento de Gonvarri tuvieron lugar aguas abajo. La empresa abrió su primer centro de servicios en Barcelona en 1982, cerca de importantes ensambladores de automoción y de fabricantes de componentes. También fundó Gonvauto, una división de tratamiento del acero y de servicios de cortado para los clientes del sector de automoción. La primera fábrica de Gonvauto se estableció en 1991 en Barcelona para atender las necesidades de la fábrica ensambladora de SEAT. Una segunda instalación, situada en Navarra y dedicada a Volkswagen, se abrió en 2000. En 2004 la empresa creó Gonvarri Galicia, un centro de servicios dirigido a atender a la fábrica ensambladora de Citroën en Vigo. A partir de 2007 el 61% de los ingresos de Gonvarri están vinculados directa o indirectamente con el sector de la automoción.[*]

El proyecto más importante emprendido por Gonvarri consistió en la estampación y la posterior creación de Gestamp Automoción. En 1986, el año en que España entró en la Unión Europea, Gonvarri adquirió Estampaciones Arín (en la actualidad Estampaciones Vizcaya, S.A.), un cliente en bancarrota de Laminados Velasco. El fundador de la empresa pensó que Gonvarri podría dar un vuelco a la compañía beneficiándose de su reputación entre los fabricantes de automóviles. Como declaró el Sr. Riberas en un libro al describir su experiencia empresarial: «nos pareció que conseguiría trabajo para ella [Estampaciones Arín], una vez que nos la quedáramos, porque tenía buenos contactos y llegué a convencerme de que ésa era nuestra oportunidad» (Lillo, 2004:320). La nueva división de estampación comenzó a suministrar a PSA-Citroën y a Renault. Cuando el negocio creció, Gestamp Automoción estableció dos nuevas instalaciones de estampación, situadas al lado de cada una de las fábricas de ensamblaje. El crecimiento del negocio

---

[*] La empresa también se integró hacia abajo, aunque temporalmente, entrando en el sector de las estanterías y almacenamiento con la adquisición en 2000 de Esmena, vendida en 2006 a Mecalux.

de la estampación siguió modelos similares al de la expansión inicial de Gonvarri en términos de adopción de tecnología, co-localización y vínculos accionariales con otras empresas. Por ejemplo, la gran empresa de acero Arcelor adquirió un 35% de las acciones de Gestamp Automoción.

Hoy en día la división de automoción de Gestamp opera a través de 57 fábricas manufactureras y 13 centros de I+D situados en 18 países. La empresa ha crecido a través de adquisiciones. Así, en 1999 compró Metalbages, un proveedor de Opel (GM), y Matricería Deusto, una empresa de estampaciones enfrentada a una problemática situación financiera. La adquisición de Metalbages fue especialmente importante, ya que esta empresa tenía fábricas en Argentina, Brasil y Francia, y estaba también participada por Aceralia en un momento en el que Gonvarri pertenecía parcialmente a Usinor. Mediante esta adquisición Gestamp Automoción consolidó su posición como el principal aliado de Aceralia en estampaciones. Los hitos fundamentales de Gestamp Automoción en su expansión internacional incluyen adquisiciones totales y parciales en Argentina (1999), Alemania y Portugal (2001), Suecia (2004) e India y Turquía (2007). En 2008 Gestamp estableció una filial de estampaciones en China (en Kunshan), adquirió una participación mayoritaria en una empresa coreana y creó una empresa conjunta con Severstal en Rusia. A pesar de ser el origen del grupo, la expansión internacional de Gonvarri (la división del centro de servicios del acero) depende en la actualidad de las decisiones de Gestamp Automoción.*
A partir de 2008 Gonvarri contaba con centros de servicios de

---

* El primer proyecto de internacionalización de Gonvarri tuvo lugar en 1992, cuando adquirieron Emilsider, un centro de servicios de acero italiano, seguido por la adquisición de Cosider en Portugal un año después. En 1997 Gonvarri estableció un centro de servicios en Marruecos, satisfaciendo las necesidades del sector de electrodomésticos del hogar y anticipándose al establecimiento de las fábricas de ensamblado de automóviles. No obstante, estos primeros pasos fueron decepcionantes y la empresa vendió sus instalaciones en Marruecos y en Italia en 2006 y 2007, respectivamente. Por esta razón, la expansión internacional de las actividades de servicios de acero acabó estando condicionada a la existencia de plantas manufactureras Gestamp Automoción.

acero en Portugal, Brasil, México y Eslovaquia. A corto plazo, Gonvarri planea abrir nuevos centros de servicios de acero en países donde Gestamp Automoción tiene instalaciones manufactureras, como India, Rusia o Argentina. La existencia de fábricas manufactureras de Gestamp Automoción garantiza suficiente volumen para abrir un nuevo centro de servicios, aunque una vez establecida en un nuevo país la compañía intenta ganar nuevos clientes dentro de los sectores de construcción y de electrodomésticos del hogar, entre otros.

Un último movimiento hacia abajo a lo largo de la cadena de valor se realizó en el campo de la energía renovable. Corporación Gestamp entró primero en el campo solar como contratista llave en mano de un parque de energía solar, con parte de la infraestructura fotovoltaica fabricada por el grupo en una de sus instalaciones. En el campo de la energía eólica la empresa está involucrada directamente como contratista llave en mano de un parque eólico y como fabricante de las torres sobre las que se instalan las turbinas eólicas. Para acelerar su expansión en este campo, Corporación Gestamp adquirió en 2008 Ganomagoga Group, una empresa española especializada en la fabricación de torres de turbinas eólicas con fábricas en Galicia. En 2009 Gonvarri Infraestructuras Eólicas tenía capacidad suficiente para fabricar 600 torres al año y construyó una fábrica en Brasil con una capacidad de 400 torres, con planes para establecer instalaciones similares en otras economías emergentes.

De esta forma Gonvarri pasó de ser un pequeño comerciante de acero a un grupo de empresas integradas verticalmente. Al igual que Ficosa, replicó este modelo en otros países siguiendo a sus principales clientes en el sector de automoción. Su política de diversificación y de integración vertical dio a la compañía infinitamente más oportunidades de crecimiento que a Zanini. Al igual que Gonvarri, Gamesa, nuestro siguiente estudio de caso, también entró en el campo de la energía renovable. No obstante, al contrario que Gonvarri, Gamesa abandonó su enfoque inicial en el sector de automoción para centrarse en la energía eólica.

Gamesa

Gamesa ha seguido una trayectoria paralela a la de Gonvarrri. Si bien al principio era un contratista del sector de automoción y del de defensa, se erigió en un líder global en la fabricación de turbinas eólicas y como promotor de parques eólicos. Pese a su éxito a nivel global, Gamesa no es un líder tecnológico. Se ha convertido, eso sí, en uno de los seis mayores fabricantes de turbinas eólicas gracias a las alianzas tecnológicas y a la integración vertical hacia adelante en el desarrollo de parques eólicos. La empresa tiene una presencia operativa en casi 30 países repartidos por toda Europa, América Latina, China y Estados Unidos.[*]

Dada la escasez de combustible y la creciente conciencia relativa al calentamiento global, el sector de generación de energía eólica está viviendo un fuerte crecimiento en todo el mundo. Junto con Alemania, Dinamarca y Estados Unidos, España se encuentra a la vanguardia del desarrollo de las energías renovables, sobre todo de la eólica (Dinica, 2008). Iberdrola es el mayor operador del mundo de parques eólicos, Acciona el mayor promotor de parques eólicos y Gamesa el sexto mayor fabricante de turbinas eólicas, así como un importante promotor de parques eólicos. Estos avances son en parte una reacción contra la dependencia del país de las fuentes de energía exteriores, de un marco regulador favorable y de las actividades innovadoras de estas y otras empresas del sector.

Entre 1994 y 2008, la capacidad instalada de generación de energía eólica aumentó en una tasa acumulativa de casi un 29% anual, pasando de tan sólo 3.500 megavatios (MW) a 121.000. Según el Consejo Mundial de Energía Eólica, Estados Unidos, seguido por Alemania, lideran el mundo en capacidad absoluta instalada y Dinamarca en cuanto a población. España ocupa el tercer lugar en capacidad absoluta (16.754 MW o el 14% del total mundial), detrás de Alemania, mientras que

---

[*] Este punto se basa en un caso de estudio escrito por el Centro de Experiencias del Centro de Estudios Comerciales (CECO): Mauro Guillén y Adrian Tschoegl, «Gamesa: creciendo en los Estados Unidos» (2007).

China e India son los siguientes mercados más grandes en términos absolutos, mostrando año tras año el crecimiento más alto. Aun así, la energía eólica representa un porcentaje minúsculo del consumo total de electricidad. En Dinamarca, el país que más ha invertido per cápita, la capacidad de energía eólica instalada apenas basta para encender diez bombillas incandescentes de 60 vatios por persona y en España no llega a las seis bombillas. Sólo diez países del mundo tienen la suficiente capacidad para encender al menos una bombilla por persona y año. No obstante, en días especialmente ventosos caracterizados por una demanda débil, los generadores eólicos en España llegan a representar el 25% del consumo total de electricidad.

A pesar de las apariencias, generar electricidad a través del viento es una actividad extremadamente compleja en la que intervienen fabricantes de turbinas, promotores, constructores, operadores, distribuidores y reguladores. La viabilidad de la energía eólica depende de un número de factores fundamentales, que van desde la tecnología hasta las condiciones de la demanda, y desde la regulación a la estructura de competencia. A pesar de las expectativas que ha levantado, la energía eólica no puede competir actualmente en coste con las fuentes tradicionales de energía. Por tanto, los incentivos fiscales y los subsidios son fundamentales. Otro aspecto interesante del sector es que está creciendo muy rápido tanto en los países ricos como en los que se encuentran en vías de desarrollo. Además, los fabricantes de turbinas eólicas de China e India están realizando grandes progresos internacionalmente (Jacobsson y Lauber, 2006; Lema y Ruby, 2007; Kristinsson y Rao, 2008).

Las turbinas eólicas están compuestas de palas, una nacela, una torre y sistemas de control. La nacela es una estructura con forma aerodinámica que almacena la caja de cambios, el tren de conducción, un generador, un transformador y otros componentes. La nacela rota para orientar las palas hacia el viento. El diseño y la fabricación de las palas es quizá la actividad más intensiva en conocimiento, seguida por el ensamblaje de la nacela y los sistemas de control. Los fabricantes de turbinas se diferencian entre sí en cuanto a su grado de integración vertical —hacia atrás en fabricación de componentes y/o hacia adelante en desarrollo de parques eólicos— y en cuanto a si poseen su propia tecnología o no. Dado que la escala mínima eficiente es mucho menor que el tamaño de los principales mercados nacionales y que los costes de transporte son altos, los fabricantes de turbinas eólicas prefieren organizar la producción en sedes regionales, creando grupos de fábricas de palas, de nacelas y de torres en las principales regiones de Europa, Norteamérica y el este de Asia, minimizando de este modo la necesidad de exportar a larga distancia. Además, la naturaleza a largo plazo de las inversiones en parques eólicos y la necesidad de subsidios gubernamentales invita a una activa presencia local.

El líder mundial en fabricación de turbinas eólicas es Vestas Wind Systems A/S, una empresa danesa que diseña, fabrica y vende turbinas eólicas. Fundada en 1945 como Vestjysk Stålteknik A/S, en sus orígenes fabricaba electrodomésticos para el hogar y comenzó a producir turbinas eólicas en 1979. En 2003, tras fusionarse con el fabricante danés de turbinas eólicas NEG Micon, Vestas se convirtió en el mayor fabricante de turbinas eólicas del mundo. Vestas ha instalado turbinas en 65 países y, a finales de 2009, tiene 20.730 empleados en todo el mundo. Junto con GE Wind de Estados Unidos y Enercon de Alemania, está considerada como líder en tecnología del sector por la eficiencia, fiabilidad y versatilidad de sus turbinas. Vestas desarrolló una presencia manufacturera global a finales de los años 2000. Fabrica palas en China, Dinamarca, Inglaterra, Alemania e Italia; sistemas de control en Dinamarca y España; nacelas en China, Dinamarca, Alemania, India, Italia, Noruega, España y Suecia, y torres en Dinamarca y Escocia. Ha instalado turbinas en 63 países distintos. Al contrario que Acciona o Gamesa, la empresa no promueve ni opera parques eólicos. Debido al fuerte crecimiento de la energía eólica en Estados Unidos y en China, en 2009 Vestas estaba proyectando nuevas instalaciones manufactureras en ambos países.

Al igual que Dinamarca, España también es pionera en energía eólica (Dinica 2008). La primera turbina fue instalada a principios de los años ochenta por Ecotecnia. El giro más importante tuvo lugar en 1997, cuando el gobierno aprobó una nueva ley eléctrica que exigía que las empresas eléctricas compraran toda la energía eólica generada y que serían compensadas por los altos costes mediante una mayor tasa de acceso a la red. El crecimiento de la capacidad instalada y del sector dio empleo a nada menos que 30.000 personas en 2007. España cuenta con el mayor promotor y constructor de parques eólicos del mundo (Acciona, también el séptimo mayor fabricante de turbinas) y del mayor operador (Iberdrola, seguida por Acciona).

Gamesa se fundó en 1976. Al principio producía componentes de metal para el sector de la automoción y armamento para el militar. La empresa mostró enseguida su interés por la aerodinámica y la maquinaria eléctrica. Durante los años noventa firmó un acuerdo con Vestas por el cual la empresa española obtuvo licencias tecnológicas para los componentes más sofisticados de las turbinas eólicas, aunque sólo para los mercados no suministrados por Vestas, como eran España, América Latina y Norte de África. Vestas adquirió una participación en Gamesa del 40%. En 2002 las dos empresas se separaron. Los ingenieros de Gamesa habían logrado conseguir suficiente experiencia en fabricación y empezaron a realizar sus propios diseños. A finales de 2009 la empresa había obtenido o solicitado 150 patentes. Aun así, su gasto en I+D representaba en 2008 cerca de un 2% de las ventas. Gamesa también decidió convertirse en un promotor más activo de parques eólicos. Mientras que este paso desvió recursos financieros y directivos lejos de I+D y de la fabricación, facilitó el crecimiento de Gamesa en Europa, Estados Unidos y China. Las acciones de Gamesa cotizaron por primera vez en 2000. En la actualidad, el 71,9% del capital cotiza en bolsa y es componente del Ibex-35. Los principales accionistas son Iberdrola (14,1%), Lolland S.A. (perteneciente a varios miembros de la familia del Pino, 5%) y Blackrock Investment Management (9%).

Gamesa vendió su división aeroespacial en 2005 y su negocio de energía solar en 2008, centrando de este modo sus recursos en la energía eólica. El sector aeroespacial presentaba algunas sinergias importantes con el diseño y la fabricación de las palas, pero el pequeño peso de Gamesa como proveedor de Embraer, Bombardier, Airbus, Boeing y Sikorsky le hizo difícil operar de manera rentable. A partir de 2008 Gamesa Eólica, la división de turbinas, tenía 28 instalaciones manufactureras, de las que cuatro estaban en Estados Unidos, una en China y el resto en España. La empresa ensambla dos tipos de turbinas: 850 kW y 2 MW. Al contrario que Vestas, la empresa creó una división de parques eólicos (Gamesa Energía), que promueve, construye y vende los parques a los operadores.

En su expansión internacional Gamesa recurrió a la constitución de filiales, alianzas y adquisiciones. En China, su estrategia de entrada en el sector manufacturero conllevó la constitución de filiales, mientras que en Estados Unidos combinó las filiales con las adquisiciones. En algunos mercados ha entrado mediante alianzas con socios locales en la promoción de parques eólicos (Reino Unido, Japón, India, China y Australia). Gamesa está teniendo éxito en los dos mercados de mayor crecimiento, China y Estados Unidos. En términos de nueva capacidad instalada durante 2007, Gamesa se posicionó como la mayor empresa extranjera en China (por detrás de dos empresas locales, Goldwind y Sinovel), y la cuarta en Estados Unidos por detrás de GE Wind, Vestas y Suzlon. Cerca del 20% de la capacidad total instalada de Gamesa está fuera de España y casi un 60% de las nuevas instalaciones se realizan fuera del país de origen.

La entrada de Gamesa en Estados Unidos muestra las fortalezas y las debilidades de la empresa. El acuerdo con Vestas impidió a la empresa entrar en el mercado estadounidense hasta 2002. Dado que Gamesa no era conocida por ser un líder tecnológico, la empresa decidió establecer primero una avanzadilla en la promoción de parques eólicos. Un gran obstáculo tenía que ver con la fragmentación administrativa de Estados Unidos, que, en lo que a electricidad se refiere, es un conjunto de 50 mercados estatales, cada uno con su propia regulación y sus propios procedimientos de licencias. Para superar ese obstáculo, Gamesa Energía decidió adquirir Navitas, un pequeño promotor de parques eólicos situado en Minnesota con apenas una decena de empleados. Este estado, limítrofe con Canadá, era uno de los diez más importantes en términos de potencial de crecimiento, y algunos otros estados vecinos en los que Navitas operaba fueron también considerados en ese momento como atractivos. Navitas no tenía entonces una gran cartera de capacidad instalada. Sin embargo, su valor para Gamesa radicaba en el conocimiento acerca de la obtención de licencias.

Dado que en Estados Unidos el subsidio a la energía eólica no consiste en una mayor tarifa de acceso a la red sino en una desgravación fiscal, Gamesa Energía tiene un incentivo para vender el parque eólico a una empresa con grandes beneficios, de tal forma que la desgravación fiscal pueda maximizarse. Por ejemplo, la empresa adquirió un parque eólico en construcción de la Universidad de St. Joseph's en el estado de Pennsylvania, y se encargó de los preparativos para que la energía generada fuera vendida a First Energy Solutions Corp. Poco después, Gamesa Energía vendió la primera fase del parque, incluyendo 40 turbinas de 2 MW, a la australiana Babcock & Brown Wind Partners, uno de los cinco operadores más importantes del mundo.

En 2004 Gamesa Eólica, animada por el aumento de valor del euro en relación con el dólar, por los altos costes del transporte y por las ventajas políticas de la producción local, tomó la decisión de crear una fábrica de turbinas eólicas en Estados Unidos. Aunque se pensó inicialmente en Texas como destino de la inversión —el estado con el mayor potencial eólico—, la empresa optó por Pennsylvania, cuyo gobernador estaba firmemente comprometido con las energías renovables. Este estado quiere multiplicar por diez la proporción de electricidad generada por el viento. Además, muchos grandes consumidores de energía anunciaron planes para cambiar un 30% de sus adquisiciones a fuentes renovables, tal como la Universidad de Pennsylvania, una entidad privada con un presupuesto anual de 3.750 millones de euros. Cuando el gobernador, Ed Rendell, decidió negociar con Gamesa como un proveedor privilegiado, la empresa cambió su oficina central en Estados Unidos de Minneapolis a Filadelfia, la mayor ciudad del estado.

Gamesa Eólica ha construido cuatro fábricas en Pennsylvania. La primera está situada en Ebensburg, en el condado de Cambria, a unos 400 km al oeste de Filadelfia, y las otras tres en Fairless Hills, en el Condado de Bucks, a 62 km al norte, en un terrero que pertenecía anteriormente a U.S. Steel. Esta ubicación se eligió por la exención total de impuestos locales y estatales hasta 2019. Según la empresa, Gamesa recibió aproximadamente 7,6 millones de euros en subsidios, préstamos y desgravaciones al comenzar a operar en Fairless Hills. El coste total de las fábricas fue de 9,2 millones de euros por las instalaciones de palas, 5,4 por la fábrica de torres, y 19,5 por los generadores y la fábrica de nacelas. De este modo, los subsidios cubrieron casi la quinta parte del coste total. Las fábricas llegaron a ser operativas en 2006, empleando a 530 personas. La instalación de palas de Ebensburg se inauguró en 2005, emplea a 240 personas y costó unos 19 millones de euros. Estas instalaciones tienen una capacidad de 1.000 MW, un tercio del total de Gamesa. Un 30% de sus turbinas son vendidas a Gamesa Energía y el resto a otros promotores de parques. Por ejemplo, en 2005 Horizon Wind Energy —en el pasado propiedad de Goldman Sachs y actualmente parte de EDP— firmó un contrato con Gamesa Eólica por 200 turbinas o una capacidad conjunta de 400 MW y con una opción de 100 turbinas más. En Estados Unidos, Gamesa Energía desarrolló y vendió un parque eólico en 2003 y otro en 2006. Actualmente tiene tres en construcción. Su objetivo en Estados Unidos es vender 300 MW anualmente, si bien el reto más importante de la empresa en Estados Unidos es contratar y conservar personal técnico.

Gamesa ha identificado a España, Estados Unidos y China como sus mercados estratégicos para la década siguiente. Mientras que en España instaló el 48% de nuevas turbinas durante 2007, en Estados Unidos fue solamente el 8%, y el 15% en el mercado chino, donde dominan los ensambladores locales, GE Wind y Windstar, respectivamente. Dado que Gamesa no es un líder en tecnología —como Vestas, GE Wind o Enercon—, su futuro dependerá, en parte, de lo rápido que crezcan los fabricantes de turbinas de los mercados emergentes. Quizá el aspirante mejor preparado es Suzlon Energy Ltd. de India, la quinta mayor del mundo, que en 2007 superó a Gamesa en Estados Unidos convirtiéndose en el tercer proveedor por detrás de GE Wind y de Vestas, y desarrolló una fuerte presencia en China además de ser líder indiscutible en India (Ramamurti y Singh, 2009:147-152). En 2007 Suzlon tenía instalaciones en más de 40 países en todo el mundo, entre ellos Australia, China, Europa, India, Nueva Zelanda, Corea del Sur y Estados Unidos. Suzlon fue fundada en 1995 y tiene su oficina central en Pune. Tiene fábricas en India, China, Alemania y Bélgica, y equipos e instalaciones de diseño y de I+D en Alemania, India y los Países Bajos. Dirige sus operaciones internacionales desde las oficinas en Dinamarca. En 2006 Suzlon adquirió la belga Hansen Transmissions, el segundo fabricante del mundo de cajas de cambio para turbinas eólicas, y en 2007 adquirió una participación mayoritaria en REpower Systems AG, el tercer fabricante alemán de turbinas eólicas.

En conclusión, Suzlon presenta una estrategia de crecimiento que es de algún modo similar a la de Gamesa, aunque en otros sentidos se aparta significativamente. Al igual que Gamesa, Suzlon estableció primero una fuerte presencia en su mercado local y después comenzó a perseguir oportunidades en mercados exteriores. No obstante, Suzlon ha realizado adquisiciones agresivas para conseguir acceder a componentes y a tecnología, mientras que Gamesa se basó en las alianzas tanto para mejorar sus capacidades como para acceder a mercados, realizando una pequeña adquisición en Estados Unidos para asegurarse las licencias operativas y moverse rápidamente hacia la constitución de filiales. Mirando al futuro, el reto de Gamesa consiste en continuar siendo competitiva frente a dos tipos de empresas diferentes: los líderes tecnológicos, como las empresas de Dinamarca, Alemania y Estados Unidos, y las empresas de bajos costes, como las chinas e indias.

Explotando las capacidades de ejecución de proyectos por todo el mundo

Los cuatro casos analizados en este capítulo muestran diferentes estrategias de crecimiento en distintos sectores de bienes industriales. Como recoge la tabla 5.1, las decisiones estratégicas claves implicaban tanto la integración vertical como la diversificación del producto. Como se observa, tanto Ficosa como Gamesa optaron por la diversificación del producto, mientras Gestamp, y sobre todo Zanini, se mantuvieron centradas. No obstante, Corporación Gestamp y Gamesa también tomaron la decisión estratégica de integrarse verticalmente a lo largo de la cadena de valor. Si bien cada una de estas cuatro estrategias requiere diferentes modos de entrada en el exterior, estaban basadas en las mismas «capacidades de ejecución de proyectos», que son «las habilidades necesarias para establecer o expandir instalaciones operativas u otras instalaciones de la empresa, incluyendo los estudios de viabilidad previos a la inversión, ejecución de proyectos, ingeniería de proyectos (básicos o detallados), suministro, construcción y puesta en marcha de operaciones» (Amsden y Hikino, 1994:129). Partiendo de la tecnología prestada o adquirida de otros, cada empresa se estableció como un proveedor del sector de automoción y/o de energía eólica, según su elección, en el mercado local, desarrollando una capacidad para ejecutar proyectos por encargo de sus clientes.

En este sentido, las diferencias entre las cuatro empresas radican en cómo explotaron esta capacidad para sacar ventaja de las oportunidades de negocio. Corporación Gestamp y Ficosa se fundaron antes que las otras dos empresas, en un momento en que la producción de automóviles en España estaba despegando, y crecieron con mayor facilidad, horizontalmente en el caso de Ficosa y verticalmente en el de Corporación Gestamp. Un aspecto clave en dicho crecimiento fue el de aprovechar al máximo su reputación entre los ensambladores de automóviles. Zanini, por el contrario, logró crecer en una categoría de producto apostándolo todo a las economías de escala. Por último, Gamesa experimentó un gran crecimiento en componentes de automóvil y se diversificó en el sector aeroespacial y en las turbinas eólicas. Las capacidades de ejecución de proyectos son, de este modo, un activo que necesita ser, en palabras de Hamel y Prahalad (1993), «extendido y explotado» por toda la empresa para optimizar sus oportunidades de crecimiento. Las exitosas relaciones con los grandes clientes multinacionales en el mercado local ayudaron a Ficosa, Gestamp y Zanini a crecer internacionalmente. Gamesa, por el contrario, abandonó el sector del automóvil y, en el sector de la energía eólica, sus principales clientes fueron promotores de parques eólicos. Dada su falta de relaciones estables en esta área, la empresa se integró hacia delante para convertirse ella misma en promotor de parques eólicos.

Otra característica común a las cuatro empresas es que han crecido de forma agresiva a través de adquisiciones, una estrategia que otras empresas de los mercados emergentes también han adoptado. Quizá los dos mejores ejemplos son Bharat Forge de India y Wanxiang de China, que son los dos únicos proveedores de la industria de automoción incluidos en lista de 2009 de los 100 Retadores Globales identificados por el Boston Consulting Group (BCG, 2009). Bharat Forge es el mayor fabricante del mundo de componentes de chasis. Después de consolidarse como un fabricante de componentes para los ensambladores locales de gran volumen a bajo coste, la empresa se embarcó en una serie de adquisiciones globales, primero en Alemania, absorbiendo Carl Dan Peddinghaus GmbH & Co. KG (CDP) en 2004, la empresa de forja alemana puntera, con una subsidiaria especializada en forjas de aluminio. En 2005 absorbió a la sueca Imatra Kilsta AB, el fabricante líder de barras para el eje delantero, que incluía una subsidiaria de plena propiedad con sede en Escocia, Scottish Stampings Ltd. Por último, Bharat Forge consolidó una presencia global en 2005, mediante la adquisición de Federal Forge, que le proporcionó una presencia manufacturera en Estados Unidos, que es actualmente uno de sus mercados más importantes. En 2005 también establecieron una empresa conjunta en China con FAW Corporation. Estas operaciones, al igual que en el caso de las forjas de aluminio, proporcionaron a Bharat no sólo cuota de mercado sino también tecnología.

Wanxiang es el mayor proveedor del sector de automoción chino. Fundada en 1969, inició el crecimiento al exterior antes que Bharat Forge. En el pasado fue proveedor de grandes empresas estadounidenses de componentes de automóvil, como Visteon Corp. y Delphi. Wanxiang realizó adquisiciones en Estados Unidos y Europa para expandir sus líneas de productos y su tecnología. En este sentido, las multinacionales de mercados emergentes, además de contar con la ventaja de que sus habilidades manufactureras de bajo coste tienden a armonizar bien con las capacidades tecnológicas de las empresas adquiridas, se han beneficiado de poder comprar empresas con problemas financieros.[*] Las empresas asiáticas encuentran en estas operaciones de adquisición una oportunidad para aumentar sus posiciones como proveedores globales, convirtiéndose en «fabricantes con un pie en las dos orillas» al poder producir con las ventajas de bajo coste de los países emergentes, pero con el diseño y la responsabilidad de los proveedores de países desarrollados. Las empresas situadas en China y en India también tienen la ventaja de su fuerte posición en el mercado local, que les permite continuar con las oportunidades de crecimiento, oportunidades de las que precisamente los proveedores europeos como Ficosa o Corporación Gestamp están tratando de aprovechar.

No obstante, nuestro análisis de casos en el sector de bienes industriales estaría incompleto sin considerar el papel de los gobiernos. El desarrollo del sector de componentes del automóvil en los países que se industrializaron durante los años sesenta le debió mucho a las políticas selectivas de protección y fomento a la exportación, que benefició a los proveedores en algunos casos pero no en otros (Biggart y Guillén, 1999). Por ejemplo, Corea del Sur prohibió importaciones de automóviles ensamblados, pero permitió la importación de componentes, promocionando de ese modo al sector del ensamblaje a expensas de los fabricantes de componentes, que todavía hoy no se encuentran entre los mejores del mundo. En España, por el contrario, el cambio en los años setenta de una política de sustitución de importaciones hacia una política de promoción de la exportación y la apertura de la inversión directa exterior, tanto en ensamblaje final como en la fabricación de componentes, desencadenó un proceso de selección natural entre los proveedores del sector de automoción. Mientras algunos de ellos quebraron o fueron absorbidos por multinacionales

---

* Véase Reuters, 9 de abril de 2008, «Asian auto suppliers eye U.S. companies», en http://www.reuters.com/articlePrint?articleId=USN0944744720080409

extranjeras, otros se convirtieron en multinacionales, como sucedió en los casos de Ficosa, Gestamp y Zanini. En Taiwán, el gobierno intentó sin éxito promover el ensamblaje de automóviles hasta los años ochenta; mientras tanto, pequeñas empresas locales se orientaron a satisfacer las necesidades de los ensambladores extranjeros especializándose en componentes plásticos y electrónicos que eran fáciles de transportar, convirtiendo al país en un exportador importante de componentes de automóvil. Por último, en Argentina, una política de sustitución de importaciones asociada a la necesidad de que los ensambladores locales utilizaran al menos el 90% de componentes locales forzó a los fabricantes a integrarse verticalmente, convirtiendo tanto a los ensambladores como a los fabricantes de componentes en ineficientes. De este modo, el modelo de desarrollo de automoción español consiguió atraer a ensambladores y fabricantes de componentes extranjeros, y creó las condiciones para el auge de un puñado de empresas multinacionales de componentes de propiedad española.

Capítulo 6

Aprender de la experiencia en los sectores de infraestructuras y servicios financieros

> No se pueden entender las estrategias económicas de los antiguos monopolios sin tener en cuenta también sus estrategias políticas... A nivel internacional, las estrategias políticas de las empresas se enfrentan a la limitación de que no sólo el gobierno de su país, sino también el gobierno del país anfitrión juegan un papel importante. [...] No obstante, a pesar de esta limitación, las estrategias políticas son todavía una parte importante del comportamiento de estas empresas.
>
> JEAN-PHILIPPE BONARDI, 2004:116

> Las constructoras [...] diversificaron a actividades con la misma cultura, es decir, la del contratista, [...] y entraron en servicios, concesiones de infraestructuras y, últimamente, en energía.
>
> FLORENTINO PÉREZ, Presidente
> y Consejero Delegado de ACS*

El sector de servicios representa las dos terceras partes de la economía global. En los países de rentas altas, la cuota ronda el 73%, y en los países de rentas bajas, el 46%. Entre los países BRIC, la cuota de Brasil (65%) y la de Rusia (57) son mucho más altas que las de China (40) o India (52).** Como

---

* *El País*, 24 de diciembre de 2006.
** Banco Mundial. *Base de Datos de los Indicadores de Desarrollo Mundial.*

cabría esperar a la vista de estos datos, tan sólo 20 de las 100 multinacionales más significativas de los mercados emergentes incluidas en el ranking del Boston Consulting Group son empresas del sector de servicios, aunque su tamaño y su presencia internacional crecerán rápidamente en las dos próximas décadas (BCG, 2009). Por ejemplo, muchas empresas del sector de subcontratación de servicios comienzan exportando desde un país de origen con bajos salarios y más tarde establecen operaciones en el exterior, como demuestran los casos de Tata Consultancy Services, Wipro o Infosys. En los dos capítulos siguientes examinamos casos de empresas españolas que se han convertido en importantes competidores internacionales en el sector de servicios. En este capítulo analizamos los servicios de infraestructuras y financieros, y en el capítulo 7 comparamos empresas editoriales, de transporte, de proyectos llave en mano y de educación.

El modelo de negocio de las empresas que se dedican a actividades como banca, telecomunicaciones, transporte, electricidad, agua, petróleo o gas ha cambiado bruscamente en las dos últimas décadas. Tradicionalmente, disfrutaban de lo que podía ser calificada como una «vida tranquila» (Hicks, 1935), gracias a las barreras naturales y/o reguladoras a la competencia. No obstante, el efecto conjunto de la globalización, el cambio tecnológico y las reformas de mercado y las privatizaciones han suprimido progresivamente las diferentes barreras y privilegios que protegían a estas empresas de la competencia (Boddewyn y Brewer, 1994; Henisz, 2003). Como consecuencia, se vieron forzadas a prestar atención a los nuevos desarrollos tecnológicos y a los procesos de reformas orientadas al mercado que no sólo permitieron la entrada a nuevos competidores, sino que también ampliaron los límites del sector. No obstante, estos cambios introdujeron al mismo tiempo oportunidades de crecimiento y la amenaza de nuevos competidores. De este modo, a principios de los años noventa la mayoría de las empresas de sectores ya liberalizados (o que lo iban a ser pronto) se dieron cuenta de que, para mantener su posición competitiva, necesitaban tener una presencia mayor tanto en número de países como en nuevos negocios.

Las reformas orientadas al mercado han sido el mecanismo que ha hecho posible la expansión de este tipo de empresas. Estas reformas por lo general han incluido al menos uno de estos cuatro elementos: privatización de empresas públicas, separación entre la autoridad reguladora y la autoridad operativa, despolitización reguladora y liberalización de entrada de nuevas empresas (Henisz et al., 2005). A finales de 1999, 144 de los 190 países para los que había datos habían introducido al menos una de las cuatro reformas de mercado en su sector eléctrico y/o de telecomunicaciones. Cada uno de estos cambios creó oportunidades para entrar en países y en actividades específicas, a través de procesos que en la mayoría de los casos fueron llevados a cabo por gobiernos que estaban moldeando el sector según sus necesidades o ideologías. Este hecho pone de relieve una de las características de la expansión de la empresa en sectores regulados: la expansión está condicionada por las decisiones tomadas por los políticos y por los reguladores. Como resultado, la estrategia internacional de las empresas en estos sectores se define normalmente de país a país (Bonardi, 2004; García-Canal y Guillén, 2008). Y es que en los sectores regulados, las decisiones sobre dónde, cuándo y cómo expandirse e invertir están fuera, en un sentido amplio, del control de la empresa. De hecho, la estrategia de expansión de estas empresas se basa muy a menudo en sacar ventaja de cualquier oportunidad que se presente, incluso si la empresa no está totalmente preparada para sacar ventaja de ella, dado que las oportunidades se presentan de modo esporádico e imprevisible.

Un análisis superficial podría llevarnos a la conclusión de que expandirse al exterior en sectores regulados sujetos a liberalización consiste en estar en el lugar adecuado en el momento oportuno. De hecho, las empresas de sectores liberalizados carecen de las capacidades competitivas que las multinacionales han empleado para desarrollar su estrategia internacional, como serían tecnología, marcas o buena reputación entre sus clientes. Ciertamente, las empresas establecidas en los sectores regulados suelen carecer de capacidades tecnológicas y de marketing. Se aprovisionaban de otras empresas, como proveedores de equipo, para obtener tecnología. Por otro lado, haber operado en un mercado local protegido durante décadas no ha supuesto el mejor entorno para desarrollar capacidades de marketing. De hecho, tendieron a abusar de su posición de monopolio antes de la liberalización y la desregulación. No obstante, su reciente expansión empresarial por el mundo es difícil de explicar sin reconocer que las empresas con más éxito en estos sectores han desarrollado capacidades relevantes que no son necesariamente de naturaleza tecnológica ni de marketing, en el sentido clásico de estos términos.

Entre tales capacidades, destacamos las dos siguientes: experiencia en gestión de operaciones complejas y de gran escala y experiencia en el trato con gobiernos y reguladores (García-Canal y Guillén, 2008). Cuanto más desarrollen estas dos capacidades este tipo de empresas, más alta es la rentabilidad de sus negocios locales y mayores son sus oportunidades de conseguir beneficios en los mercados exteriores, por tres razones. Primera, un negocio rentable en el país de origen puede ayudar a financiar las adquisiciones internacionales. Segunda, aprender a gestionar eficientemente el negocio es la clave para añadir valor cuando se adquiere una empresa extranjera o se establece una unidad de negocio en el exterior, dado que la empresa debe ser lo suficientemente eficiente como para alinear sus costes con el precio establecido según las regulaciones existentes en el país extranjero. Una última, pero no por ello menos importante razón, es que la experiencia en la negociación con políticos y reguladores es fundamental, no sólo para conseguir una licencia para operar en el mercado exterior, sino también para proteger los intereses de la empresa ante cualquier cambio regulador ulterior que pudiera alterar el statu quo y la rentabilidad del proyecto de inversión. Las capacidades políticas y la experiencia en el sector juegan un papel fundamental a la hora de aprovechar en su totalidad las oportunidades que generan las reformas orientadas al mercado en los sectores de infraestructuras y servicios financieros. Especialmente para una empresa que compite en un sector regulado, la habilidad de acumular capacidades políticas es una condición necesaria para sobrevivir, toda vez que los gobiernos tienen la capacidad de alterar bruscamente la rentabilidad de las empresas y los proyectos de inversión cambiando precios regulados, impuestos u otras condiciones (Henisz, 2000; Henisz y Zelner, 2001).

Desde mediados de los años ochenta, las empresas españolas en sectores regulados y de infraestructuras se convirtieron en los inversores en el exterior más importantes del país, representando un 32,3% del número total de inversiones y establecimientos operativos en el exterior de empresas españolas (Guillén y García-Canal, 2009). Sólo siete empresas —Telefónica, Banco Santander, Iberdrola, BBVA, Repsol-YPF, Unión Fenosa y Endesa— representan el 17,8% del total de operaciones. Según el ranking de 2010[*] de la destacada revista del sector *Public Works Financing*, siete de las diez empresas privadas más grandes del mundo en gestión de infraestructuras de transporte eran españolas: ACS (1.ª), FCC (2.ª), Abertis (3.ª), Ferrovial (4.ª), OHL (7.ª), Acciona (9.ª) y Sacyr (10.ª). Además, a 30 de septiembre de 2009 Telefónica se situaba como el mayor operador de telecomunicaciones en Europa y el tercero en el mundo por capitalización bursátil, y Santander era el principal banco en la zona euro y el cuarto en el mundo, también en términos de su valor en bolsa. En términos generales, Repsol, Endesa y Telefónica están entre las 100 mayores empresas multinacionales no financieras, y Santander y BBVA entre las 50 mayores instituciones financieras (UNCTAD, 2009).

No es casualidad que los sectores en los que las empresas españolas se han expandido más intensamente sean los regulados. La consolidación en cada industria y una experiencia acumulada en la gestión de los servicios regulados en España permitió a estas empresas estar en condiciones de adquirir empresas extranjeras, en un momento en que no había multinacionales establecidas, a diferencia de lo que ocurre en bienes de consumo o industriales. A la hora de aprender de la experiencia doméstica, las empresas españolas se benefi-

---

[*] Este ranking se basa en el número acumulativo de concesiones de transportes de más de 50 millones de dólares capital (carretera, puente, túnel, tren, puerto, aeropuerto), incluyendo la construcción y operación por parte de estas empresas desde 1985. El ranking excluye los proyectos que engloban tan sólo diseño y construcción.

ciaron durante años de las fuertes inversiones en infraestructuras financiadas tanto por la Unión Europea como por el gobierno español. Lograron atraer a algunos de los directivos e ingenieros más brillantes egresados de las escuelas de negocios y de ingeniería más importantes del país y aprendieron a gestionar con éxito proyectos de construcción e ingeniería, redes de telecomunicaciones y operaciones financieras complejas y a gran escala. Tomaron prestada la tecnología de otros y, en términos de Amsden y Hikino (1994), desarrollaron capacidades de «ejecución de proyectos» susceptibles de utilización en una gran variedad de sectores de infraestructuras. Eventualmente se situaron entre las empresas más eficientes y rentables del mundo.

No obstante, este panorama no estaría completo si no tuviéramos en cuenta el papel desempeñado por gobiernos, políticos y reguladores. Negocios y política nunca han sido compartimentos estancos en España. En este sentido, no sólo la expansión internacional, sino todo el desarrollo corporativo de las multinacionales españolas ha estado influido por políticos y gobernantes españoles, claramente favorables a la internacionalización de la empresa española desde los años ochenta. En este capítulo analizamos el papel jugado por la política, la regulación y el proceso de aprendizaje mediante la experiencia en los casos de Telefónica, Santander, Unión Fenosa y Agbar (Aguas de Barcelona). Incluimos en nuestro análisis dos grandes empresas como Telefónica y Santander —probablemente las multinacionales españolas más conocidas en el mundo—, y otras dos empresas, como Unión Fenosa y Agbar, que presentan peculiaridades interesantes: Unión Fenosa comenzó su expansión internacional no en su principal línea de negocio, la generación y distribución de electricidad, sino que lo hizo como consultora, mientras Agbar basó su desarrollo corporativo en una alianza duradera con un socio francés, Lyonnaise des Eaux, que actualmente se encuentra en proceso de hacerse con el 75% del capital de Agbar. Aunque cada caso muestra sus propias características distintivas, todas las empresas analizadas siguieron tres direcciones en su expansión corporativa:

- Crecimiento a través de la participación en privatizaciones y concursos de adjudicación de licencias, reestructurando completamente antiguas empresas públicas y/o ejecutando eficientemente inversiones en nuevas infraestructuras.
- Consolidación tanto a escala doméstica como internacional de su posición competitiva, con la visión de convertirse en un jugador global en el sector.
- Diversificación de sus líneas de negocio, con la idea de capturar sinergias provenientes de desarrollos tecnológicos y/o de capacidades de ejecución de proyectos.

Donde las trayectorias de estas empresas difieren es en su orientación hacia la adquisición de capacidades externas y en su independencia estratégica. Dos de estas empresas se dedicaron sistemáticamente a explorar y aprender nuevas capacidades poco antes y durante las primeras fases de su expansión internacional (Santander y Agbar), mientras que las otras dos se centraron en explotar sus capacidades existentes (Telefónica y Unión Fenosa). Como se muestra en la tabla 6.1, Santander y Telefónica se mantuvieron estratégicamente independientes de otras empresas, mientras que las decisiones internacionales tomadas por Agbar y Unión Fenosa estaban sujetas a la influencia de otras empresas con grandes participaciones accionariales.

TABLA 6.1. *Cuatro casos de empresas en gestión de infraestructuras y servicios financieros.*

Grado de exploración de nuevas capacidades	Grado de independencia estratégica	
	Bajo	*Alto*
Alto	Agbar	Santander
Bajo	Unión Fenosa	Telefónica

Telefónica

En lo que concierne a la expansión global, Telefónica es ampliamente considerada como una pionera. Su crecimiento internacional mostró a otras empresas españolas y extranjeras que era posible (y rentable) expandirse al exterior. Los orígenes de la empresa se remontan a 1924, con ITT como principal accionista y socio tecnológico. El gobierno nacionalizó Telefónica en 1945 después de comprar a ITT el 80% de las acciones. La empresa creció durante los años cincuenta y sesenta coincidiendo con la expansión económica de España y el aumento del nivel de vida de la población. El 31,86% de las acciones que permanecían en manos del Estado fue totalmente privatizado en tramos durante los años noventa, un proceso que culminó en 1997. Desde su fundación, la empresa contó con un monopolio sobre todos los servicios telefónicos en España, con vistas a desarrollar una red integrada de comunicaciones por todo el país. Esta posición de monopolio duró hasta 1998, cuando un nuevo operador de telecomunicaciones fijas obtuvo una licencia. Las telecomunicaciones móviles habían sido liberalizadas antes, en 1995.

El primer paso internacional de Telefónica tuvo lugar a finales de los años ochenta y tuvo como destino América Latina. En aquel entonces la empresa disfrutaba de un monopolio total sobre el mercado doméstico. No obstante, la entrada de España en la Unión Europea implicaba que la liberalización y la desregulación llegarían eventualmente. En 1986, el año que España entró en este bloque comercial, los países miembros acordaron crear un mercado único en los servicios de infraestructuras a partir de 1993. Telefónica se dio cuenta de que necesitaba potenciar la eficiencia operativa y expandirse internacionalmente para seguir siendo rentable a largo plazo. Después de años de crecimiento internacional, Telefónica se convirtió en una de las empresas de telecomunicaciones líderes en el mundo, con una gran presencia en América Latina y en Europa.

Los principales rivales de la empresa en España son Vodafone y France Télécom (Orange). Telefónica tiene una cuota de mercado del 75% en telecomunicaciones fijas y un 45% en móviles (CMT, 2009). En América Latina, su principal rival es América Móvil, cuyos orígenes se remontan a la privatización del monopolio nacional de México (Telmex) y es propiedad de Carlos Slim. Mientras que a 31 de diciembre de 2009 Telefónica tenía 168,5 millones de clientes en 15 países de América Latina, América Móvil tenía 205 millones de clientes en 16 países (59,2 millones en México). América Móvil creció rápidamente, sobre todo a través de adquisiciones y siguiendo una estrategia de bajo coste centrada en los servicios móviles prepago, una estrategia apropiada a las necesidades de un amplio segmento de clientes en la región.

En Europa, los principales competidores de Telefónica son Vodafone y las empresas que habían disfrutado de monopolio local en cada país. La posición competitiva de Telefónica en Europa ha mejorado sustancialmente después de la adquisición de O2 en 2005, un operador móvil con fuerte presencia en el Reino Unido, Irlanda y Alemania. Comparando la expansión corporativa de Telefónica con la de las otras principales empresas europeas, se identifican ciertas pautas comunes. Todas ellas se expandieron al exterior con la expectativa de la liberalización del mercado (aunque Telefónica está más centrada en América Latina que las demás) y sus oportunidades de expansión radican en ofrecer un paquete integrado de servicios incluyendo, como mínimo, el llamado «paquete cuádruple»: telefonía fija, telefonía móvil, acceso a internet, e IPTV o televisión por internet (IDATE, 2008:67). Como la cuota de los servicios de telefonía fija en los ingresos totales de las operadoras está cayendo progresivamente, la estrategia de estas empresas es moverse rápidamente a una oferta integrada de telecomunicaciones fijas y móviles. Comparada con sus homólogas europeas, Telefónica está más internacionalizada. En 2009 el 64% de sus ingresos provenían de los mercados internacionales, una cifra muy superior al 56,3% de France Télécom y al 56,6 de Deutsche Telekom. En lo que a los mercados asiáticos se refiere, Telefónica entró en China en 2005 a través de una alianza con China Netcom. Algunos de los rivales de Telefónica, como Vodafone, France Télécom y Deutsche Telekom, también están presentes en China. En cuanto al continente africano, Telefónica está presente en Marruecos y en Sudáfrica. Vodafone, Deutsche Telekom y Verizon también operan en Sudáfrica.

La expansión empresarial de Telefónica ha seguido el modelo a tres bandas descrito anteriormente: participación en concursos de licencias y privatizaciones, consolidación internacional y diversificación hacia negocios relacionados. En un principio, las actividades internacionales de Telefónica iban dirigidas a entrar en nuevos países a través de concursos para la adjudicación de privatizaciones o licencias para servicios de telefonía fija y/o móvil. Ésta es la forma típica de entrar en sectores regulados y, dado que las oportunidades surgen cuando se toma la decisión política de liberalizar la entrada o de privatizar, no puede ser planificada totalmente. Las empresas normalmente no se presentan a estos concursos en solitario, sino como miembros de un consorcio. Estos consorcios están formados por al menos un operador de telecomunicaciones, socios locales que proporcionan alguna infraestructura y contactos locales y, por último, socios financieros. La primera entrada en un mercado internacional de Telefónica tuvo lugar en Chile en 1989 como parte de un consorcio que consiguió la privatización de la compañía de larga distancia Empresa Nacional de Telecomunicaciones (Entel Chile). Telefónica también tuvo la oportunidad de adquirir una participación de control en la empresa de teléfonos chilena CTC. Bajo la gestión de Telefónica, CTC —hoy día rebautizada como Telefónica Chile— se convirtió en un proveedor integrado de servicios de telecomunicaciones. Un aspecto destacable de la expansión de Telefónica es que la empresa intentó aprovechar todas las oportunidades que surgieron en América Latina, antes incluso de completar el proceso de mejorar su eficiencia operativa en el país de origen. En palabras de un antiguo Presidente de Telefónica, Cándido Velázquez (1989-1996), «dado que el comienzo de nuestra expansión internacional coincidió con un momento en el que la empresa tenía que recuperar aún la imagen de ser un operador ineficiente en España, el desarrollo internacional de Telefónica, al que a menudo se le ha llamado la "aventura americana", fue mal entendido. Hoy, no obstante, todo el mundo en España y en el exterior entiende que esta estrategia fue una de las mejores decisiones tomadas por la empresa» (Velázquez, 1995). A finales de los años noventa, Telefónica había entrado en Argentina, Venezuela, Puerto Rico, Perú, Colombia y Brasil, en ese orden, primero con socios locales y después aumentando su participación al 100%.

El mercado latinoamericano ha sido siempre una prioridad estratégica para Telefónica. El plan era construir una red integrada de servicios de telecomunicaciones en América Latina. Por esta razón, el valor estratégico de una nueva licencia en un país específico era mayor para Telefónica que para sus principales competidores. Esto supuso que Telefónica sobrepujara en la mayoría de los concursos en América Latina durante los años noventa, pagando en algunos casos más del doble que el segundo mejor postor. A pesar de algunas críticas, el hecho es que la posición competitiva de Telefónica en América Latina se convirtió en los cimientos de su expansión en otras partes del mundo. En 2008 el 35% de los beneficios de Telefónica provenían de América Latina.[*] El compromiso de Telefónica con la región y con cada mercado aumentó enormemente la calidad de las relaciones de la empresa con los gobiernos locales (Guillén, 2005). De hecho, cada sobrepuja por una empresa privatizada o por una licencia podría ser considerada como un compromiso unilateral para establecer una relación a largo plazo con el gobierno local (Gulati et al., 1994). El principal rival de Telefónica en América Latina, América Móvil, confió mucho más en las adquisiciones de empresas que pertenecían a otras corporaciones para establecer su posición en la región, debido en parte a su expansión más reciente. Su posición dominante en México constituyó la base para financiar la adquisición de empresas de telecomunicaciones que fueron vendidas por empresas americanas como AT&T o Verizon, que deseaban retirarse de América Latina (van Agtmael, 2007).

Otra razón por la que Telefónica pujaba por encima de sus rivales era su confianza en ser capaz de reestructurar a las empresas privatizadas o adquiridas, relanzándolas a la senda

---

[*] «A good bet?», *The Economist*, 30 de abril de 2009.

de los beneficios y la rentabilidad. De hecho, la estrategia de Telefónica cuando entraba en un nuevo país era aspirar a mejorar la eficiencia operativa de la empresa adquirida, así como la calidad y la fiabilidad del servicio. Este proceso fue calificado como una «estrategia de reestructuración» por el antiguo presidente Velázquez (Velázquez, 1995). Ciertamente Telefónica podía contar con afinidades lingüísticas y con buenas relaciones con los gobiernos locales, pero su principal capacidad competitiva tuvo que ver con la experiencia acumulada en España y en cada uno de los sucesivos países en los que entró en cuanto a cómo mejorar los servicios y realizar inversiones para satisfacer a la demanda que se había quedado insatisfecha después de décadas de déficit de inversiones bajo la propiedad del Estado. Telefónica se había enfrentado con éxito a problemas similares en España durante principios de los años ochenta, mientras que las empresas norteamericanas, procedentes de un mercado más maduro, estaban menos preparadas para hacerlo. Como dijo el entonces presidente de Telefónica Internacional, Iñaki Santillana, en 1994, «tenemos la mejor tecnología de cavar zanjas [...]. Cuando se trata de instalar un millón de líneas de acceso en un tiempo récord, nadie puede ganarnos».[*] En otra entrevista manifestó que en los países de América Latina «nos encontrábamos con problemas de satisfacer la demanda, que habíamos resuelto en España hacía poco. Esa crisis requiere saber manejar programas de inversión en corto tiempo. Las empresas norteamericanas [...] no estaban ya acostumbradas a cablear tanto, ya habían llegado a la saturación de mercado».[**]

Mientras la estrategia de sobrepujar por las privatizaciones latinoamericanas resultó provechosa para Telefónica, condujo a un rotundo fracaso en el caso de los concursos de licencias UMTS (de tercera generación) celebrados en Europa en el año 2000. En consorcio con otras empresas, Telefónica consiguió licencias en Alemania, Austria, Suiza e Italia. En plena burbu-

[*] *New York Times*, 4 de abril de 1994.
[**] Entrevista transcrita en *Bit*, 128, julio-agosto de 2001. Disponible en: http://www.coit.es/publicac/publbit/bit128/perfil.htm

ja tecnológica, las empresas sobreestimaron la rentabilidad futura de los servicios de telecomunicaciones de valor añadido, tales como videollamadas o TV en el móvil, y desestimaron las inversiones en infraestructuras necesarias para atender estos servicios. Además, en cada uno de esos países el mercado estaba dominado por un campeón nacional, la red de telecomunicaciones estaba totalmente desarrollada y el gobierno local, al contrario que en América Latina, no estaba buscando una relación a largo plazo con una empresa extranjera. Telefónica pagó 6.280 millones de euros, que representaba el 23,3% de su deuda en ese momento.* Sin embargo, Telefónica nunca hizo uso de esas licencias. La empresa vendió la licencia austríaca en 2003 y perdió sus licencias en los países restantes, sin la opción a revender, debido a que no realizó las inversiones acordadas.

Con el tiempo, parece que Telefónica aprendió a ajustar la prima pagada por sus ofertas, como en Marruecos en 1999, cuando compitió por la segunda licencia móvil a través de MEDITEL, una operación conjunta con Portugal Telecom y socios locales.** En la privatización de Cesky Telecom en 2005, la oferta de Telefónica fue un 4,3% más alta que la segunda. Esta pequeña prima contrasta con la oferta de 2.000 millones de dólares hecha en 1995 por el 35% de las empresas telefónicas peruanas, Compañía Peruana de Teléfonos y Entel Perú, que casi doblaban a la siguiente oferta.

Además de sus adquisiciones y participaciones en concursos, Telefónica también ha participado activamente mediante alianzas en la consolidación global del sector de las telecomunicaciones. Durante los años noventa se pensaba que las operadoras podían desarrollar estrategias globales sobre la base de alianzas para desarrollar proyectos de alcance supranacional. Estos proyectos estaban dirigidos a proporcionar servicios globales a las empresas multinacionales, tales como sistemas de comunicaciones entre países. La primera alianza global en la que Telefónica intervino fue Unisource, creada en 1992 por el

* Telefónica, 2000 *Informe Anual.*
** En agosto 2009 Telefónica y Portugal Telecom vendieron sus acciones a sus socios locales.

operador holandés PTT Telecom y el operador sueco Telia AB. Swiss Telecom y Telefónica participaron en la alianza a partir de 1993. La alianza llegó a ser verdaderamente global con la incorporación de AT&T en 1994. No obstante, nunca funcionó bien y, a principios de 1997, coincidiendo con el nombramiento de Juan Villalonga como Presidente de Telefónica y la consecuente sustitución de los responsables ejecutivos después de la victoria electoral del Partido Popular, la empresa española decidió abandonar Unisource. Al mismo tiempo, Telefónica comenzó a negociar una alianza global con BT y MCI, que estaban preparando una fusión. No obstante, el proyecto se abandonó cuando la empresa norteamericana WorldCom absorbió MCI en noviembre de 1997, antes de la fusión entre BT y MCI. Dado este nuevo escenario, Telefónica reconsideró sus acuerdos con BT y con MCI, eligiendo a Worldcom como su socio principal. La alianza llegó a su fin en 2000, sin lograr ninguno de sus objetivos.

Telefónica no es la única empresa que fracasó a la hora de crear alianzas globales, ya que ninguna empresa del sector de telecomunicaciones ha sido capaz de llevar a cabo una con éxito. Las alianzas globales son parte de una estrategia para adquirir presencia en los mercados más importantes, con el objetivo de proporcionar servicios de valor añadido a grandes corporaciones multinacionales (Bonardi, 2004; García-Canal et al., 2002). No obstante, para que tengan éxito, estas alianzas necesitan no sólo que todos los socios cooperen (como en cualquier alianza), sino también que cada una de las otras alianzas en las que participan los socios sean compatibles con lo que persigue la alianza global y, más importante, que todos los gobiernos involucrados estén dispuestos a colaborar. La dificultad en conseguir este último requisito facilita entender que las alianzas globales en el sector de telecomunicaciones habrían fracasado incluso si los socios hubieran estado totalmente comprometidos con ellas. Por esta razón, las empresas de telecomunicaciones abandonaron gradualmente la idea de continuar con las estrategias globales, adoptando en su lugar un enfoque de expansión exterior multidoméstico; esto es, adaptado a las peculiaridades de cada país (Bonardi,

2004). Como aseveró una vez César Alierta, presidente de Telefónica desde 2000, «Nosotros en la Casa siempre decimos que no somos una multinacional, sino una compañía multidoméstica, y el mensaje que se transmite a todos los directivos de la Casa es éste, el de una compañía que está enraizada domésticamente en cada uno de los países».* Aunque algunos antiguos presidentes de Telefónica intentaron seguir una estrategia global, con el tiempo la empresa aprendió que era mejor tener una buena estrategia multidoméstica en lugar de una estrategia global ambiciosa creada sobre la base de alianzas globales débiles.**

Basándose en este enfoque multidoméstico, Telefónica desarrolló una política de fusiones y adquisiciones para completar los vacíos en su red internacional. La empresa entró en México en 2001, adquiriendo Pegaso Telefonía Móvil. En Brasil, fusionó sus activos con Portugal Telecom a través de la creación de la operación conjunta Vivo. La posición de liderazgo de Vivo en Brasil se reforzó en 2007 con las adquisiciones de Telemig Celular y Amazonia Celular. No obstante, la adquisición más importante en América Latina fue la compra de las operaciones de BellSouth, en 2004, por 5.850 millones de dólares. Como mencionamos antes, en Europa, las adquisiciones más importantes fueron O2, que dio a la empresa una presencia mayor en el Reino Unido y en Alemania, y Cesky Telecom en la República Checa. En noviembre de 2009 Telefónica adquirió Hansenet, un operador de telecomunicaciones móviles. En la actualidad, Telefónica también mantiene algunas participaciones minoritarias en otros operadores, como Portugal Telecom y Telecom Italia. En Asia, la empresa participa en China Netcom desde 2005 (actualmente China Unicom, después de la fusión entre China Netcom y China Unicom en 2008). Ambas empresas tienen varios proyectos en marcha, tales como el desarrollo de una red privada virtual a escala global. Recientemente, ambas empresas han consolidado su relación mediante

---

* César Alierta, Presidente, Telefónica, *Diario de Sesiones del Senado*: Comisión de Asuntos Iberoamericanos 155; 26 de junio de 2001:21.
** «La multinacional multidoméstica», *El País*, 26 de marzo de 2006.

un intercambio minoritario de acciones, a través del cual Telefónica aumentó su participación del 5,35 al 8,06% y China Unicom adquirió un 0,87% de Telefónica.[*]

Además de las privatizaciones y las adquisiciones, Telefónica ha expandido su negocio a través de la diversificación. La medida más reciente fue la adquisición en diciembre de 2009 de Jajah, la empresa de telefonía a través de internet radicada en Silicon Valley, que ofrece servicios de comunicación por voz a través del protocolo de internet (VoIP). No obstante, Telefónica entró en negocios menos relacionados con su actividad principal a través de adquisiciones, al igual que hicieron otras empresas de telecomunicaciones de todo el mundo; y, como todas ellas, fracasó en crear valor en la mayoría de los casos. Los acuerdos más importantes fueron las adquisiciones del portal de internet Lycos en Estados Unidos, la productora Endemol y el banco de internet Uno-e. La lógica sobre la que se basaban estas inversiones sería la supuesta convergencia entre los sectores de medios de comunicación, servicios financieros y telecomunicaciones. El presidente de Telefónica Juan Villalonga (1996-2000) fue directamente responsable de esta estrategia.

Telefónica entró por primera vez en el negocio de contenidos de internet en 1999 mediante la adquisición de un portal de internet en España, al que se le cambió el nombre por el de Terra, que se convirtió en el portal número uno en lengua española después de establecer subsidiarias en todos los países en los que Telefónica estaba presente como operador de telecomunicaciones. Con el objetivo de complementar la presencia internacional de Terra y de enriquecer sus contenidos en inglés, Telefónica adquirió Lycos en 2000, quizá su inversión más ruinosa. Aunque Terra-Lycos llegó a ser el tercer portal de internet del mundo, ninguna de las supuestas sinergias se materializó y el portal nunca dio beneficios. Lycos (excluyendo el negocio de acceso a internet y Terra USA) fue vendida en 2004 a Daum Communications de Corea del Sur por un 1% aproximadamente de lo que Telefónica había pagado en su momento.

* Información revelada por Telefónica a la Comisión Nacional del Mercado de Valores (hecho relevante número 115173, 21 de octubre de 2009).

En el negocio de la televisión, Telefónica fue accionista de Antena3 TV entre 1997 y 2003. Durante este tiempo, la empresa lideró una plataforma para crear un canal de TV digital vía satélite llamado Vía Digital que en 2003 se fusionó con Sogecable, una empresa perteneciente al grupo de medios de comunicación PRISA (que poseía una plataforma digital alternativa, Canal Satélite Digital), para lanzar una plataforma conjunta, Digital+. Esta fusión estuvo motivada por los pobres resultados del negocio de la TV de pago vía sátelite. A diciembre de 2009, Telefónica tenía un 21% de participación en Digital+ y ofreció servicios de TV sobre ADSL (IPTV). El movimiento más importante de Telefónica en el sector de medios de comunicación fue la adquisición en 2000 de Endemol, la empresa que produjo algunas ideas para la TV basada en *reality shows* como *Gran Hermano*. Endemol fue vendida en 2007 por la mitad del precio pagado por Telefónica.

Uno de los movimientos de diversificación más polémicos de Telefónica fue la alianza accionarial con BBVA, el segundo banco español. Fue una alianza extremadamente compleja dirigida a explotar las sinergias entre telecomunicaciones y banca, que supuso un cruce de participaciones minoritarias, intercambio de consejeros y propiedad conjunta de un banco online (Uno-e). La alianza se creó en 2000, un mes antes de las elecciones generales en España que dieron al Partido Popular la mayoría absoluta, y no trajo ningún beneficio tangible; Uno-e es actualmente propiedad al 100% de BBVA. Las empresas todavía mantienen participaciones accionariales cruzadas.

La principal lección que Telefónica aprendió de su diversificación es que no es necesario tener una subsidiaria de plena propiedad o una posición accionarial en una empresa para explotar sinergias entre negocios relacionados con el sector de telecomunicaciones. Cada una de las adquisiciones mencionadas anteriormente estuvo diseñada para obtener derechos exclusivos sobre contenidos o servicios. No obstante, como otras empresas de telecomunicaciones en todo el mundo, Telefónica fue víctima de los pronósticos excesivamente optimistas formulados durante la burbuja tecnológica de finales de los años noventa, que le condujo a pagar primas desorbitantes. Telefónica

161

puso fin a los acuerdos con Endemol, Lycos y BBVA en 2000, en el punto más álgido de la burbuja. Además, las complejidades y los imponderables de estas operaciones eran muy grandes, porque cada adquisición o alianza era examinada en detalle por las autoridades antimonopolio para prevenir cualquier posición dominante en los nuevos mercados creados por las innovaciones tecnológicas. Por ejemplo, la alianza Telefónica-BBVA fue examinada cuidadosamente y controlada muy de cerca para prevenir que otros bancos se quedaran en desventaja.

A pesar de estos fracasos y dificultades, Telefónica sigue siendo la mayor multinacional española y la segunda en su sector en todo el mundo. Su expansión internacional no sólo es importante por sí misma, sino también porque fue la primera empresa de un sector regulado que puso en práctica un modelo de expansión internacional basado, por un lado, en una fuerte posición en el mercado local y, por otro, en una explotación en los mercados exteriores de la experiencia y las capacidades políticas desarrolladas en su país de origen. Este modelo fue reproducido por otras empresas importantes en los sectores regulados, y en él radica el éxito de las multinacionales españolas en los sectores de infraestructuras y servicios financieros. Con los años, Telefónica llegó a convertirse en una maestra a la hora de explotar sus capacidades de ejecución de proyectos y sus capacidades políticas. Operar en países de riesgo, sobre todo en América Latina, no fue siempre fácil (Ontiveros et al., 2004). No obstante, el caso de Telefónica pone de manifiesto claramente que obtener beneficios en Europa puede ser más complicado que en América Latina y que la diversificación hacia otras líneas de negocio puede ser incluso más difícil. Se dan algunos paralelismos importantes entre Telefónica y América Móvil, su principal rival en América Latina. Ambas compañías tenían una fuerte posición en su país de origen y ambas sacaron ventaja de la oportunidad de crecer en América Latina a través de privatizaciones y/o reestructurando empresas de Estados Unidos con operaciones en la región. Ambas han alcanzado más éxito en su expansión por América Latina que en otras áreas geográficas, lo que viene a mostrar que las capacidades políticas no son igualmente valiosas a lo largo del mundo.

Unión Fenosa

La internacionalización de Unión Fenosa, una empresa de electricidad, también siguió una lógica basada en la explotación de las capacidades de ejecución de proyectos y de las habilidades políticas. No obstante, lo que hace el caso de Unión Fenosa particularmente interesante es que es probablemente la empresa que ha hecho un uso más intensivo de su experiencia como gestora en su expansión internacional. De hecho, el crecimiento exterior de la empresa podría ser considerado como el resultado de un proceso de cambio interno dirigido a estimular la eficiencia de sus negocios y de sus procesos.

Unión Fenosa es la tercera empresa del sector eléctrico español, por detrás de Endesa y de Iberdrola, cuyos ingresos doblan los de Fenosa, que a su vez es dos veces mayor que la cuarta empresa, Hidroeléctrica del Cantábrico, integrada actualmente dentro de la portuguesa EDP. Estas empresas están integradas verticalmente desde la generación de electricidad hasta el transporte y la distribución.

Desde 1980 el sector eléctrico en España ha experimentado importantes cambios. Se pueden identificar dos oleadas de reestructuración: una de ámbito doméstico y otra europea. La primera consistió en fusiones y adquisiciones y en un proceso de liberalización, llevados a cabo ambos por políticos y reguladores. Como resultado, surgió un líder nacional, Endesa, que aglutinaba las empresas públicas en el sector eléctrico más algunas empresas regionales adquiridas. El segundo y tercer participante en el sector surgieron de dos fusiones: Iberdrola (el resultado de la fusión en 1991 entre Hidroeléctrica Española e Iberduero) y Unión Eléctrica Fenosa (el resultado de la fusión en 1982 entre Unión Eléctrica y Fenosa). Durante este proceso, Endesa fue plenamente privatizada. El mercado eléctrico se liberalizó, permitiendo a los grandes clientes elegir sus proveedores. También se estableció un mercado al por mayor en el que los productores eléctricos pudieran vender la energía que ellos generaban. Los efectos de esta liberalización, no obstante, estuvieron limitados por el poder del mercado asociado con el tamaño y el nivel de integración vertical de los dos grandes participantes del sector, que limitaron los aumentos de eficiencia derivados de estas reformas (López Milla, 2003), así como la posibilidad de más fusiones domésticas.

La consolidación a nivel europeo comenzó en el año 2000 y aún no ha terminado. La llegada del mercado único europeo para la electricidad, entre otros factores, fomentó las fusiones y adquisiciones transfronterizas (Ortiz de Urbina y Montoro, 2007). Las fusiones domésticas amistosas entre empresas eléctricas fueron sustituidas por adquisiciones transfronterizas y/o transectoriales hostiles (o, al menos, relativamente menos amistosas). Los intentos de fusiones locales dentro del mismo sector, como la de Fenosa-Hidrocantábrico o la de Endesa-Iberdrola, fueron efectivamente bloqueados por los reguladores cuando impusieron condiciones onerosas para la aprobación de los acuerdos. La adquisición en 2001 de Hidrocantábrico por un consorcio encabezado por la portuguesa EDP impulsó la oleada de consolidación en España. Otras ofertas competitivas por Hidrocantábrico fueron hechas por la americana TXU, la alemana En-BW y por Fenosa. Endesa, a pesar de ser la mayor empresa española, fue también un objetivo de adquisición. Tanto Gas Natural como E.On intentaron sin éxito una adquisición, y más tarde Acciona y la italiana ENEL se hicieron con el control.[*] Hubo también intentos fallidos para controlar Iberdrola, uno de ellos por parte de la propuesta fusión entre Endesa y Gas Natural. Las empresas eléctricas españolas también adquirieron otras empresas europeas: Iberdrola adquirió French Perfect Wind SAS en 2006 y Scottish Power en 2007. Estas operaciones, sin embargo, no han desanimado los intentos de adquirir la empresa. De hecho, ACS, el mayor grupo de gestión de infraestructuras del mundo y el principal accionista de Iberdrola, intentó en 2009 conseguir una participación de control en la empresa. ACS, hasta 2008 el mayor accionista de Fenosa, acordó vender su participación a Gas Natural y decidió invertir parte del dine-

---

[*] Enel ha adquirido recientemente el paquete accionarial de Acciona, consiguiendo el control total de Endesa. Irónicamente, la oferta de Enel fue apoyada por el gobierno español debido a la presencia de una empresa española en el grupo de ofertantes.

ro en Iberdrola. Sin embargo, ACS no es la única compañía interesada en Iberdrola: la francesa EDF también la tiene en su punto de mira. El sector eléctrico en toda Europa se encuentra en proceso de consolidación y las empresas que están emergiendo como principales jugadores son E.On, EDF, Suez y, tras la adquisición de Endesa, ENEL. El proceso de consolidación internacional está en muchos casos determinado por los políticos y por los reguladores. De hecho, la mayoría de estas empresas son todavía públicas, al menos en parte.

Unión Fenosa también tuvo presencia en el sector del gas, donde los principales participantes eran Gas Natural (que en 2009 hizo una oferta exitosa por Fenosa, aunque previamente había entrado en el sector eléctrico como productor y vendedor en el mercado libre), Cepsa (en la que Fenosa tenía, hasta hace poco, una participación minoritaria) y Naturgas. Gas y electricidad son sectores con grandes sinergias, no sólo porque el gas es el combustible utilizado en las turbinas de ciclo combinado (la tecnología más avanzada en generación eléctrica hoy en día), sino también porque ambos son sectores de red, en los que la experiencia acumulada en un negocio puede ser capitalizada en el otro, y porque los clientes de gas también lo suelen ser de electricidad y viceversa.

En el momento de su fusión en 1982, Unión Eléctrica y Fenosa atravesaban una crisis financiera. Debido a su compromiso de grandes inversiones en plantas de generación de energía eléctrica, ambas arrastraban grandes deudas. Dada la crisis económica que España estaba padeciendo en ese momento, con una tasa de paro cercana al 20%, estas inversiones generaron menos flujo de caja de lo esperado. Para empeorar las cosas, los tipos de interés eran muy elevados. La fusión entre ambas empresas permitía solucionar este problema, si bien la combinación de ambas empresas presentaba varios retos. De un lado, las empresas tenían diferentes culturas corporativas y estaban radicadas en diferentes ámbitos geográficos. De otro lado, tenían exceso de personal, pero en ese momento era costoso e impopular despedir trabajadores. Para estimular los niveles de eficiencia y superar estos obstáculos, Unión Fenosa lanzó el llamado proyecto «Fénix» para mejorar su eficiencia operativa y sacar ventaja de las nuevas tecnologías para redefinir los procesos internos y hacerlos más fiables, eficientes e intensivos en capital. Este proyecto, de hecho, incorporó algunas de las ideas de gestión que prosperaron en los años noventa bajo la rúbrica de la reingeniería de proceso de negocio, tales como el uso de las tecnologías de la información y los equipos de calidad para rediseñar los procesos de negocio, así como otros instrumentos para lograr cambios organizativos e impulsar la gestión del conocimiento.

Una de las consecuencias más importantes de este proyecto fue una nueva cultura corporativa por la que la experiencia adquirida dentro de la empresa tenía que ser totalmente aprovechada. Como planteó el antiguo Director General de Unión Fenosa Internacional José Manuel Prieto Iglesias, «uno de los principios de la estrategia de negocio de Unión Fenosa es la capacidad de convertir en valor el conocimiento y la experiencia acumulada por toda la gente que pertenece a la organización» (Prieto Iglesias, 2002:189). Para explotar totalmente esta base de conocimiento, la empresa estableció Norsistemas y Norconsult, dos empresas proveedoras de servicios de consultoría a las empresas españolas en los ámbitos de desarrollo de sistemas, recursos humanos y gestión del cambio.

La consecuencia más inmediata del proyecto Fénix fue algunos sistemas de gestión de información de vanguardia para dirigir dos procesos fundamentales, el Sistema de Gestión Comercial y el Sistema de Gestión de la Distribución. Su eficiencia despertó rápidamente el interés de otras empresas, sobre todo fuera de España, que se pusieron en contacto con Unión Fenosa para comprar una licencia de uso de los mismos. No obstante, vender estos sistemas no era como vender software llave en mano. En efecto, para garantizar la facilidad de uso a otras empresas en el extranjero se necesitaban muchos ajustes para adaptar estos sistemas a las necesidades de cada cliente, así como a las normas legales, incluidas la fiscalidad y las prácticas empresariales y bancarias de cada país. De esta forma, cada proyecto y todos los que implicaban transferencia de tecnología, precisaban un equipo conjunto en el que empleados de la empresa cliente adaptaran y mejoraran los sistemas con la ayuda de los expertos de Unión Fenosa. Además, estos sistemas algunas veces necesitaban una reestructuración completa de la empresa, lo que significaba que su transferencia también conllevaba algunos servicios adicionales como ingeniería de proyectos eléctricos, reingeniería de procesos y gestión del cambio. Por esta razón, la empresa estableció un departamento de consultoría —el Departamento de Acción y Consultoría Externa— que se desarrolló rápidamente durante los años noventa. La empresa incluso actuó como una consultora para gobiernos y reguladores extranjeros, aconsejándoles en el diseño de procesos de privatizaciones. Este departamento se convirtió en una consultora de servicios completos integrados para las empresas de servicios públicos. El éxito en estas iniciativas de transferencia de tecnología, en un momento que Unión Fenosa arrastraba fuertes deudas, permitió a la empresa internacionalizarse a través de una vía alternativa a la habitual, que consistió en explotar sus conocimientos organizativos y de gestión a través de servicios de consultoría personalizados.

La primera experiencia internacional de Unión Fenosa en transferencia de tecnología comenzó en 1988 con un proyecto para la mejora de sistemas de gestión de la empresa pública uruguaya Usinas y Transmisiones Eléctricas (UTE). Unión Fenosa creó su primera subsidiaria extranjera, Ibersis, que más tarde se expandió por los principales países de América Latina. Sin embargo, la expansión a través de esta vía no se limitó a este continente. En 1991 Fenosa entró en Europa del Este con la creación de Energoinfo. Desde entonces, Unión Fenosa ha aconsejado al Ministro de Economía y Energía, así como a varias empresas locales. En 1994 la empresa creó Iberpacific como vehículo para su expansión por la zona de Asia-Pacífico, con Manila Electric Railroad and Light Company (MERAL-CO) como su primer cliente. Por último, en 1995 estableció Iberáfrica para atender al mercado africano con Kenya Power & Lighting Company Ltd. (KPLC) como su primer cliente.

A pesar de su éxito en el trasvase internacional de conocimiento, había algunas razones por las que no quedaba muy claro si Unión Fenosa estaba explotando plenamente sus ventajas competitivas actuando sólo como exportador de servicios.

En primer lugar, no todos los clientes estaban comprando licencias de la totalidad de los sistemas y prácticas de Unión Fenosa, por lo que no toda la experiencia de la empresa estaba siendo transferida a cada cliente. Como consecuencia, Fenosa no estaba maximizando el uso de sus activos intangibles y de su conocimiento. Además de esto, en aquellos casos en los que un cliente estuviera licenciando todos los sistemas de Unión Fenosa, su explotación requeriría alguna experiencia directiva que era más difícil de transferir al cliente. Por ejemplo, los sistemas de Unión Fenosa permitían a la empresa consumidora identificar las pérdidas de energía en las redes de distribución, así como calcular rápidamente el consumo de energía de cada cliente para cobrar estos servicios. De esta forma, era fácil localizar conexiones ilegales a la red de distribución eléctrica y a los consumidores que no pagaban por el consumo, dos problemas muy extendidos en los mercados de América Latina y en los mercados emergentes en general. No obstante, una solución definitiva a estos problemas requería algunas decisiones que los clientes asesorados por Unión Fenosa no estaban acostumbrados a hacer, como interrumpir el suministro a los clientes que no pagaban (algo que normalmente requería un complejo proceso legal) o eliminar las conexiones ilegales a la red, lo que en algunos casos podía suponer dejar a vecindarios enteros sin electricidad, como en los casos de las *villas* argentinas o las *favelas* brasileñas. Estas decisiones eran especialmente difíciles en el caso de empresas públicas que en buena parte eran consideradas como una extensión más del estado del bienestar. De esta forma, una empresa que comprara la licencia de los sistemas de Unión Fenosa no podría explotar la experiencia transferida de la misma forma que lo haría una subsidiaria bajo el control accionarial de Unión Fenosa y, por esta razón, el precio cobrado por los sistemas podía no estar basado en todos los beneficios potenciales que se podrían generar a partir de dicha transferencia de tecnología.

Por otro lado, la oleada de privatizaciones de electricidad y gas de los años noventa condujo a otros operadores, incluyendo a los españoles Endesa e Iberdrola, a expandirse al exterior como inversores directos, limitando de esta forma el mercado potencial para el asesoramiento y conduciendo a algunas situaciones paradójicas en las que el principal beneficiario del traspaso del conocimiento de Unión Fenosa a una empresa pública en una economía emergente podría ser un inversor extranjero que comprase la compañía. De hecho, a principios de los años noventa, la evolución de la cotización de las acciones de Unión Fenosa fue peor que la de Iberdrola y, sobre todo, que la de Endesa. Los inversores estaban premiando la expansión internacional mediante la inversión directa en el exterior en el negocio de la electricidad, frente a la expansión a través de los servicios de consultoría. Por esta razón, Unión Fenosa comenzó a realizar inversiones directas en el exterior, inspirándose en algunos principios: inversión selectiva en países con potencial desarrollo, diversificación geográfica para reducir riesgos legislativos y macroeconómicos, sinergias con la rama de consultoría y apalancamiento de la experiencia y desarrollo de relaciones del pasado (Prieto Iglesias, 2002). La estrategia de la empresa se instrumentó a través de la participación en consorcios para la adjudicación de concesiones públicas y privatizaciones, en los que participaban socios locales, técnicos y financieros, manteniendo Fenosa el control directivo y operativo. Con todo, para no comprometer su estabilidad financiera, Unión Fenosa adquirió inicialmente una pequeña participación accionarial.

El primer país en el que Unión Fenosa invirtió fue Argentina en 1995, aunque la empresa había actuado como un operador en un proyecto eléctrico en ese país en 1993 sin tener una posición accionarial. La empresa entró en Bolivia y en Filipinas en 1997, a través de una participación accionarial minoritaria en Meralco. En 1998 México se convirtió en el siguiente país anfitrión, convirtiéndose en el mercado exterior más importante para Unión Fenosa. En solamente dos años, 1999 y 2000, Unión Fenosa realizó inversiones en Guatemala, República Dominicana, Nicaragua, Costa Rica, Colombia, Ecuador y Moldavia. En ese momento, la cotización de la acción de Unión Fenosa aumentó en relación a sus rivales españoles, compensando con creces sus peores resultados bursátiles durante los años noventa.

A partir de 2001 la expansión internacional de Unión Fenosa entró en una nueva fase. Con la mayoría de los procesos de privatización ya consumados y la crisis financiera de Argentina enfriando las expectativas de los inversores extranjeros (Unión Fenosa había abandonado Argentina en 1999), no era el mejor momento para realizar más adquisiciones en América Latina. Por este motivo, Unión Fenosa dirigió sus esfuerzos a consolidar su posición en México, América Central y Colombia, para lo que la empresa tuvo que hacer frente a muchos desafíos, así como recurrir a sus habilidades políticas. Por ejemplo, en Colombia presionó al gobierno en las negociaciones para hacer frente al coste de las conexiones ilegales a la red de suministros en los vecindarios de rentas más modestas. Unión Fenosa cortó el servicio repetidamente hasta que las manifestaciones sociales obligaron al gobierno a llegar a un acuerdo. Como resultado de la resolución de la disputa, se instalaron contadores eléctricos en los vecindarios afectados.

El negocio de asesoramiento fue creciendo incluso cuando Unión Fenosa volvió a centrar su atención en la inversión exterior. En España, la demanda nueva provenía de nuevas entradas en el sector de las telecomunicaciones. Fuera de España, el conocimiento y los sistemas se transfirieron a las adquisiciones realizadas en América Latina y en otras regiones y también a clientes independientes en Europa Occidental. Dándose cuenta de que la dispersión de las actividades de consultoría en diversas empresas dentro del grupo limitaba las sinergias y el crecimiento, la compañía creó una marca y holding que agrupaba las diversas actividades, que se denominó Soluziona.

Unión Fenosa también intentó explotar sinergias en otras áreas. Dada la conexión entre electricidad y gas, sobre todo en el caso las turbinas a gas de ciclo combinado (TGCC), la empresa firmó contratos a largo plazo con proveedores extranjeros como Egyptian General Petroleum Corporation en 2000 y el Sultanato de Omán en 2002. Unión Fenosa también invirtió, junto con sus proveedores, en infraestructuras de gas natural licuado. En 2003 la empresa firmó una alianza estratégica con la italiana ENI, lo que significaba que ENI adquiría un 50% de participación en Unión Fenosa Gas, así como el desarrollo de varios proyectos conjuntos. Se firmó otra alianza con el grupo ruso ITERA en 2001, aunque no se materializó ningún proyecto. La política de asegurarse el suministro de combustible también llevó a Unión Fenosa a adquirir una mina de carbón en Sudáfrica en 2006, con el único objetivo de satisfacer las necesidades de las centrales térmicas en España.

Una vez que el suministro de combustible estaba asegurado, la empresa construyó varias centrales a gas de ciclo combinado en España y entró en el sector de distribución de gas. La empresa también se introdujo en el sector de gas en otros países como Uruguay y Reino Unido. Fenosa entró en el sector de distribución de gas de Uruguay en 1998. En el Reino Unido, Fenosa adquirió Cambridge Water en 1999, un distribuidor de servicios públicos diversificado con intereses en agua, electricidad y gas. No obstante, esta empresa era principalmente distribuidor de agua con una reciente incursión en los sectores de electricidad y gas, y fue vendida en partes.

Unión Fenosa también se diversificó hacia las telecomunicaciones, aunque sólo en España. En colaboración con sus accionistas principales (Endesa y Banco Central Hispano), Unión Fenosa tomó parte en varios consorcios con el objetivo de desarrollar nuevos operadores de telecomunicaciones fijos y móviles en España (Airtel, Retevisión y posteriormente Amena y Auna). Estas inversiones fueron muy rentables para Fenosa no sólo porque la empresa vendió sus participaciones en Airtel y Auna con grandes plusvalías, sino también porque permitieron al departamento de consultoría actuar como un proveedor de servicios para estas empresas.

A diferencia de Telefónica, la expansión internacional y el crecimiento corporativo de Unión Fenosa se desarrolló en presencia de accionistas con posiciones de control. Aunque la empresa disfrutó de una amplia autonomía a la hora de definir su estrategia, las prioridades de sus accionistas también jugaron un papel fundamental, tal y como se demuestra con la diversificación hacia las telecomunicaciones. A principios de los años noventa los principales accionistas de Fenosa eran Banco Central Hispano (BCH) y Endesa, que juntos controlaban un holding con un 14,36% de participación accionarial en Unión

Fenosa. El presidente del consejo del BCH era también el presidente de Unión Fenosa, si bien las respectivas jerarquías directivas operaban con independencia una de otra. El BCH actuaba a menudo como el socio financiero y asesor cuando había que realizar las inversiones más importantes. Además, el BCH controlaba empresas constructoras, como Dragados, que a menudo realizaban proyectos para Unión Fenosa.

La fusión en 1999 entre BCH y Banco Santander produjo cambios significativos. Bajo la dirección de Emilio Botín, el banco fusionado desarrolló una actitud más instrumental hacia la participación accionarial en empresas no financieras (Guillén y Tschoegel, 2008), tratando su participación en Unión Fenosa como una inversión financiera. Emilio Botín dijo en 2002, una vez terminado el proceso de integración entre el BCH y Santander, «hemos gestionado activamente la cartera con un fin único: crear valor para el accionista, lo que conlleva que en algunas ocasiones vendamos y en otras, cuando vemos proyectos con potencial, compremos».* Esta estrategia permitió al banco aumentar su participación accionarial en Unión Fenosa hasta el 22%. En 2005 el Santander vendió sus acciones a ACS, obteniendo una plusvalía de 1.160 millones de euros. Este acuerdo tuvo lugar en medio de una encarnizada batalla por Endesa, en la que diferentes grandes grupos empresariales intentaban controlar la mayor empresa eléctrica del país. Florentino Pérez, Presidente y Consejero Delegado de ACS, resume la lógica de la operación de la siguiente forma: «Las constructoras [...] se diversificaron a actividades con la misma cultura, es decir, la del contratista, [...] y entraron en servicios, concesiones de infraestructuras y, últimamente, en energía».** La adquisición de un paquete de control en Unión Fenosa proporcionó dos beneficios a ACS. Por una parte, la posibilidad de reducir su exposición a la naturaleza cíclica del negocio de la construcción y, por otra, la posibilidad de jugar un papel fundamental en la reestructu-

* El discurso de Emilio Botín en una conferencia de prensa ofrecida en Madrid el 22 de enero de 2002. Disponible en http://www.acceso.com/display_release.html?id=4213
** *El País*, 24 de diciembre de 2006.

ración del sector de la energía en España. De hecho, ACS fue más proactiva que el Santander a la hora de guiar las decisiones estratégicas de Unión Fenosa, sobre todo tras aumentar su participación hasta el 45% del capital. Por ejemplo, ACS propició la venta de Soluziona a Indra, una empresa de sistemas de alta tecnología, a cambio de una participación accionarial. Después del acuerdo, Unión Fenosa llegó a ser, utilizando la terminología de Hennart y Reddy (1997), más «digerible», es decir, fácil de adquirir y de reestructurar por otra empresa energética. Es más, ACS ha adquirido también una participación minoritaria en Iberdrola y podía haber organizado una fusión entre las dos empresas. Pero como los reguladores y el gobierno obstaculizaron la idea, ACS vendió en 2009 su participación en Unión Fenosa a Gas Natural, que había esperado durante mucho tiempo la oportunidad de expandirse hacia el sector eléctrico. Con este acuerdo, ACS se ha embolsado 2.729 millones de euros en plusvalías.[*] Con todo, aunque sus diferentes accionistas de control han podido obtener importantes plusvalías, la falta de independencia estratégica de Unión Fenosa ha significado desde el primer momento que su proceso de expansión empresarial no pudiera ser totalmente desarrollado a causa de las prioridades de aquéllos.

Santander

Telefónica y Unión Fenosa ilustran un proceso de internacionalización basado en las capacidades desarrolladas en el país de origen, sin utilizar apenas el proceso de expansión internacional como una manera de explorar y adquirir nuevas capacidades. El Banco Santander representa todo lo contrario. El banco utilizó sistemáticamente alianzas, adquisiciones e inversiones de filiales en el exterior para conseguir acceder a nuevos recursos con los que reforzar su competitividad y su presencia internacional.

[*] Información revelada por ACS a la Comisión Nacional del Mercado de Valores (hecho relevante número 96363, 31 de julio de 2008).

El Santander es uno de los mayores bancos del mundo y tiene una presencia importante en América Latina y en el Reino Unido, además de en la península Ibérica. También es líder en financiación al consumo en Europa del Este y en Europa Occidental y posee un banco de tamaño medio en Estados Unidos. Fue fundado en 1857 como un banco local en Santander. Continuó siendo un pequeño banco provincial hasta los años cincuenta, cuando creció orgánicamente a través de adquisiciones convirtiéndose en un banco de ámbito nacional (Guillén y Tschoegl, 2008). El crecimiento internacional comenzó durante los años sesenta en forma de oficinas representativas en varios países de América Latina. Entre 1963 y 1982, Santander entró en Argentina, México, Panamá, República Dominicana, Costa Rica, Guatemala, Chile, Ecuador y Uruguay mediante inversiones directas en el exterior. No obstante, a finales de los años setenta y ochenta Santander abandonó la mayoría de estos países, excepto Chile y Uruguay. Éste era, a grandes rasgos, el escenario que se encontró Emilio Botín en 1986 cuando sucedió a su padre en la presidencia del banco. Desde entonces, el banco ha pasado de ser el sexto mayor de España y el número 152 del mundo a convertirse en una de las diez instituciones financieras más importantes del mundo y la mayor en la eurozona.

Curiosamente, el nombramiento de Emilio Botín como Presidente del banco coincidió con la entrada de España en la Unión Europea y con el proceso de liberalización de los servicios financieros en España, que fomentó la competencia en un sector que hasta la fecha la desconocía. Era un momento de gran incertidumbre sobre el futuro de la banca, y lo único que estaba claro era que el negocio bancario en España nunca volvería a ser el mismo. Por esta razón, el liderazgo y la dirección estratégica eran fundamentales en la expansión del banco.

En su expansión corporativa se pueden identificar tres fases. La primera comienza en 1986 con el nombramiento del Sr. Botín y dura hasta 1994. La estrategia llevada a cabo por el banco en este período fue una combinación de agresividad comercial en el negocio local y una serie de alianzas estratégicas mediante intercambios minoritarios de acciones con otros bancos internacionales e instituciones financieras. Cuando los bancos españoles comenzaron a competir se produjo un súbito aumento del grado de rivalidad, y el Santander casi siempre era quien movía primero; esto es, quien daba el primer paso. Por ejemplo, desarrolló una estrategia de marketing agresiva, lanzando productos como la «supercuenta» (una cuenta corriente con alto interés) y la «superhipoteca» (un préstamo hipotecario a bajo interés) acompañada de unos esfuerzos de marketing masivos. Otros bancos, sobre todo el BBV (hoy día BBVA), reaccionaron lanzando productos similares. Esta estrategia permitió el crecimiento orgánico en un contexto en el que sus principales rivales estaban intentando asumir los efectos de las fusiones, como era el caso del Bilbao y el Vizcaya, por un lado, y del Central y el Hispano, por otro. El crecimiento del Santander en el mercado español culminó en esta fase con la adquisición de Banesto, un banco que se encontraba en apuros y había sido intervenido por el Banco de España.

La segunda fase se prolonga desde 1995 hasta 2003. En ella, el Banco Santander continúa con su estrategia de alianzas, pero comienza a invertir de manera agresiva en los países más importantes de América Latina mediante adquisiciones, aprovechando las oportunidades asociadas a las reformas bancarias y a los procesos de liberalización. Al final de este período, había adquirido varios bancos en Argentina, Brasil, Chile, Colombia, México, Perú y Venezuela y consolidado su presencia en Puerto Rico. Durante esta fase, el banco también completó su consolidación en España a través de la fusión con el Banco Central Hispano en 1999. Fue la mayor fusión llevada a cabo en el sector bancario español y potenció el crecimiento del banco, dado que el BCH tenía un número importante de inversiones y alianzas internacionales y numerosas participaciones accionariales en empresas no financieras. De hecho, las inversiones latinoamericanas del BCH más la agresiva estrategia de adquisición del Santander reforzaron su liderazgo en América Latina. No obstante, a pesar de ser anunciada como una fusión entre iguales, el proceso de integración resultó disfuncional y concluyó con Emilio Botín recuperando el control total en 2002.

En la tercera fase, el banco comienza una etapa de consolidación como institución global a partir de 2004, sustituyendo su política de alianzas por una estrategia de adquisiciones en Europa y Estados Unidos. La adquisición de Abbey en 2004 fue el primer movimiento en esta dirección y supuso sobre el papel la disolución de la alianza más exitosa del Banco Santander, la que tenía con el Royal Bank of Scotland (RBS). Hasta cierto punto, este (amistoso) divorcio también dejaba claro que el banco se sentía lo suficientemente fuerte como para posicionarse como un jugador a escala global. En este periodo, Santander también compró Sovereign Bancorp en Estados Unidos, el 20% en 2005, un 5% más en 2006 y el 75% restante en medio de la crisis financiera de 2009. El banco también compró Alliance & Leicester y Bradford & Bingley en el Reino Unido y entró a formar parte —junto con Fortis y Royal Bank of Scotland— de un consorcio para comprar ABN AMRO en 2007. A raíz de este acuerdo, Santander obtuvo el control sobre el Banco Real en Brasil y sobre Antoveneta en Italia, aunque el banco italiano fue vendido un mes después de su adquisición con una plusvalía de 2.400 millones de euros.[*] Este período representó un salto cualitativo para el Santander. Una característica común de los bancos adquiridos era que todos mostraban un bajo rendimiento o tenían problemas económicos. La transferencia de la experiencia del Santander en la gestión financiera y de riesgos a los bancos adquiridos hizo posible su reestructuración. En esta fase, el Santander también se deshizo de su grupo industrial, la mayoría heredado de la adquisición de otros bancos, como Banesto, y de la fusión con el BCH. Como sucediera en el caso de la participación del banco en Unión Fenosa —ya mencionada en páginas anteriores—, el grupo industrial nunca fue una prioridad estratégica en la expansión corporativa del banco. A pesar de todo, el banco mostró una excepcional maestría en el siempre difícil arte de comprar y vender participaciones significativas en otras empresas, obteniendo cuantiosas plusvalías en el proceso.

---

[*] *El País*, 9 de noviembre de 2007; *Expansión*, 9 de noviembre de 2007.

Aunque la agresividad competitiva del Santander en el mercado local fue muy importante, las bases de la expansión global del Santander fueron asentadas durante finales de los años ochenta y principios de los noventa en América Latina y Europa mediante alianzas y el establecimiento de filiales en áreas estratégicas. Santander utilizó alianzas accionariales y no accionariales con Cariplo, San Paolo di Torino (Italia), Commerzbank (Alemania), Société Générale (Francia), Metropolitan Life (la aseguradora de Estados Unidos), Kemper (una gestora de fondos estadounidense), Nomura (Japón) y el Royal Bank of Scotland (RBS) para aprender acerca de las nuevas ideas de marketing y de las tecnologías bancarias y para explorar oportunidades de negocio.

La alianza Santander-RBS fue con mucho la asociación de más éxito. Se llegó a un acuerdo marco especificando varias actividades para desarrollar conjuntamente, un cruce de participaciones y un intercambio de consejeros. El Santander adquirió el 9,9% del RBS y este último el 4,9% del Santander. Cada banco se convirtió en el mayor accionista del otro. El acuerdo marco especificaba tres áreas de cooperación, a saber, una política de inversión coordinada en Europa, la interconexión de las redes de sucursales en España y en el Reino Unido, y el desarrollo de un acuerdo tecnológico para facilitar las transferencias internacionales de dinero. Aunque la actividad en las dos primeras áreas no fue intensa, los socios, y especialmente el Santander, aprendieron mucho del seguimiento de las actividades del otro. Ello fue así porque cada seis semanas se reunía una comisión conjunta para intercambiar información y supervisar los avances de la alianza. Estos encuentros fueron cruciales para aumentar la confianza entre los dos bancos y para intercambiar experiencias e información, lo que al final fue el beneficio más importante de la alianza. De hecho, RBS proporcionó al Santander asesoramiento, apoyo y en algunos casos financiación en los momentos más cruciales, incluyendo su fusión en 1999 con BCH y la adquisición en 2000 de Banespa en Brasil. Incluso después de que la alianza fuera formalmente disuelta en 2004 por imperativo legal como consecuencia de la adquisición por parte del Santander del rival del RBS, Abbey

Nacional Bank, los dos bancos continuaron colaborando, como en la audaz adquisición del ABN-Amro en 2007. Emilio Botín resumió los beneficios logrados mediante esta alianza: «Cada vez que nos reuníamos, nos desafiábamos uno al otro, compartíamos ideas y ofrecíamos nuestro apoyo. Aprendimos mucho uno del otro. Y estuvimos allí para apoyarnos cuando necesitábamos ayuda. Los analistas no pueden entender la importancia de esa relación».[*]

Una segunda vía en la que el Santander utilizó la expansión internacional para adquirir nuevos recursos y capacidades tuvo que ver con su operación de banca de inversiones, Santander Investment. Fundada en 1984, estableció operaciones por América Latina durante los años ochenta, tras la crisis de la deuda de 1982, aproximadamente en el mismo momento en que el Santander estaba vendiendo algunas de sus participaciones minoritarias en pequeños bancos por la región. En 1988 Emilio Botín envió a su hija Ana Patricia, que estaba trabajando en JP Morgan, para ayudar a dirigir Santander Investment. Después de alguna reorganización, en 1991 se convirtió en Directora General del Banco Santander de Negocios y en 1994 en Consejera-Delegada. Aunque la rentabilidad de las actividades llevadas a cabo por el Santander en banca de inversión y en los mercados de capital es un asunto que todavía hoy es objeto de un debate candente, Ana Patricia Botín contribuyó a sentar los cimientos para la extraordinaria expansión del banco en América Latina en banca comercial durante los años noventa. En concreto, las actividades de banca de inversión contribuyeron a recabar información y a acumular experiencia en una región altamente volátil del mundo. También proporcionaron a un grupo de jóvenes directivos un lugar donde formarse, llegar a conocerse bien unos a otros y aprender a trabajar como un equipo (Guillén y Tschoegl, 2008). A diferencia de Telefónica y de Unión Fenosa, la expansión internacional del Santander supuso la consecución de nuevas capacidades y la explotación de las ya existentes, utilizando un modelo similar en cada mer-

---

[*] «Botín no ve ventajas en las fusiones transfronterizas», Reuters News, 31 de enero de 2000.

cado: aprendiendo a través de alianzas o pequeñas inversiones, saneando los bancos adquiridos, crecimiento orgánico, más adquisiciones para ganar masa crítica y transferencia de lo aprendido en un determinado país al siguiente.

Agbar

Sociedad General de Aguas de Barcelona (Agbar) es la cabecera de un grupo empresarial que lidera el negocio de la gestión y el suministro de agua en España. A pesar de que actualmente se encuentra en proceso de quedar plenamente controlada por el grupo multinacional francés Suez-Lyonnais des Eaux (SLDE, que en 2009 se convirtió en GazdeFrance-Suez), Agbar llevó a cabo un importante proceso de expansión internacional. Se le presentaron importantes oportunidades de crecimiento en el sector del agua, cuando muchas economías emergentes, en vías de desarrollo y en transición privatizaron los servicios públicos de suministro de agua. No obstante, a pesar de las privatizaciones, el sector del agua no está tan globalmente consolidado como otros sectores regulados. Hay dos razones básicas para esto: la privatización sólo ha tenido lugar en las economías en vías de desarrollo y emergentes, no en las desarrolladas, y las empresas que han entrado en este sector diversificándose desde negocios relacionados (como construcción o electricidad) y/o que se han expandido internacionalmente en el sector han conseguido peores resultados de lo esperado. Como consecuencia, las empresas multinacionales como Bechtel, Bouygues o E.On vendieron sus divisiones de agua después de sufrir pérdidas durante años (véase Hall y Lobina, 2007). Sólo Suez, Veolia, Berlinwasser y Agbar mantuvieron su apuesta por la internacionalización, aunque se retiraron de muchos países. Las empresas que estaban centradas solamente en el sector de agua, como Anglian Water, Severn Trent o Vitens, han vendido también sus operaciones internacionales.

Las empresas españolas con intereses en el negocio del agua han sido una excepción a esta regla, ya que no sólo Agbar está activa en los mercados internacionales, sino también las empresas constructoras FCC y Sacyr Vallehermoso. Comparar a Agbar con Unión Fenosa y Santander es analíticamente útil, ya que al igual que la última, utilizó las alianzas para adquirir nuevas capacidades, aunque como en el caso de Unión Fenosa, no es una empresa estratégicamente independiente.

Los orígenes de Agbar se remontan a finales del siglo xix, cuando inversores extranjeros crearon una empresa para abastecer de agua al área metropolitana de Barcelona. En el cambio de siglo la empresa pasó a ser de propiedad española. Desde entonces, creció gradualmente adjudicándose nuevas concesiones de servicio, primero en Cataluña y, después de los años setenta, en el resto de España. Al igual que otras empresas españolas que competían en sectores regulados, la empresa comenzó su expansión internacional a principios de los años noventa.

El crecimiento exterior de Agbar estuvo avivado por las alianzas financieras y tecnológicas. El principal socio tecnológico fue Suez-Lyonnais des Eaux (anteriormente Lyonnais des Eaux, LDE), que ha tenido una participación accionarial en Agbar desde 1979. Endesa, con un 11,78% de participación entre 1994 y 2004, desarrolló junto con Agbar varios proyectos relacionados con el agua. Por ejemplo, en 1994 las dos empresas se unieron a Argentaria, en aquel momento un banco público, para crear Interagua, un consorcio utilizado para concurrir a concursos de concesiones y privatizaciones de empresas extranjeras de agua.

Lyonnais des Eaux también ayudó a Agbar a expandirse internacionalmente, sobre todo en sus primeros pasos en Argentina en 1992, y en Portugal, Chile y Cuba en 1994. Después de la creación de Interagua, la empresa continuó con nuevos proyectos en estos países, sobre todo en Argentina, y también entró en Marruecos, Uruguay, Brasil y más recientemente en Argelia. La empresa también se introdujo en Estados Unidos mediante la adquisición del 20% de las acciones de la californiana Western Water.

Después del 2000 la estrategia internacional de Agbar experimentó cambios, ya que la empresa se retiró de algunos países en los que tuvo que hacer frente a un gran número de problemas con los reguladores. La empresa está presente actualmente en Chile, Cuba y Colombia. En 2001 vendió sus acciones en Western Water. Ante los problemas que surgieron en algunos países latinoamericanos, la compañía volvió a centrar su atención en Europa, adquiriendo en 2006 British Water.

Ciertamente, los resultados de la mayoría de las concesiones de América Latina fueron peores de lo esperado. De hecho, Agbar fue sin ninguna duda la empresa que menos éxitos cosechó en esa área geográfica de entre las empresas analizadas en este capítulo. Con todo, no sería justo responsabilizar a los gestores de la compañía de este menor rendimiento en comparación con el obtenido por otras empresas españolas de otros sectores de infraestructuras. Prueba de ello es el hecho de que muchas otras empresas multinacionales del agua también se han batido en retirada, no sólo de Latinoamérica, sino de sus operaciones internacionales. Y es que el negocio del agua difiere del de las telecomunicaciones, la electricidad o la banca en que la gente no está acostumbrada ni predispuesta a pagar por el suministro de agua, y mucho menos por el coste real del servicio. Estudios anteriores han establecido que, de entre los sectores regulados, el agua es el más difícil a la hora de obtener beneficios y uno de los sectores más sujetos a frecuentes cambios regulatorios (Ontiveros et al., 2004; Lobina y Hall, 2007).

A la vista de estas dificultades en su negocio central, Agbar gradualmente se dio cuenta que su principal activo era la capacidad de gestionar infraestructuras, no sólo el ciclo del agua, suministrando servicios de calidad a sus clientes con niveles de eficiencia mayores que si los servicios hubieran sido llevados a cabo por los municipios. Basándose en esta capacidad y experiencia, la empresa decidió no apostar exclusivamente por el negocio del agua y diversificarse hacia otros servicios tales como recaudación de impuestos, gestión de residuos, inspección técnica de vehículos, seguros de salud e incluso servicios de tecnologías de la información. De hecho, la diversificación de la empresa había comenzado ya antes de expandirse internacionalmente en el negocio del agua, aunque su experiencia en este último le ayudó a crecer en otras actividades. Agbar primero se diversificó en gestión de residuos en España, asociándose con Suez-Lyonnais des Eaux. El patrón habitual de expansión hacia otros sectores fue a través de adquisiciones, siguiendo una táctica de prueba y error, con pequeñas inversiones sirviendo como opciones reales. Así lo explicó un antiguo Consejero-Delegado de Agbar, José Luis Jove: «Siempre hemos empezado poco a poco a través de pequeñas adquisiciones y bien acompañados. No aconsejaría empezar desde cero. Para crecer, consideramos que es bueno comprar alguna célula pequeña del sector o país en el que uno está interesado. Esta adquisición permite entrar en el sector y formar a gente de la propia compañía en las habilidades e idiosincrasia del nuevo país o del nuevo negocio y, en caso de error o de equivocación, el daño económico que se produce es muy limitado. [...] Compramos una plataforma pequeña, trasladamos una, dos o tres personas del grupo para que conozcan con fuego real el sector, y después, analizando esta experiencia, examinamos las ventajas y los inconvenientes, y decidimos si seguimos o abandonamos».[*]

El sector más importante en el que la empresa se diversificó fue la certificación y la inspección técnica de vehículos. Su primer paso fue adquirir una empresa pequeña en España, que operaba en el norte de Galicia. Una vez que habían analizado el potencial de esta actividad, Agbar creó una división para desarrollar estos servicios tanto en España como en el extranjero. Adquirió empresas o presentó ofertas por concesiones en países como Argentina, Portugal y Estados Unidos. La empresa entró en China en 2000 creando una operación conjunta con la empresa pública Long Distance. En 2002 Agbar agrupó todas estas actividades mediante la creación de Applus+. Posteriormente, Unión Fenosa y Caja Madrid adquirieron una participación minoritaria en la empresa. Unión Fenosa fusionó sus divisiones de certificación con Applus+. Agbar siguió creciendo en 2005 con la adquisición de la red danesa de instalaciones de inspección de vehículos, entre otras. En 2006, no obstante, después de tener en cuenta el plan de inversión necesario para convertir a Applus+ en una

[*] «El proceso de globalización es imparable, pero requiere control», *IESE Revista de Antiguos Alumnos*, septiembre de 2002:106-109.

empresa líder a nivel global, los demás socios de Applus+ y los accionistas de Agbar decidieron poner la empresa en venta. En 2007 fue vendida a una empresa de capital riesgo. Otra importante diversificación de Agbar se produjo en el sector de los seguros de salud. La empresa es la principal accionista de Adeslas, también participada por French Mederic con un 45%. Adeslas opera principalmente en España.

La diversificación y la expansión internacional de Agbar no puede entenderse sin tener en cuenta la alianza con Suez-Lyonnais des Eaux, que desde finales de los años ochenta fue el socio de referencia de la empresa española para todos sus proyectos internacionales, así como el actual principal accionista. Al principio de la alianza, Suez-Lyonnais des Eaux era una empresa con más experiencia, no porque tuviera más años sino porque en Francia la mayoría de los servicios del agua estaban ya privatizados y la empresa estaba más diversificada que Agbar.

En 1979 Suez-Lyonnais des Eaux adquirió acciones en dos filiales de Agbar y posteriormente en la misma Agbar. Para consolidar la relación, Agbar correspondió cruzando una participación del 3% en Suez-Lyonnais des Eaux, convirtiéndose en el quinto accionista de la empresa francesa y ocupando un asiento en su consejo. Cuando Agbar comenzó su expansión internacional a principios de los años noventa, La Caixa y Suez-Lyonnais des Eaux, los dos principales accionistas, llegaron a un acuerdo para establecer Hisusa, un holding que agrupaba sus participaciones. Suez-Lyonnais des Eaux tenía un 51% de las acciones y La Caixa el 49% restante. Ambas empresas aumentaron gradualmente sus respectivas participaciones en Agbar durante los años noventa hasta llegar a un porcentaje justo por debajo del 50%.

Tras la salida de Endesa del accionariado de Agbar en 2004, Suez-Lyonnais des Eaux adquirió un papel más predominante a la hora de definir la estrategia de la empresa. Un momento crítico se produjo en 2006, cuando Suez y Gaz de France se fusionaron para crear un grupo energético integrado. Por entonces, surgieron dudas sobre el futuro de la participación de Suez en Agbar, pero La Caixa y Suez confirmaron su alianza en Hisusa y en 2007 lanzaron una oferta pública de adquisición para aumentar su participación en Agbar. En 2009 Hisusa controlaba dos tercios de las acciones de Agbar, mientras Suez y La Caixa controlan por separado participaciones adicionales del 12,02 y el 11,55%, respectivamente. Agbar y Suez-Lyonnais des Eaux nunca fueron iguales en tamaño. No obstante, esta diferencia empezó a ser más pronunciada en los años noventa. Primero, Lyonnais des Eaux se fusionó con la empresa constructora francesa Dumez en 1991. En 1997 se fusionó con Compagnie de Suez, creando Suez-Lyonnais des Eaux. Por último, la fusión con Gaz de France y el incremento de su posición de control accionarial en Agbar multiplicó no sólo los derechos de control de Suez, sino también las diferencias en tamaño, de tal forma que la actual relación entre Agbar y Suez-Lyonnais des Eaux puede ser definida apenas como una alianza. De hecho, la mayoría de los analistas consideraron desde entonces a Agbar como parte del grupo Suez (Hall y Lobina, 2007), y está claro que la influencia de Suez ha sido decisiva a la hora de reenfocar la estrategia de Agbar en su línea principal de negocio. Este control sobre Agbar ha sido reforzado mediante un acuerdo entre los principales accionistas de Agbar, Suez y La Caixa, a finales de 2009. En virtud de este acuerdo, Suez controlará directamente el 75% de las acciones de Agbar y La Caixa adquirirá las acciones de Agbar en el grupo asegurador Adeslas.

Obviamente, la asociación con Suez-Lyonnais des Eaux fue crucial en la expansión internacional y empresarial de Agbar. No obstante, esta expansión se llegó a truncar hasta cierto punto precisamente por la misma razón. Aunque su estrategia multi-país de prueba y error ayudó a generar negocios importantes, como Applus+, el desarrollo de esta línea de negocio no pudo ser formalizado para alcanzar su potencial debido a una falta de involucración por parte de los principales accionistas. Como en el caso de Unión Fenosa, el potencial de desarrollo de Agbar fue tanto potenciado como limitado por su dependencia estratégica.

Conclusión

Las multinacionales de sectores regulados llegaron a la mayoría de edad a finales de los años ochenta en un momento en que decenas de países de todo el mundo iniciaron reformas de mercado. Las empresas españolas que estaban dispuestas a convertirse en multinacionales en estos sectores no tuvieron que enfrentarse a la desventaja de ser las últimas en llegar, pues, al contrario que en el sector de bienes de consumo o industriales, no había multinacionales establecidas.

Los cuatro casos estudiados indican que el principal activo que las empresas españolas tenían era su experiencia acumulada en el país de origen. La experiencia en expandirse en sectores de red, en construir infraestructuras, en gestionar fusiones y adquisiciones y/o en operar en entornos financieros liberalizados fue fundamental para hacerse cargo de empresas privatizadas o realizar proyectos de infraestructuras en el exterior. No obstante, en dos de los casos (Agbar y Santander) las alianzas y la expansión internacional llegaron a ser una de las principales fuentes de nuevas capacidades.

Los cuatro casos también ilustran que las capacidades de ejecución de proyecto y las habilidades políticas fueron más valiosas en América Latina que en otros lugares, aunque no todos los proyectos ejecutados tuvieron éxito. Estas empresas reaccionaron rápidamente a cada una de las oportunidades internacionales que surgían allí, incluso cuando no estaban plenamente preparadas para hacerlo, porque estas oportunidades eran irrepetibles. No obstante, con el tiempo, redujeron su predisposición a exponerse al riesgo regulatorio. García-Canal y Guillén (2008) argumentaron que las capacidades políticas pueden reducir los peligros de operar bajo la discreción de los gobiernos de los países en los que la empresa invierte. No obstante, parece que estas capacidades no son igualmente efectivas en todas partes y que hay un límite a la cantidad de riesgos legislativos y políticos a los que las empresas están dispuestas a enfrentarse. La siguiente proposición es consistente con el comportamiento de las cuatro empresas analizadas: cuando se trata de expandirse a países emergentes, las empresas españolas entraron principalmente en América Latina y una vez que consiguieron suficiente experiencia y/o se habían introducido en los mercados más rentables, dirigieron sus esfuerzos hacia los países más desarrollados. Otras empresas reguladas de países emergentes tales como Orascom Telecom de Egipto, con un récord extraordinario de rentabilidad en entornos políticos complejos (Noland, 2008), se han introducido en África, el sur de Asia y Oriente Medio. De esta forma, estas empresas no tratan de hacer negocios en todas las economías emergentes a su alcance, sino sólo en aquéllas donde sus capacidades políticas demuestran ser valiosas. Además, las empresas dispuestas a asumir riesgos en países políticamente inestables suelen buscar grandes mercados, prestando menos atención a los más pequeños (UNCTAD, 2004:46). Esta hipótesis explicaría por qué las nuevas multinacionales en servicios financieros y en infraestructuras prestan su atención a los países desarrollados una vez que han conseguido una presencia significativa en los mercados emergentes.

Teniendo en cuenta las diferencias entre los cuatro casos, nuestro análisis pone de relieve que el mejor escenario es ser estratégicamente independiente y utilizar la expansión internacional para explorar nuevas capacidades. Prueba de ello es que el Santander fue la única empresa que tuvo éxito en las tres dimensiones de la expansión empresarial en este tipo de sector: participación en concursos de licencias y privatizaciones, diversificación y consolidación global. La principal ventaja de un enfoque de exploración es que la empresa puede aprender de la experiencia acumulada por sus socios en otros entornos. La principal ventaja de la independencia estratégica es que la empresa no se enfrenta a restricciones a la hora de aprovecharse de su conocimiento y de sus recursos. Nuestros casos muestran que la expansión internacional de algunas multinacionales españolas reguladas se truncó por las restricciones impuestas por sus accionistas de referencia, como sucedió en el caso de Agbar y de Unión Fenosa. En el caso de Agbar, el principal accionista aumentó su control y su influencia a lo largo del tiempo hasta alcanzar una participación accionarial mayoritaria. No obstante, en el caso de Unión Fenosa la expansión internacional se truncó al ser adquirida sucesivamente por otros grupos empresariales. Aunque las adquisiciones y el mercado de control corporativo están plenamente dentro de las reglas del juego en las economías de mercado, las adquisiciones y la reestructuración empresarial en los sectores regulados se ven muy afectadas por el papel de los gobiernos. Resulta difícil controlar una gran empresa regulada en contra de la voluntad del gobierno. En el caso de España, además, los políticos han desempeñado un papel activo. Esto se hizo evidente en el caso de la adquisición de Endesa por la italiana Enel, una empresa parcialmente propiedad del Estado. No deja de resultar irónico que algunas multinacionales españolas se hayan convertido en víctimas del mismo entorno regulatorio en el que habían desarrollado las capacidades políticas que sustentaron su expansión internacional.

Capítulo 7

Competir en servicios separables y no separables

Tanto la oportunidad como la necesidad de la provisión internacional de una amplia gama de servicios han aumentado de manera espectacular en los últimos años, bien reemplazando o bien complementando la oferta paralela de servicios similares por parte de los proveedores locales. Algunas empresas —como las cadenas hoteleras— siguen a sus clientes a los nuevos mercados; otras extienden su cobertura geográfica en busca de nuevas oportunidades para aumentar sus ventas y su saber hacer.

CHRISTOPHER LOVELOCK, 1999:278

La salida al exterior nos cambió la mentalidad, nos permitió ver otros países, otras empresas y mejorar la competitividad porque te quita muchos complejos. Salir al exterior te genera una mente mucho más abierta.

JOSÉ COSMEN, Presidente de ALSA*

Los servicios de infraestructuras y financieros representan la mayor parte del valor en dólares de la inversión directa exterior proveniente del sector servicios. No obstante, en términos del número de empresas y de operaciones en el exterior, la participación del resto de servicios (hostelería, medios de comunicación, ocio, transporte, servicios empresariales, asesoría, educación o asistencia sanitaria, entre otros) iguala o incluso

---

* *La internacionalización de la empresa española* (Cátedra SCH, Universidad de Nebrija, 2003), p. 98.

supera a la de los servicios de infraestructuras y financieros. En el caso de España, entre 1986 y 2008 casi el 54% de todas las operaciones exteriores establecidas por empresas españolas del sector servicios se encuentran dentro esta categoría heterogénea (Guillén y García-Canal, 2009). Así, esta amplia gama de actividades se puede clasificar según dos dimensiones fundamentales. La primera se relaciona con el grado en el que la producción del servicio puede ser separada de su consumo. En este sentido, los servicios en los que ambas actividades se pueden separar son calificados como «duros» por Erramili (1990), y esta peculiaridad hace que puedan ser exportados a distancia. Las empresas de medios de comunicación y de asesoría, por ejemplo, producen servicios duros o «separables». Por el contrario, los servicios «blandos» o «no separables» requieren producción y consumo simultáneos, por lo que la empresa y sus clientes deben encontrarse en el mismo lugar. Por tanto, la exportación generalmente no es una opción en estos casos (Vandermerwe y Chadwick, 1989). Éste es el caso de los servicios tradicionales de educación (excluyendo la educación a distancia), transporte, muchos servicios empresariales, hostelería y asistencia sanitaria.

La segunda dimensión se relaciona con el grado en que el servicio supone la transferencia de conocimiento profesional o técnico. Por ejemplo, las empresas dedicadas a consultoría o educación venden conocimiento o experiencia profesional o técnica a sus clientes. En estas actividades, el capital humano y relacional de quienes prestan el servicio es con mucho la capacidad más importante (von Nordenflycht, 2010). Por lo tanto, su mayor reto consiste en atraer, motivar y retener a personal cualificado (Hitt et al., 2001, 2006; Greenwood, 2005).

En este capítulo comparamos cuatro empresas que muestran diferentes combinaciones de las dos variables fundamentales (tabla 7.1). Así, en el sector del transporte, ALSA se dedica a los servicios de transporte por carretera, lo que requiere unir producción y consumo. En educación de posgrado, la Escuela de Negocios IESE (IESE Business School) ofrece servicios profesionales, vendidos mayoritariamente en las aulas, por lo que también requiere producción y consumo simultáneo. En el sector de medios de comunicación, Planeta produce servi-

Tabla 7.1. *Servicios duros y blandos según el tipo de servicio.*

Separación de la producción y el consumo	Tipo de servicio	
	No profesional	*Profesional / Técnico*
Servicios duros (separables)	Planeta	Duro Felguera
Servicios blandos (no separables)	ALSA	IESE Business School

cios separables de tipo no profesional. Por último, en el sector de consultoría en ingeniería, Duro Felguera también ofrece servicios separables —tales como la gestión de proyectos llave en mano, integrando servicios como la ingeniería, el suministro de materiales y la construcción— pero recurriendo a su experiencia profesional y técnica. El interés de analizar estas empresas reside en que estos cuatro casos ayudan a entender las dinámicas competitivas en algunos de los sectores de la economía que se encuentran en una fase de rápido crecimiento.

ALSA

Automóviles Luarca SA (ALSA) se fundó en 1923 en Luarca, villa pesquera ubicada en Asturias, en el norte de España. Su negocio es el transporte de pasajeros por carretera. La empresa creció ampliando el número y la frecuencia de sus destinos. Dado que el transporte es un sector regulado, el crecimiento requiere o bien obtener nuevas licencias o bien adquirir empresas con licencias. Después de décadas de crecimiento orgánico, en 1960 ALSA intentó adquirir Empresa Cosmen, otra empresa ubicada en Asturias y propiedad de la familia Cosmen. A pesar de aceptar la oferta, la familia Cosmen propuso una fusión entre ambas compañías. Esta nueva propuesta fue aceptada y la familia recibió acciones de ALSA recién emitidas a cambio del negocio del transporte. Un año más tarde, José Cosmen asumió la gestión de ALSA y la familia compró acciones hasta conseguir el control total de la compañía.

Bajo la dirección del Sr. Cosmen, ALSA creció convirtiéndose en una multinacional del servicio de transportes que operaba en cuatro continentes. Este crecimiento estuvo facilitado por una expansión en el mercado local, con mejoras en las infraestructuras de carreteras y cambios cuantitativos y cualitativos en la demanda del servicio de transportes. Hoy en día ALSA ofrece cuatro tipos de servicios: transporte urbano en veinte municipios españoles y en Marrakesh, Marruecos; transporte regional en 13 de las 19 comunidades autónomas españolas; transporte nacional conectando prácticamente todas las partes de España y, por último, transporte internacional, operando 65 rutas que conectan España con el continente europeo, Reino Unido y el Norte de África. ALSA también opera rutas de autobús en Portugal, Francia, Bélgica, Suiza y Alemania, y es uno de los miembros de EUROLINES, una red de 32 empresas de autobuses europeas independientes que suministran el servicio del billete único conectando rutas operadas por distintas empresas. Fuera de Europa, opera servicios regionales en Chile y en China. Alsa se fusionó en 2005 con National Express, un grupo multinacional con sede en el Reino Unido con intereses en transporte de autobús y ferroviario. Como resultado del acuerdo, la familia Cosmen se convirtió en el principal accionista de National Express y uno de los hijos de José Cosmen, Jorge, accedió al consejo de administración, siendo nombrado Vicepresidente. No obstante, la familia Cosmen conservó la propiedad de los negocios de ALSA en China, donde la empresa está presente desde 1984. De manera parecida a lo que había sucedido con la absorción de Empresa Cosmen por ALSA, la familia Cosmen intentó conseguir el pleno control sobre National Express en 2009 lanzando una OPA. En ese momento la empresa adolecía de una grave situación financiera, coincidiendo con la dimisión del Consejero Delegado. Sin embargo, la familia Cosmen retiró en el último momento la oferta tras conocer los resultados de las pertinentes actividades de auditoría *(due diligence)* previas a la materialización de la compra. Con todo, la familia Cosmen continúa siendo el mayor accionista de National Express, con el 19% de las acciones. Según DBK, una empresa consultora, ALSA es el líder del mercado en España, con un 16% de cuota en 2008, seguido por AVANZA, con un 9%, y Arriva, con un 5%.* ALSA tiene una pequeña oficina subsidiaria activa en transporte ferroviario.

Las adquisiciones han jugado un papel fundamental en el crecimiento de ALSA, comenzando con varias pequeñas empresas (Turytrans, Rutas del Cantábrico S.L., Viajes por Carretera S.A.) y alcanzando el punto culminante en 1999 con la adquisición de Enatcar, una empresa pública de transporte de viajeros por carretera. En 2007 ALSA adquirió Continental, el segundo grupo de transporte de viajeros por carretera de España, y en 2008 compró Transportes Colectivos, una empresa dedicada a la gestión de autobuses urbanos.

Un segundo factor en la expansión de ALSA fue la eficiencia operativa. Para estandarizar los servicios y garantizar la seguridad, la empresa invirtió mucho en formación y en el mantenimiento de los autocares. Como señaló el Sr. Cosmen, en un artículo que resume la experiencia de ALSA, «nuestro éxito relativo en transporte se basa en el establecimiento de instalaciones de mantenimiento eficientes, estratégicamente distribuidas» (Cosmen, 1994:166). A tal efecto, la empresa forma a sus conductores en instalaciones específicas ubicadas en Madrid, Oviedo, China, Marruecos y Portugal (Fernández y Nieto, 2008). Y es que el conductor es normalmente la única persona que está totalmente en contacto con el cliente en la mayor parte del proceso, por lo que su comportamiento es fundamental para asegurar la satisfacción del cliente (además de un buen uso de los autocares).

Un tercer factor en la expansión de ALSA ha sido la innovación continua en los servicios, no sólo para crear valor (por ejemplo, vendiendo billetes a través de internet), sino también introduciendo servicios personalizados para cada tipo específico de cliente. Aunque las rutas de transporte de viajeros por carretera son, en España, concesiones y las empresas de autobuses ejercen una posición de monopolio sobre ellas, el transporte de autocar está bajo la amenaza de sustitución por

* «Las tres grandes del autobús superan por primera vez el 30% de cuota de mercado», *Cinco Días*, 28 de abril de 2009.

otros medios de transporte, como coches privados, ferrocarril o compañías aéreas. Con los años, ALSA desarrolló algunas innovaciones para persuadir a los clientes para que utilicen el transporte en autocar. Un ejemplo es el llamado servicio «Supra», una ruta interurbana sin paradas que incorpora ciertos atributos de la primera clase de las líneas aéreas utilizando coches de lujo con asientos de mayor tamaño, más espacio para las piernas y servicios complementarios como refrescos, periódicos y conexión Wi-Fi.

En términos de expansión internacional, la empresa decidió operar primero rutas de autobús con origen en España y posteriormente extender el modelo de negocio desarrollado en España a otros países.[*] Su primera experiencia en el mercado internacional fue la ruta Oviedo-París-Bruselas en 1964. Esta ruta fue seguida por la de Oviedo-Lyon-Zúrich y Oviedo-Salamanca-Ginebra, atendiendo a las comunidades de inmigrantes en Francia, Bélgica y Suiza. En aquel momento, el servicio de autobús era mucho más práctico que el tren y más barato que volar. Hoy en día, más de 65 rutas de autobuses ALSA conectan España con otros países. Estas rutas se basan normalmente en acuerdos con empresas de los países a lo largo del itinerario para asegurar los permisos necesarios y conseguir acceso a las infraestructuras locales. En algunos casos, ALSA estableció una empresa conjunta con algún socio local. La empresa también estableció agencias de viajes en Suiza y Portugal para vender sus billetes directamente al cliente.

A pesar del éxito de sus rutas internacionales iniciadas en España, las decisiones más importantes de expansión exterior tuvieron que ver con las inversiones directas. La idea consistió en explotar la experiencia acumulada de sus operaciones españolas en las rutas de autobuses locales o regionales en países distantes. La primera incursión importante fue en China, donde la empresa estableció una serie de catorce operaciones conjuntas a partir de 1984. En 1999 ALSA comenzó a invertir de manera más agresiva en el exterior porque las autoridades

---

[*] Véase Fernández y Nieto (2008) para una cronología detallada de la expansión internacional de ALSA.

de la competencia le impidieron acceder a más adquisiciones locales después de la compra de Enatcar. En 1999 ALSA ganó la oferta para la concesión del servicio de autobuses urbanos en Marrakesh (Marruecos), y en 2001 consiguió el permiso para prestar servicios regionales en la misma parte del país. También en 2001 ALSA se hizo con el 51% de las acciones de Autobuses Lit, una importante empresa de transporte chilena. En 2003 ALSA adquirió el 49% de Tas Choapa, también en Chile, lo que le permitió operar algunas rutas internacionales en América Latina, aunque la compañía se retiró de este continente en 2005. Asimismo, ALSA invirtió en varias empresas en Portugal (por ejemplo, Rodoviaria do Tejo y Moreira Gomes e Costa), en Alemania (adquiriendo Deutsche Touring en colaboración con otros inversores, una empresa con rutas en Europa del Este) y en Francia (creando una empresa conjunta con Keolis para explotar las rutas ferroviarias locales).

En este sentido, China fue una experiencia importante para ALSA. Al principio, José Cosmen estuvo interesado en importar una pasta dentífrica innovadora fabricada en China (Cosmen, 1994). Sin embargo, mientras recababa información sobre este negocio, descubrió que el transporte de pasajeros por autobús presentaba una oportunidad única. La infraestructura de China estaba poco desarrollada y los servicios de transporte eran atrasados. No obstante, debido a las restricciones regulatorias, los inversores extranjeros sólo podían operar en el servicio de taxi y únicamente en áreas específicamente establecidas. Por lo tanto, en 1984 la empresa emprendió una operación conjunta con socios locales llamada Nanyio Transportation Services Co. Ltd. para operar en Shenzhen, una Zona Económica Especial cercana a Hong Kong, abierta a los inversores exteriores bajo ciertas condiciones. ALSA mantuvo un 49% del capital pero consideró esta inversión como una buena plataforma para aprender cómo operar en China, adaptándose a las peculiaridades locales y haciendo negocios con un socio local. Y es que la adaptación al nuevo entorno distaba mucho de ser sencilla. En palabras del Sr. Cosmen, «al principio queríamos transferir todos nuestros sistemas de negocio y nos dimos cuenta que no era posible. Los cambios deben ser introducidos lentamente, justificando cada decisión» (Cosmen, 1994:164). Para una empresa como ALSA, con una orientación a largo plazo, este primer paso le proporcionó una ventaja de mover ficha primero, ya que no es fácil establecer negocios con socios chinos partiendo de cero. De esta forma, cuando en 1990 el gobierno permitió a los inversores extranjeros operar servicios de transporte por carretera en autocar, ALSA estaba totalmente preparada para aprovechar esa oportunidad. Creó una nueva empresa conjunta para explotar la ruta que conectaba Pekín con la ciudad costera de Tianjin, de rápida industrialización. ALSA ofreció servicios que nunca se habían visto en China, incluyendo horarios regulares y autocares modernos con asientos confortables. Posteriormente, se constituyeron nuevas empresas conjuntas para operar rutas entre Pekín y Shanghai. Seguidamente la empresa se trasladó a ciudades más pequeñas creando empresas en Shijiazhuang y Nanjing. Paso a paso, ALSA reprodujo su modelo de negocio introduciendo servicios especiales como la Clase Imperial, la versión china del servicio Supra ofrecido en España. Para superar las dificultades asociadas al déficit de infraestructuras existente, ALSA formó empresas conjuntas para construir estaciones de autobuses, carrozar autocares (en colaboración con la empresa española Irizar) y desarrollar y gestionar instalaciones de mantenimiento. Con el tiempo, ALSA llegó a ser un experto en el mercado chino, por lo que la empresa también estableció una subsidiaria de importación-exportación para ayudar a otras empresas a operar en China. Andrés Cosmen, uno de los hijos de José Cosmen, dirige desde 1987 las operaciones de la empresa en China. Resumiendo los factores clave del éxito de ALSA en China, Andrés Cosmen señaló que «hemos dedicado mucho tiempo y esfuerzos a fomentar las relaciones tanto con nuestros socios chinos como con la administración. [...] También es importante adaptar el proyecto empresarial a las características de China [...] pero es más importante aún saber qué aspectos o procesos de nuestro negocio son intocables» (Cosmen, 2004: 92). El éxito de ALSA, en suma, ilustra cómo se puede explotar la experiencia acumulada en el país de origen en países extranjeros muy diferentes.

IESE Business School

Al igual que el transporte de viajeros por carretera, la educación es un servicio no separable que requiere unir producción y cliente (excepto en el caso de la educación a distancia). El modelo de negocio de las escuelas de negocios para posgraduados es dotar a sus alumnos de los conocimientos técnicos, las habilidades y las aptitudes requeridas para tener éxito en puestos directivos, utilizando métodos de enseñanza orientados a desarrollar las capacidades de toma de decisión. Dado que la calidad de los resultados del servicio depende de la motivación y de las capacidades personales de los estudiantes, las escuelas de negocios compiten entre ellas para atraer a los estudiantes más cualificados. Por su parte, los estudiantes desean cursar un programa de posgrado no sólo por la formación o la educación que recibirán sino también por la señal de calidad que les confiere la posesión del título. En este sentido, la reputación del claustro de profesores es un atributo fundamental y un indicador de la calidad de la escuela. Así pues, la educación es un servicio no separable en el que el conocimiento profesional es factor clave para tener éxito. Además se trata de un sector en el que hay importantes barreras a la entrada, pues las matrículas no son suficientes para cubrir los gastos necesarios para ofrecer una educación excelente (Íñiguez de Onzoño y Carmona, 2007; Hawawini, 2005). Aunque se crean cada año nuevas escuelas de negocios, es muy difícil para las nuevas entrantes llegar a convertirse en líderes.

La moderna formación de posgrado en dirección de empresas y, en particular, los programas MBA (Máster en Dirección de Empresas) son una invención americana (Khurana, 2007; Guillén, 1989). Aunque existían en Europa escuelas de negocios antes de la fundación de la primera escuela norteamericana —The Wharton School en 1881—, el primer programa MBA fue ofrecido por Harvard a principios del siglo xx. Como es lógico, en la actualidad, la mayoría de las mejores escuelas de negocios están situadas en Estados Unidos. No obstante, durante las últimas dos décadas las escuelas asiáticas y, sobre todo, las europeas han aumentado su calidad y notoriedad. Actualmente los rankings internacionales incluyen London Business School, INSEAD e IMD entre las escuelas más importantes del mundo. En España, sorprendentemente, se encuentran tres escuelas de negocios reconocidas internacionalmente: IESE Business School, IE Business School y ESADE. Aunque las escuelas de negocios también han prosperado en países emergentes como China (por ejemplo, CEIBS), Brasil (Fundação Getúlio Vargas) o Costa Rica (INCAE), el caso de las escuelas de negocios españolas es especialmente destacable porque hasta hace poco prácticamente nadie asociaba a España con educación en administración de empresas de alta calidad, dado que el país sigue estando rezagado en ciencia y tecnología.

La primera escuela de posgrado de negocios europea fue fundada tras la Segunda Guerra Mundial gracias a la afluencia de ayuda externa, inversión directa exterior y transferencia de tecnología (Puig y Fernández, 2003). El Plan Marshall proporcionó no sólo financiación, sino también un programa de colaboración con las universidades de Estados Unidos dirigido a la creación de escuelas de negocios en Europa siguiendo el modelo americano (Kipping et al., 2004). Aunque España tenía excepcionales escuelas de negocios al nivel de estudios de grado o licenciatura, como la Universidad Comercial de Deusto, fundada en 1916, la primera escuela de negocios que siguió el modelo de las de Estados Unidos fue la Escuela de Organización Industrial (EOI), fundada conjuntamente en 1955 por los Ministerios de Educación e Industria con la financiación y la experiencia del programa de ayuda técnica americano (Guillén, 1989). Aunque la EOI continúa siendo una sólida escuela de negocios, no goza del reconocimiento internacional que tienen otras escuelas españolas. IESE Business School (originalmente llamada Instituto de Estudios Superiores de la Empresa) fue fundada por la Universidad de Navarra en 1958 como una escuela de negocios para posgraduados. La Universidad de Navarra, fundada seis años antes, fue un ambicioso proyecto educativo patrocinado por el Opus Dei. Hoy día IESE es una institución verdaderamente global con 32.000 ex alumnos pertenecientes a 105 países. Aunque los principales campus del IESE se encuentran en España (en Barcelona y Madrid), la escuela tiene una red de escuelas afiliadas en cuatro continentes. Además IESE tiene oficinas en Múnich y São Paulo y un centro en Nueva York. IESE ofrece programas tradicionales como el MBA, Executive MBA y Doctorado, así como programas a medida de formación para ejecutivos, formación continua y programas innovadores como el Global Executive MBA, que combina sesiones presenciales en régimen de estancia en Barcelona, Silicon Valley y Shanghai con un avanzado sistema de educación a distancia. En 2009, IESE ocupó el primer lugar del ranking mundial de programas MBA a tiempo completo del Economist Intelligence Unit. Sin lugar a dudas, éste es un logro excepcional para una escuela con apenas 50 años y situada en un país que no está considerado a la vanguardia de los negocios, la ciencia o la tecnología.

Sin embargo, los primeros años de IESE no fueron fáciles. Su primer Decano fue Antonio Valero, un ingeniero industrial de formación, catedrático de Economía en una escuela de ingeniería y socio de una empresa consultora. El método del estudio de caso fue introducido desde el principio, con la ayuda de la École d'Administration des Affaires, una escuela fundada en Lille (Francia) por un graduado de Harvard Business School. Las actividades iniciales del IESE fueron programas de larga duración dirigidos a altos directivos de las empresas españolas (véase Canals, 2009, para una explicación más detallada de la historia del IESE).

En 1964, el IESE realizó su primer salto cualitativo lanzando un programa MBA, que sería supervisado por un comité consultivo conjunto de la facultad de Harvard Business School y del IESE. Fue el primer programa MBA de dos años de duración en toda Europa. En 1974, IESE comenzó a ofrecer en Madrid programas para ejecutivos. En 1980 se estableció un programa MBA bilingüe inglés-español. En 1982 emprendió en Madrid un programa MBA a tiempo parcial para ejecutivos. En 1993, IESE ofreció programas en régimen residencial de una a tres semanas de duración para directivos internacionales. En 2001 se estableció el Global Executive MBA. Paralelamente, la escuela desarrolló sus ofertas de programas a medida para multinacionales como Boeing, Sun Microsystems o Henkel, así como para multinacionales españolas como Telefónica, BBVA, Santander y Repsol.

IESE se convirtió en la escuela de negocios líder de España gracias a cuatro factores clave: el desarrollo de una cualificada plantilla de profesores a tiempo completo; una decidida orientación internacional; un enfoque pragmático hacia la formación de ejecutivos y el apoyo del Opus Dei. El desarrollo de una plantilla de profesores a tiempo completo altamente cualificada fue fundamental para el éxito del IESE. Sus primeros profesores con dedicación exclusiva habían desempeñado responsabilidades ejecutivas en empresas, pero la escuela pronto se dio cuenta de la importancia de contar con doctores formados en las mejores escuelas de negocios americanas, como Harvard, Wharton o MIT. Para poner los cimientos de un claustro de profesores competitivo a escala internacional, la escuela ofreció a algunos de sus mejores estudiantes de MBA la oportunidad de conseguir un doctorado en Estados Unidos o a través de su propio programa doctoral. El propósito de IESE ha sido siempre que sus profesores se involucren no sólo en enseñar sino también en actividades de consultoría. Como señaló el ex Decano Carlos Cavallé, los profesores del IESE «deben hacer tres cosas: enseñar con la máxima calidad posible, hacer investigaciones útiles y relevantes para los empresarios [...] y, finalmente, estar involucrados en la actividad empresarial, como consejos de administración, dirección o consultoría».[*] Estos principios guiaron los esfuerzos de IESE para contar con un sólido plantel de profesores, aunque durante muchos años la escuela careció de profesores estrella y se encontraba rezagada en cuanto a publicaciones en las revistas de administración de empresas de primera línea. Para superar estos problemas, desde 2000 la escuela acudió en mayor medida al mercado de trabajo para contratar a los mejores profesores que pudiera atraer.

Una segunda variable clave en el éxito de IESE fue su orientación internacional. Desde sus comienzos, la escuela miró hacia el exterior, no sólo para aprender de escuelas extranjeras como Lille o Harvard, sino también para atraer de manera pro-

[*] *El País*, 8 de septiembre de 2000.

activa estudiantes internacionales, conjuntamente con otras escuelas y estableciendo campus en el exterior. La asociación de ex alumnos también fue diseñada como una red internacional, con secciones en 18 países diferentes. Los 32.000 ex alumnos participan en programas de formación continua y se reúnen una vez al año en un país distinto. En palabras de Jordi Canals, el actual Decano del IESE, «las universidades y escuelas americanas tienen una visión internacional pobre y limitada, aunque son extraordinarias en investigación. Creemos que podemos aportar nuestra experiencia de escuela internacional con perspectiva multicultural, nuestros casos, nuestro material científico».[*]

Un tercer factor importante en el éxito del IESE fue su enfoque hacia la formación a ejecutivos, especializándose en dar soluciones a los diversos problemas a los que los altos ejecutivos se enfrentaban en cada momento. Puig y Fernández (2003:663) presentan varios ejemplos para ilustrar esta capacidad de adaptar los programas educativos a las necesidades específicas de los clientes. Durante sus primeros años, el IESE ayudó a empresas a afrontar las deficiencias del estilo de gestión autoritario que predominaba en España en ese momento, ayudándolas a incorporar las teorías y las prácticas más avanzadas basadas en las relaciones humanas. Otro ejemplo fue la especialización en los problemas a los que se enfrentaban las empresas familiares, un área de especialización un tanto marginal en Estados Unidos pero de gran importancia en España en general y en Cataluña en particular. Igualmente, la especialización de IESE en el campo del emprendimiento fue útil en un país con escasez de empresarios.[**]

El último, pero no por ello menos importante, factor del rápido desarrollo de IESE fue el apoyo del Opus Dei, una organización católica con unos 87.000 miembros por todo el mundo (36.000 fuera de España). Aunque la organización católica

---

[*] *El País*, 12 de agosto de 2007.

[**] Esta atención en dar soluciones a los problemas reales se pone de relieve en un libro que hace balance de los primeros 50 años del IESE, titulado *Sabiduría Práctica*. Véase Canals (2009).

no interfiere en la dirección de la escuela, el Opus Dei ayudó al IESE en la creación de una red de ámbito mundial de escuelas asociadas, ya que la mayoría de las escuelas que participaron pertenecían a universidades vinculadas con el Opus Dei. No obstante, según Jordi Canals, la principal influencia del Opus Dei ha sido la de establecer la misión y los valores del IESE, centrados en una visión humanista de las empresas y de la sociedad más allá de la mera eficiencia económica. La cultura empresarial de IESE, que hunde sus raíces en los valores del Opus Dei vinculados al perfeccionismo y al servicio a los demás en el trabajo ordinario, alienta la excelencia y el éxito (Casanova, 1983), así como un compromiso para el bien común de empresas y sociedad. Dado que estos valores son compartidos por el claustro de profesores del IESE y por su personal, la orientación de IESE al servicio constituye una importante ventaja competitiva. Según Jordi Canals, el IESE no sólo tiene una misión de servicio sino que también tiene un sentido de misión, de tal forma que una orientación hacia el servicio está presente «en cualquier interacción entre un participante en un programa del IESE y cualquier persona que forme parte de la comunidad educativa que trabaja en el IESE».[*]

Al igual que muchas empresas del sector servicios, la expansión internacional del IESE comenzó con transferencia de tecnología. El IESE creó una red de escuelas asociadas que hasta cierto punto reproducían su modelo de escuela de negocios: IPADE (México, 1967), Tayasal Escuela de Negocios (Guatemala, 1977), IAE (Argentina, 1978), PAD (Perú, 1979), AESE (Portugal, 1980), INALDE (Colombia, 1986), Lagos Business School (Nigeria, 1992), IDE (Ecuador, 1993), CEIBS China Europe International Business School (China, 1994), IEEM (Uruguay, 1994), School of Business Administration (Filipinas, 1995), ISE (Brasil, 1997), ESE (Chile, 1999), IME Institute for Media Entertainment (Estados Unidos, 2004), NTU (Egipto, 2004) y SBS (Kenya, 2005). El IESE proporcionó a estas escuelas orientación, experiencia, material educativo y profesores visitantes, algunas veces en colaboración con otras

---

[*] *La Gaceta de los Negocios*, 8 de septiembre de 2007.

escuelas, como Harvard. Las escuelas asociadas también han proporcionado candidatos para el programa de doctorado del IESE. El IESE también organizó un Programa Internacional de Desarrollo de Profesores, con el propósito de mejorar las habilidades docentes de profesores de otras escuelas de negocios.[*]

Después de que el IESE creciera en tamaño y sofisticación, entró en una segunda etapa de colaboración con escuelas como Harvard, MIT y Michigan, con las que desarrolló programas conjuntos, y con London Business School, Kellogg y Wharton, con las que firmó acuerdos de intercambio de estudiantes. En una tercera fase, la escuela ha establecido sus propios campus en el exterior, entre los que se encuentra Alemania (2005) y Estados Unidos (2007).

El crecimiento del IESE muestra algunas de las características de las nuevas multinacionales, incluyendo alianzas de aprendizaje, el desarrollo de redes de colaboración y la especialización en nichos de mercado no atendidos por los líderes consolidados. Otra escuela española de éxito, IE Business School (anteriormente Instituto de Empresa), siguió un modelo parecido, aunque al principio empleó en mayor medida a profesores con dedicación parcial, y ofertando programas MBA de un año de duración. Fundado en 1973, el IE tiene 37.000 graduados. Instauró SUMAQ, una red de escuelas de negocios en España y América Latina. La falta de afiliación del IE con una Universidad le llevó a adquirir la Universidad SEK, centrada en las humanidades, para crear IE Universidad. ESADE, otra escuela de negocios española de reconocimiento internacional, se fundó en 1958 como una escuela de negocios y derecho para estudiantes universitarios con el respaldo de la Compañía de Jesús y forma parte de la Universitat Ramon Llull. ESADE viene ofreciendo un programa MBA de dos años desde 1964. Esta escuela tiene 35.000 graduados (incluyendo licenciados) e instalaciones en Barcelona, Madrid y Buenos Aires. La existencia de tres escuelas de negocios importantes ha posicionado a España en el mercado internacional de es-

---

[*] Este programa todavía se ofrece, con la asistencia de 35-40 profesores de otras escuelas de negocios cada año.

tudios de posgrado en dirección de empresas, atrayendo cada año a un número mayor de estudiantes internacionales. No obstante, sólo el IESE ha dado pasos a la hora de establecer centros en el exterior fuera de España para atender nichos específicos. Así, refiriéndose al nuevo centro de la escuela en Estados Unidos, el decano del IESE destacó: «Buscamos hacer cosas que las escuelas americanas no hacen».[*] Como la educación es básicamente un servicio no separable, las escuelas de negocios dispuestas a posicionarse en los mercados internacionales necesitan, o bien atraer a estudiantes extranjeros, o bien establecer campus en el exterior. Las escuelas de negocios españolas muestran que la última opción es más difícil de llevar a la práctica, no sólo porque la educación de posgrado es un campo en el que un claustro de profesores cualificado y la reputación son primordiales para tener éxito, sino también porque las empresas que compiten en servicios no separables no pueden obtener ventaja de las diferencias entre países en costes de personal y de otros recursos. Para evaluar las estrategias de internacionalización en el contexto de arbitraje transfronterizo de factores de producción y de otros recursos, a continuación examinamos dos casos de empresas que venden servicios separables, lo que les ofrece un mayor abanico de opciones para sacar provecho de su conocimiento adquirido y de su experiencia en mercados exteriores.

Planeta

Mientras que ALSA e IESE producen y venden servicios no separables, otras empresas se especializan en servicios que no requieren la producción y el consumo simultáneo del servicio. En el sector de medios de comunicación, Planeta es quizá la empresa española de mayor éxito, habiendo completado la transición desde la edición de libros hasta los medios de comunicación, a través de sucesivas oleadas de innovación. Al igual que otros grupos de medios de comunicación en España y en

* *El País*, 12 de agosto de 2007.

el mundo, Planeta es una empresa familiar. En su negocio original, los libros, la empresa lidera el mercado en España, Portugal y América Latina.

Planeta fue fundada en 1949 por José Manuel Lara Hernández. El nombre de la empresa se eligió porque, en sus propias palabras, «fue lo más grande que se me ocurrió».[*] De hecho, Lara tuvo un ambicioso plan de crecimiento, primero en España y, desde 1966, en Europa y América Latina. La estrategia de la empresa se basó en cuatro pilares: la búsqueda proactiva de best sellers escritos en español; nuevas fórmulas comerciales para vender productos culturales; la adquisición de otras editoriales para expandir su colección de títulos, y las alianzas con otras empresas para conseguir acceder a contenidos para los mercados de habla hispana.

Para potenciar los libros escritos en español, Planeta organizó hasta 14 premios literarios para atraer a los mejores autores. En 1952, tres años después de crear la empresa, Lara dio a conocer el premio Planeta para novelas inéditas escritas originalmente en lengua española. Nombró un jurado compuesto por destacados académicos y escritores y ofreció un gran premio en metálico, que hoy día asciende a 601.000 euros. Planeta se reservaba los derechos exclusivos de la publicación del libro, utilizando el premio como medio para promocionar las ventas.[**]

La empresa también fue pionera en nuevas fórmulas para vender productos culturales. En sus primeros años, desarrolló un equipo de vendedores especializado en ventas a crédito para productos de precio elevado, como enciclopedias. Estos vendedores fueron el inicio de una división dentro de Planeta dedicada a la venta directa que hoy día no sólo vende enciclopedias y ediciones de lujo de libros, sino también una amplia variedad de artículos como productos multimedia, vajillas, re-

---

[*] «Editorial Planeta, el origen de un gran grupo», *Cataluña Económica*, 15 de noviembre de 2004.

[**] Estos premios pueden ser entendidos como una forma de integración vertical hacia atrás, pues eran pagados en compensación por los derechos del libro, por lo que el autor sólo ganaba más dinero cuando los derechos acumulados excedían la cantidad del premio. De esta forma, estos premios garantizaban a Planeta disponer cada año de best sellers.

lojes, joyas y accesorios de moda, que se consiguen a través de internet mediante la página web de la empresa. Otra fórmula innovadora introducida en el mercado español fue la venta de diccionarios, enciclopedias y otros artículos especializados en fascículos semanales o mensuales, utilizando los quioscos como canales de distribución y en ocasiones en colaboración con periódicos nacionales.

La empresa también se expandió mediante la adquisición de otras editoriales. El objetivo principal era conseguir el control sobre un amplio catálogo de libros impresos, pero sin integrarlos en la misma empresa editora. Planeta mantuvo la separación entre las empresas adquiridas, con su propia personalidad, lectores y marca, satisfaciendo las necesidades de un segmento específico del mercado. Con los años, Planeta adquirió Ariel (libros académicos), Seix Barral (novelas innovadoras), Ediciones Deusto (libros de gestión), Espasa-Calpe (enciclopedias y libros académicos), Destino (literatura en general) y MR Ediciones (novelas y libros prácticos y esotéricos), entre otros. El único segmento del mercado del libro en el que Plantea todavía no está presente es en libros de texto en español, donde las principales empresas a adquirir no están en venta. La presencia de Planeta en libros de texto se limita al mercado francés, donde es la segunda editora en tamaño gracias a la adquisición de Editis Group.

Por último, Planeta firmó alianzas con otras editoriales para conseguir acceder a otro tipo de contenidos. Un acuerdo fundamental fue el firmado con Larousse en 1963, por el cual Planeta publicó la edición española de la célebre enciclopedia francesa. Otra alianza importante para Planeta fue el acuerdo en 1985 con la italiana DeAgostini. Esta empresa conjunta al 50% se centró en publicaciones por entregas, productos interactivos y cómics. La empresa también entró en alianzas con otras empresas editoriales para explotar conjuntamente oportunidades específicas. Por ejemplo, EDP-Editores fue una operación conjunta entre Bertelsmann y Planeta cuyo objetivo es la distribución conjunta de ediciones de lujo de libros. Actualmente esta empresa pertenece en su totalidad a Planeta. El cambio tecnológico ofreció a Planeta numerosas oportunidades para continuar con el lanzamiento multimedia de sus contenidos. Provista de varias décadas de experiencia y sólidos flujos de caja de sus operaciones en Europa y América, Planeta digitalizó todos sus contenidos para venderlos a través de internet y otros canales. La empresa también entró en el sector de la enseñanza a distancia en 2002 absorbiendo dos empresas, Centro de Estudios CEAC (una empresa tradicional de enseñanza por correspondencia) y Home English (una empresa de enseñanza de idiomas a distancia). Planeta y su socio italiano DeAgostini también invirtieron conjuntamente en el sector de medios de comunicación y audiovisuales promocionando una nueva empresa, DeAPlaneta. Desde 2003 Planeta posee una participación mayoritaria en el Grupo Antena 3, un grupo de medios de comunicación que cuenta con un importante canal de TV en España y una emisora de Radio llamada Onda Cero, entre otras empresas. Planeta es el principal accionista de *La Razón,* uno de los seis periódicos más importantes en España, y el único accionista de *ADN,* un periódico diario gratuito. En enero de 2010 Planeta vendió su participación en *Avui,* el principal periódico en lengua catalana. En 2010 adquirió también el 50 % de Círculo de Lectores, el club de Lectores más importante de España, perteneciente al grupo alemán Bertelsmann, una alianza estratégica pensando también en el libro electrónico y el millón de socios que posee el club español. La empresa también ha lanzado una escuela de negocios on line en colaboración con la Universidad de Barcelona, para la que parte de los contenidos son desarrollados por Editorial Deusto (filial de Planeta) y por EAE, una escuela de negocios con sede en Barcelona que adquirió en 2007. Planeta también entró en el negocio de creación de contenidos para teléfonos móviles comprando en 2007 un 25% de las acciones de Zed Worldwide. De esta forma, el crecimiento corporativo de Planeta ha sido una mezcla de diversificación e integración vertical. A través de la sociedad patrimonial familiar, Planeta también se ha diversificado hacia negocios no relacionados, como aerolíneas de bajo coste (Vueling) y banca (10% del Banco de Sabadell). El Grupo Planeta actualmente está dirigido por José Manuel Lara Bosch, hijo del fundador de la empresa.

La expansión internacional de Planeta comenzó en los años sesenta mediante subsidiarias de plena propiedad con el propósito de comercializar productos culturales desarrollados en España. La empresa también comenzó a publicar libros escritos por autores latinoamericanos. La compañía estableció en primer lugar operaciones en Colombia, México, Argentina y Venezuela (1966), seguidas por Chile (1968), Ecuador (1981) y Perú (2005). Los vendedores locales fueron formados y contratados para llevar a cabo ventas a crédito. Planeta también realizó adquisiciones en América Latina, entre las que se incluyeron Editorial Joaquín Mortiz en México (1985) y una participación minoritaria en Editorial Sudamericana en Argentina (1984), que actualmente pertenece a Bertelsmann. Sus adquisiciones más importantes en Argentina fueron Emecé y Minotauro en 2001 y Paidós en 2003. Emecé es una gran editorial general, Minotauro está especializada en literatura de ficción y Paidós en ciencias sociales y libros de interés general. En 2007 Planeta adquirió Editorial Diana, propietaria de los derechos sobre los libros de Gabriel García Márquez, mediante una OPA en la Bolsa mexicana. Estas adquisiciones consolidaron la posición de Planeta, no sólo en los respectivos países de origen de las editoriales compradas, sino también en todo el mercado del libro en español, dado que cada adquisición traía consigo un amplio catálogo de libros. En América Latina, Planeta también adquirió en 2007 Casa Editorial El Tiempo, un gran grupo de medios audiovisuales colombiano con intereses en periódicos, canales de TV, editoriales de libros y contenidos de internet.

No obstante, la expansión de Planeta no se limitó a los mercados de habla hispana. La empresa entró en Portugal en 1992 en colaboración con DeAgostini. Planeta también compró Editorial Dom Quixote en 1999, aunque esta empresa fue vendida en 2007. Planeta entró en Brasil en 2000 mediante la adquisición de Barsa International Publishers, una editorial de enciclopedias y ediciones de lujo de libros. En Brasil, Planeta también creó Planeta do Brazil, adquirió en 2007 Editora Academia de Inteligência, una editorial especializada en libros de autoayuda, y firmó una alianza con Grupo Globo para lanzar una serie de coleccionables en Brasil. Cabe señalar que la entrada en los países de habla no hispana enseñó a Planeta que la lengua no era una barrera importante para la empresa.

En 2008 Planeta adquirió Editis, el segundo grupo editorial francés, fundado en 1835. Con una facturación de 760 millones de dólares el año anterior a la adquisición y con veinte empresas editoriales, Editis posicionó a Planeta en los países de habla francesa gracias tanto a sus catálogos impresos como a su distribución e infraestructura logística. La oficina subsidiaria de distribución de Editis, Interforum, con la mayor cobertura en puntos de venta en Francia y sucursales en Bélgica, Suiza y Canadá, comercializa no sólo todos los catálogos de Editis, sino también los trabajos de otras ochenta empresas editoriales en países de habla francesa. En síntesis, Planeta ha pasado de ser una editorial de libros a producir y vender una amplia variedad de bienes y servicios culturales a través de múltiples canales, aparte de los tradiciones, entre los que se incluyen internet, TV, quioscos y teléfonos móviles. También ha capitalizado su experiencia en ventas por internet lanzando agencias de viajes online y servicios de marketing online. De esta forma, la empresa apalanca su reputación y su experiencia en marketing directo. En un contexto en el que el libro tradicional pierde cuota de mercado a favor de nuevos canales de distribución y plataformas, Planeta no tiene más opción que aprovechar cada una de las nuevas oleadas de innovación tecnológica.

Duro Felguera

Mientras que Planeta vende servicios separables relacionados con la cultura, pero no relacionados la mayoría de ellos con el conocimiento profesional o técnico (excepto en su relativamente pequeña división de libros de gestión), Duro Felguera vende su experiencia como contratista llave en mano de plantas industriales. La demanda creciente de proyectos de infraestructura en todo el mundo ha potenciado la expansión del sector de contratistas de proyectos llave en mano. Específicamente, la elevada demanda, así como algunas innovaciones financieras, han facilitado la entrada de nuevos competidores de países emergentes y de otros sectores afines. En el contexto específico de España, la expansión internacional de grandes empresas de sectores regulados creó una oportunidad única para otras empresas españolas (v. capítulo 6), sobre todo los contratistas llave en mano.

Los contratistas llave en mano son empresas que asumen la responsabilidad de establecer una fábrica, una instalación, equipos pesados o un proyecto de infraestructuras para un determinado cliente y lo sitúan en un lugar específico para que pueda comenzar sus operaciones, todo en un tiempo preciso y ajustándose a un presupuesto preestablecido. Aunque muchos de estos proyectos suelen ser ejecutados por empresas constructoras, las empresas de servicios de ingeniería participan también en el sector. Este proceso fue en parte avivado por la progresiva propensión de las grandes empresas constructoras a subcontratar actividades a contratistas especializados. Al mismo tiempo, las empresas de ingeniería, de menor tamaño que las grandes empresas constructoras, comenzaron a llevar a cabo proyectos llave en mano a gran escala gracias a nuevas innovaciones financieras, como la autofinanciación de proyectos (*project finance*) o formas innovadoras de contratación, como las cláusulas toma o paga. En ambos casos, las empresas operan sobre una base de planificación proyecto-a-proyecto, desempeñando el papel de integradores en una red de contratistas especializados, proveedores de tecnología y clientes industriales. Un número cada vez mayor de proyectos de gran escala en sectores como infraestructuras de transporte, energía, petróleo, gas, agua o telecomunicaciones han favorecido este proceso de convergencia entre empresas constructoras y de ingeniería. De esta forma, las reformas económicas, las privatizaciones y la liberalización han ampliado la demanda de proyectos de infraestructuras en el mundo, y una organización basada en el proyecto permite a estas empresas asumir los riesgos y las restricciones financieras de cada proyecto individualmente.

En este sentido, las infraestructuras energéticas son una de las áreas de mayor crecimiento de los proyectos llave en mano. A pesar de la crisis económica actual, los cálculos más recientes de la Agencia Internacional de Energía (2009) pronostican que la demanda mundial de electricidad aumentará un 2,5% anualmente hasta 2030. El modelo de negocio de los contratistas llave en mano en el sector energético consiste en adaptar sus servicios a las necesidades del cliente (normalmente un productor de electricidad) utilizando un núcleo tecnológico estandarizado suministrado por un socio como Alstom, ABB, General Electric Power Systems o Siemens Westinghouse. Mientras estas grandes empresas aportan el equipo, el contratista llave en mano gestiona el proceso en su totalidad, incluyendo ingeniería, suministro de materiales y construcción, precisamente la razón por la que a estos contratos también se les denomina contratos de ingeniería, suministro y construcción (en inglés EPC: *engineering, procurement, and construction*). Los contratos llave en mano normalmente incluyen la operación y el mantenimiento de la instalación durante un cierto período de garantía. Como estas empresas no desarrollan su propia tecnología, su ventaja competitiva radica en la capacidad de gestionar el proyecto de manera eficiente y dentro de los plazos de tiempo establecidos en las cláusulas contractuales. Los contratos normalmente son adjudicados basándose en ofertas competitivas e incluyen cláusulas de penalización en caso de incumplimiento. Por estas razones, los contratistas llave en mano de éxito necesitan ser capaces no sólo de estimar un precio factible y competitivo, sino también de gestionar eficientemente la totalidad del proceso.

Dado el aumento de la demanda, las escasas barreras a la entrada y el auge de los contratistas llave en mano de países como India y China, la competencia es dura. Los principales contratistas españoles son ACS, Abeinsa/Abengoa, Isolux/Corsan, Técnicas Reunidas, Iberinco y Duro Felguera. Cada una de estas empresas tiene unos antecedentes diferentes, aunque todas surgen de fusiones de empresas constructoras y/o de ingeniería que llevan tiempo en el sector, excepto en los casos de Iberinco —establecida en 1995 por Iberdrola como una empresa independiente—, Técnicas Reunidas —una empresa de ingeniería y contratista llave en mano fundada en 1960— y Duro Felguera —una productora de bienes de equipo fundada en 1858—, que, ante la creciente competencia internacional, decidió reorientar su enfoque inicial en favor del negocio de gestión de proyectos llave en mano.

Duro Felguera está organizada en tres líneas principales de negocio: fabricación de bienes de equipo (su negocio tradicional), servicios especializados y contratos llave en mano. La división de bienes de equipo fabrica componentes mecánicos de metal y equipos pesados para varios sectores. La unidad de servicios especializados comprende, entre otras, actividades mecánicas y de construcción eléctrica y de mantenimiento de instalaciones en varios sectores industriales. La ejecución de los contratos llave en mano es su principal línea de producto, representando el 67,5% de las ventas. Su principal área de especialización es la ingeniería, suministro y construcción de centrales eléctricas con turbinas de gas. Ha construido 32 centrales de generación eléctrica de ciclo combinado de gas en Europa y en América Latina. A pesar del enfoque en centrales eléctricas, la empresa es capaz de suministrar servicios de ingeniería y de ejecutar proyectos llave en mano en el sector minero, manipulación de materiales, siderurgia, petroquímica y almacenes automatizados, prácticamente en cualquier país.

La trayectoria de Duro Felguera muestra cómo un productor de bienes de equipo puede entrar en el negocio de contratos llave en mano. La empresa se fundó en 1858 como una productora de carbón y acero que fue convirtiéndose en una empresa integrada verticalmente para superar las restricciones y los obstáculos propios de los albores de la industrialización en un país en el que había políticas proteccionistas. En concreto, se vio obligada a construir embarcaciones para transportar su producción y centrales eléctricas para satisfacer sus necesidades energéticas. También entró en el negocio del almacenamiento y distribución de carbón. Paradójicamente, fue la experiencia acumulada en una amplia gama de sectores lo que permitió a esta empresa sobrevivir cuando el negocio del carbón y el acero entraron en declive durante la segunda mitad del siglo pasado, como pronostica la teoría de las capacidades de ejecución de proyectos (Amsden y Hikino, 1994). Su incipiente experiencia manufacturera permitió a la empresa reinventarse como un fabricante de bienes de equipo. De esta forma, la empresa inició una estrategia de diversificación destinada a satisfacer las necesidades específicas de varios sectores, explotando los recursos y las capacidades acumuladas en actividades tales como la fabricación de equipos para la minería, calderería y componentes de fundición, entre otros. No obstante, la experiencia acumulada de la empresa sólo fue plenamente capitalizada cuando comenzó a realizar contratos llave en mano a mediados de los ochenta. Con la entrada en esta actividad —coincidiendo con una crisis en el mercado de bienes de equipo— la empresa explotó no solamente su conocimiento en fabricación, sino también su experiencia en presentar ofertas o pujas competitivas por contratos (la mayoría de los acuerdos en el sector de bienes de equipo se basan en ofertas competitivas).

Un aspecto fundamental de la estrategia competitiva de Duro Felguera en el ámbito de los contratos llave en mano es que la empresa siempre colabora con socios tecnológicos bien establecidos. Sus principales socios son Mitsubishi Heavy Industries (para plantas de desulfurización y desnitrificación y para máquinas tuneladoras), Ishikawajima-Harima Heavy Industries (para las instalaciones de almacenamiento de combustible) y Alstom, General Electric Power Systems, Siemens Westinghouse y Mitsubishi Heavy Industries (para centrales eléctricas).

Duro Felguera comenzó su expansión internacional durante los años cincuenta y sesenta, cuando todavía estaba orientada hacia la fabricación de bienes de equipo. La empresa vendía en el exterior a través de exportaciones, si bien también estableció dos empresas conjuntas en México. Después de que la competencia obligara a la empresa a diversificarse en contratos llave en mano, la empresa se internacionalizó de una forma más sistemática, de tal forma que el 36% de las ventas provienen del exterior y los planes son aumentar ese peso al 50%. Así, la presencia en el exterior de Duro Felguera depende de su capacidad para llevar a cabo proyectos llave en mano. Para hacer un seguimiento de las tendencias del mercado y conseguir pedidos, la empresa ha establecido filiales y oficinas comerciales en países como México, Venezuela, Argentina,

Perú, Italia, Japón e India, dejando en manos de agentes el resto del mundo. Ciertamente, la expansión internacional es una consecuencia natural de la gestión de contratos llave en mano, ya que la demanda de proyectos donde pueden capitalizar su experiencia está diseminada por todo el mundo. Con todo, la experiencia internacional también ayudó a Duro Felguera a conseguir experiencia en algunas áreas de ingeniería para expandir sus actividades en España. Durante los años noventa, por ejemplo, se esperaba un crecimiento de la demanda de centrales eléctricas con turbinas de gas de ciclo combinado. Dado que Duro Felguera carecía de experiencia en esta área, aprovechó las oportunidades en América Latina como una forma de acumular dicha experiencia. Su primer proyecto fue la construcción, en 1993, de la central eléctrica Las Flores I, en Colombia, asociándose con Westinghouse. Éste fue seguido de cinco proyectos más en ese país con el mismo socio. La experiencia conseguida durante estos primeros proyectos permitió a la empresa realizar con éxito ofertas por proyectos en otros países, entre los que se incluyen México (3), Perú (3), Argentina (3), Italia (2) y Chile (1). En España ha llevado a cabo 19 proyectos desde 2002. Una peculiaridad de los proyectos localizados en economías emergentes es que el cliente suele ser una empresa pública eléctrica de un país desarrollado. Sin embargo, a pesar de la importante experiencia acumulada como contratista llave en mano, Duro Felguera todavía es pequeña en tamaño. El crecimiento en parte está limitado por la escasez de talento tanto en personal de ingeniería como directivo. En el futuro próximo, la empresa podría expandir su centro de formación nacional (fundado en 2003) o centrarse en adquisiciones.

Así pues, el principal desafío de Duro Felguera es alcanzar suficiente escala para poder emprender un mayor número de proyectos. La limitación más importante a la que se enfrenta tiene que ver con la disponibilidad de personal técnico cualificado, si bien, para superar este problema, la empresa creó un centro de formación corporativo en 2003, en el que ingenieros titulados completan un programa Máster. Asimismo, la compañía también está considerando realizar adquisiciones, aunque encontrar una empresa objetivo apropiada no es tarea fácil.

Conclusión

Los cuatro casos de empresas de servicios separables y no separables analizados demuestran, una vez más, que las nuevas multinacionales se expanden al exterior basándose en las capacidades desarrolladas en el país de origen, a menudo combinadas con otros recursos obtenidos mediante acuerdos y alianzas estratégicas. Así, IESE se aprovechó de los recursos de Harvard, Duro Felguera se expandió en nuevos ámbitos gracias a sus socios tecnológicos internacionales, Planeta se benefició de su alianza con DeAgostini y ALSA buscó el conocimiento de una empresa francesa antes de introducirse en el negocio del transporte ferroviario.

Otra característica común de estas nuevas multinacionales del sector servicios es que han centrado sus recursos y su atención en nichos de mercado y áreas geográficas bien definidas. ALSA eligió China por su infraestructura subdesarrollada y por su servicio de ida y vuelta. Planeta fue a países de habla hispana con el propósito de ampliar el mercado de libros escritos en español y aumentar su catálogo. IESE transfirió su experiencia a escuelas de negocios de América Latina. Por último, Duro Felguera especializó sus actividades internacionales de contratación llave en mano en el ámbito de la generación eléctrica. A través de esta expansión, estas empresas lograron crearse una reputación y desarrollar sus capacidades y experiencia.

Sin embargo, también hay importantes diferencias, sobre todo impulsadas por la naturaleza del servicio producido y vendido. Mientras que empresas de servicios no profesionales como Planeta y ALSA utilizaron con asiduidad adquisiciones en su expansión internacional, las empresas de servicios profesionales como IESE y Duro Felguera no lo hicieron. Una de las peculiaridades de las empresas profesionales es que, mientras que el personal altamente cualificado es de hecho uno de los recursos fundamentales, la apropiación del valor generado por ese personal no siempre es sencilla y la competencia para atraer y retener al talento es dura (Collis y Montgomery, 1995; Greenwood et al., 2005). Cuando se trata de fusiones y adquisiciones, la tarea se hace todavía más difícil a causa de los problemas de asimetría de información (Coff, 1999) o de integración después de la fusión (Empson, 2001). No obstante, este problema no es específico de las nuevas multinacionales, sino también de todas las empresas de servicios profesionales, con independencia de su país de origen. Una diferencia importante entre las nuevas multinacionales de servicios profesionales y las establecidas es que, mientras que las multinacionales profesionales convencionales más competitivas salen al exterior siguiendo a sus clientes (Roberts, 1999; Hitt el al., 2006), las empresas españolas analizadas en este capítulo tuvieron que crear una base de clientes internacionales partiendo de cero. Tanto IESE como Duro Felguera intentaron proactivamente posicionarse en educación de directivos personalizada y en contratación llave en mano, respectivamente, más que seguir a sus clientes. De hecho, Duro Felguera, como vimos antes, dio sus primeros pasos en el ámbito de la contratación llave en mano en el sector de la generación eléctrica en América Latina, en lugar de en España. Ésta es una característica común de las nuevas multinacionales en el ámbito de los servicios profesionales, quizá mejor ilustrada por empresas indias como Infosys, Wipro o Tata Consultancy Services. Estas empresas crecieron en el exterior a partir de la subcontratación de procesos de negocios y suministrando servicios personalizados a nuevos clientes internacionales; no se convirtieron en líderes globales siguiendo al exterior a sus clientes nacionales.

En el caso de las empresas de servicios no profesionales, el modelo fue justo el contrario. ALSA y Planeta crecieron internacionalmente reproduciendo su modelo de negocio en España. Las fórmulas innovadoras desarrolladas en el país de origen (por ejemplo, servicios de transporte de primera calidad para atraer nuevos clientes y bienes culturales en España vendidos a través de canales no convencionales, respectivamente) les ayudaron a expandirse al exterior. No obstante, entrar en un gran número de países fue para Planeta más fácil que para ALSA. Esta discrepancia puede ser atribuida a la diferencia entre servicios separables y no separables. Cuando la producción de servicios se puede separar de su consumo, las nuevas multinacionales de países emergentes tienen más posibilidades de expandirse al exterior, sobre todo sacando partido de su ventaja de bajo coste. Una vez más, el caso de las empresas indias de tecnologías de la información es paradigmático, sobre todo en servicios profesionales separables, en los que los diferenciales de salarios son importantes. No obstante, en el caso de los servicios no separables, las nuevas multinacionales se han encontrado con muchos problemas cuando salen de su nicho de mercado original, ya que no pueden sacar ventaja de los diferenciales de salarios o de la especialización cuando compiten con las multinacionales establecidas. En este sentido, en los servicios no separables, las nuevas multinacionales tienen que competir con las empresas establecidas partiendo básicamente de los mismos costes laborales.

Capítulo 8

Las nuevas multinacionales como un tipo de empresa

> Pienso que una forma precisa de describir [la investigación existente sobre la empresa multinacional] es que toda ella asume como postulado la habilidad de la multinacional para explotar a bajo coste el saber-hacer y la experiencia acumulados en su mercado de origen en otros países, compensando de este modo el inevitable coste adicional de hacer negocios en un país extranjero.
>
> MICHAEL E. PORTER, 1986:15-17

> Hace veinte años no hubiera ni soñado que seríamos el noveno banco del mundo.
>
> EMILIO BOTÍN, Presidente del Grupo Santander,
> *Euromoney*, 1 de julio de 2005

El auge de las nuevas multinacionales de los países recién industrializados, emergentes y en vías de desarrollo pone en entredicho los supuestos clásicos no sólo acerca de la manera en la que las empresas superan la desventaja del extranjero y se expanden a lo largo y ancho del mundo, sino también sobre las propias características distintivas de la empresa multinacional. En general, al principio de su expansión internacional las nuevas multinacionales han carecido de las ventajas tradicionales propias de las empresas multinacionales, como son tecnología propia y marcas. Esta desventaja, no obstante, no les ha impedido expandirse por todo el mundo. Al contrario que las multinacionales clásicas, superaron la desventaja del extranjero a partir de su capacidad para organizar, dirigir, ejecutar proyectos y establecer redes organizativas y de relaciones. En su expansión han seguido una amplia variedad de estrategias de integración vertical, diversificación de producto, aprendizaje mediante la experiencia, exploración de nuevas capacidades y colaboración con otras empresas. Con el tiempo, algunas de ellas han llegado a desarrollar capacidades tecnológicas y de marca o han pasado de ser jugadores de nicho a generalistas, pero únicamente después de ganar suficiente masa crítica.

El auge de las nuevas multinacionales no se limita a unos pocos países de origen o sectores económicos. Cada vez más empresas del sur de Europa, del este y sur de Asia, de América Latina, de Oriente Medio y de África han alcanzado visibilidad global en una amplia gama de actividades, abarcando desde la alimentación a los bienes de consumo duradero, bienes industriales, infraestructuras y servicios financieros. Al hacerlo, han demostrado que la expansión internacional se puede basar en diferentes combinaciones de recursos y capacidades a nivel empresarial.

Las nuevas multinacionales ya no son un fenómeno marginal. Representan cerca del 20% del stock acumulado de la inversión directa en el exterior en todo el mundo, si incluimos empresas de Europa del sur, así como las provenientes de los países emergentes y en vías de desarrollo. Por consiguiente, el énfasis tradicional en la tecnología y en los activos intangibles relacionados con la marca como fundamento de la inversión directa en el exterior (Hymer, 1960; Caves, 1996; Dunning, 1979) necesita ser revisado. La economía global del siglo XXI es muy diferente de la de la época del apogeo de las multinacionales clásicas americanas y europeas. Hoy en día, una variedad de empresas multinacionales provistas de diferentes capacidades —desde la tecnología y las marcas hasta la ejecución de proyectos y las habilidades políticas— coexisten en la economía global, incluso dentro del mismo sector. En este capítulo hacemos un balance de la evidencia empírica presentada en los capítulos anteriores en cuanto a las trayectorias de algunas de las nuevas multinacionales españolas y de otros países. Basándonos en esta evidencia, desarrollaremos una tipología de estrategias empresariales y un marco teórico integrador para analizar el proceso por el que estas empresas han llegado a acumular y desarrollar los recursos y las capacidades que han sustentado su expansión internacional. El capítulo concluye con las implicaciones para la Teoría de la Empresa Multinacional que se derivan del auge de las nuevas multinacionales.

La evidencia sobre las nuevas multinacionales

Las dos docenas de casos examinados en los capítulos anteriores documentan diferentes pautas de expansión internacional y de desarrollo de capacidades dependiendo del sector. En los sectores tradicionales de alimentación y bebidas (capítulo 3), estas empresas normalmente comenzaron en una determinada categoría de producto y región dentro de su propio país. Sólo dieron sus primeros pasos hacia la internacionalización después de expandirse nacionalmente y de experimentar con una cierta diversificación de producto. En el capítulo 3 se comparan empresas españolas y latinoamericanas seleccionadas, como Arcor, Bimbo, Ebro-Puleva, Freixenet, Gruma, SOS y Viscofán. Aunque cada una de ellas se ha convertido en un líder global en su respectivo ámbito, las empresas españolas siguieron un camino muy distinto al de las latinoamericanas a la hora de internacionalizarse. Después de alcanzar una posición prominente a nivel nacional, se introdujeron en mercados más desarrollados, primero con exportaciones y más tarde mediante alianzas y adquisiciones. Este proceso les ayudó a aumentar sus capacidades y a acceder a activos valiosos, como marcas y algunas tecnologías de producción. Eventualmente, también realizaron inversiones directas en el exterior de nueva planta, tanto en mercados más desarrollados como menos desarrollados que el español. Las multinacionales latinoamericanas se desviaron de este modelo en dos aspectos importantes. Primero, se integraron verticalmente en menor medida. Segundo, crecieron primero en América Latina, quizá como una forma de alcanzar masa crítica, expandiéndose luego por Europa y Estados Unidos. No obstante, han tenido más éxito que las empresas españolas en las economías emergentes, sobre todo en China, quizá porque sus capacidades se adaptan mejor a las economías menos desarrolladas. Una diferencia adicional fue que en las empresas españolas predominó el desarrollo externo de capacidades a través de alianzas y adquisiciones, mientras que las empresas latinoamericanas las desarrollaron internamente.

En el capítulo 4 se analizan también las razones subyacentes al desarrollo interno y externo de capacidades, pero en el contexto de los sectores de bienes de consumo duradero. Así, identificamos como factores determinantes las dificultades de acceso al mercado exterior y la importancia de la tecnología propia de producto. Cuando el acceso a los mercados exteriores no presentaba especiales dificultades y no se requería poseer tecnología propia de producto, encontramos que las nuevas multinacionales crecieron internacionalmente sobre la base de capacidades desarrolladas internamente en las áreas de diseño, innovación de proceso y logística de distribución. Los casos de Inditex y Pronovias en el sector de la moda, y Famosa en el de juguetes tradicionales, ilustran este modelo. Por el contrario, cuando el acceso a los mercados era difícil y la competitividad de la empresa requería poseer tecnología propia de producto, las nuevas multinacionales desarrollaron externamente capacidades a través de alianzas y adquisiciones, como muestra el caso de Fagor Electrodomésticos en el sector de electrodomésticos. También analizamos casos intermedios a las dos situaciones que acabamos de describir, en los que las empresas combinaron estrategias de desarrollo interno y externo de capacidades, como sucedió en los sectores de juguetes electrónicos y encendedores.

Dedicamos el capítulo 5 a estudiar las peculiaridades de las nuevas multinacionales en sectores de bienes industriales. Seguir a los clientes locales hasta enclaves exteriores supuso la principal motivación y oportunidad para la expansión internacional de las empresas de este sector. De forma consecuente, la capacidad de adaptación y de ejecución de proyectos fueron las principales ventajas competitivas de estas empresas. Analizamos cuatro empresas españolas que eran proveedores de ensambladores de automóviles con instalaciones en España. Nuestro análisis también destacó el papel desempeñado por la integración vertical y la diversificación de producto como variables fundamentales que determinaron el crecimiento de estas empresas. La integración vertical y la diversificación en el país de origen, con la finalidad de vender más componentes a sus principales clientes, permitió a estas empresas reforzar la relación con los clientes y desarrollar su base de conocimiento, como se pone de manifiesto con los casos de Corporación Gestamp y Ficosa. Las empresas que no consiguieron extender de esta forma sus vínculos con sus principales clientes se convirtieron en especialistas de nicho que vendían a los mismos clientes en el exterior (por ejemplo, Zanini) o se vieron obligadas a integrarse verticalmente a nivel internacional (Gamesa). Las adquisiciones internacionales fueron un medio para acelerar la expansión internacional, diversificándose hacia nuevas áreas y/o accediendo a nueva tecnología.

Los capítulos 6 y 7 se dedican al sector de servicios. Los sectores regulados de infraestructuras fueron estudiados separadamente de los demás servicios, dado que en infraestructuras la tecnología y las marcas desempeñan un papel secundario con respecto a las capacidades de ejecución de proyectos, organizativas y políticas. Las privatizaciones, la liberalización y el cambio tecnológico determinaron el crecimiento de estas empresas. La experiencia empresarial acumulada en forma de capacidades de ejecución de proyectos y la gestión de sectores de red fueron cruciales en la expansión de las empresas de infraestructuras, aunque nuestro análisis demostró la importancia que incluso en estos sectores tiene el acceso a capacidades externas mediante alianzas. Empresas como Banco Santander o Agbar aprendieron de socios con experiencia acumulada en entornos y contextos diferentes. Las capacidades políticas también fueron importantes en la expansión de estas empresas, aunque no fueron igual de útiles en todas partes del mundo. Las empresas españolas de infraestructuras concentraron el grueso de su actividad exterior como participantes en contratos y concursos de adjudicación en América Latina, una señal inequívoca de que estas empresas consideraron más fácil y más rentable utilizar su experiencia en esa parte del mundo. Nuestro análisis también mostró la importancia de contar con una autonomía estratégica para definir el ámbito de actividad óptimo de la empresa. Y es que las empresas reguladas de infraestructuras se encuentran a caballo de varios sectores y cada una de ellas siguió un modelo diferente con respecto a cobertura geográfica y a diversificación de producto, al objeto de obtener el máximo rendimiento de todos sus recursos. No obstante, la expansión internacional de algunas empresas como Unión Fenosa y Agbar se vio truncada, debido a las limitaciones impuestas por sus accionistas de referencia, que tenían objetivos y prioridades diferentes.

En el capítulo 7 analizamos el resto de los servicios, teniendo en cuenta dos dimensiones fundamentales. La primera partía del grado en el que la producción del servicio se podía separar de su consumo, de tal forma que identificamos dos tipos de servicios, los servicios duros o separables y los servicios blandos o no separables. La segunda dimensión se centraba en si el servicio implicaba la transferencia de conocimiento profesional o técnico (servicio profesional) o no (no profesional). Una diferencia importante entre las nuevas multinacionales de servicios profesionales y las tradicionales es que, si bien las segundas se expanden normalmente al exterior siguiendo a sus clientes, las empresas españolas de servicios profesionales que analizamos (IESE y Duro Felguera) crearon una base de clientes internacionales partiendo de cero. De hecho, encontraron el éxito al centrarse en nichos específicos que no estaban bien abastecidos por las multinacionales establecidas. Las empresas de servicios no profesionales, como Planeta y ALSA, se expandieron al exterior reproduciendo su modelo de negocio en otros países. No obstante, las empresas de servicios no separables encontraron más dificultades a la hora de competir contra las multinacionales establecidas porque la co-localización del proveedor de servicios junto a su cliente redujo las posibilidades de aprovechar las diferencias entre países en cuanto al coste de la mano de obra.

Así pues, la evidencia proveniente de los casos analizados indica que las nuevas multinacionales han asentado su expansión internacional sobre las bases del conocimiento acumulado mediante la experiencia, sus capacidades de ejecución de proyectos, su capital relacional y sus habilidades políticas, si bien sus estrategias específicas difirieron en ciertas dimensiones que analizamos en la siguiente sección.

Una tipología de las estrategias internacionales de las nuevas multinacionales

Las nuevas multinacionales son un conjunto heterogéneo y, precisamente, en esta heterogeneidad radica su éxito internacional. La creciente preferencia de los consumidores por la diversidad, tanto en lo que se refiere a la diferenciación de productos como en la disponibilidad de marcas comerciales, permite la presencia de una amplia variedad de competidores en el mercado, incluyendo aquellos con capacidades tecnológicas y de marketing más débiles que las de las empresas establecidas. Este proceso se ha visto favorecido por la globalización y la aparición de nichos de mercado estrechos presentes en muy diversos países. En este escenario de segmentación global es posible identificar las dos variables clave que determinan las estrategias de las nuevas multinacionales. En primer lugar, algunas de las nuevas multinacionales han optado por operar en segmentos de mercado específicos, mientras que otras han seguido una estrategia más generalista. En segundo lugar, algunas empresas han apostado por un enfoque multilocal, adaptando su estrategia a las características de cada país, mientras que otras lo hicieron por un enfoque global, compitiendo con la misma estrategia en todos los países hacia los que se expandían. La tabla 8.1 muestra las cuatro configuraciones estratégicas que resultan de la clasificación cruzada de estas dos dimensiones. También posicionamos en cada casilla las diversas empresas analizadas en los capítulos anteriores. Nuestra distinción entre empresas generalistas y de nicho se refiere a los segmentos cubiertos por cada empresa en los mercados internacionales, más que en el mercado local. Mientras que un jugador de nicho ofrece bienes y servicios en un único segmen-

TABLA 8.1. *Una tipología de las nuevas multinacionales.*

Gama de productos	Integración global	
	Baja	Alta
Generalista	**Generalista multidoméstico**	**Generalista global**
	Ebro Foods	Inditex
	SOS	Famosa
	Telefónica	Fagor Electrodomésticos
	Agbar	Haier
	Unión Fenosa	Mabe
	Santander	Arcelik
		Ficosa
		Gestamp
		Bharat Forge
		Wanxiang
		Planeta
		Freixenet
Jugador de nicho	**Discriminador**	**Jugador global de nicho**
	Pronovias	Bimbo
	Duro Felguera	Gruma
		Arcor
		Viscofán
		Flamagas
		Zanini
		Gamesa
		Suzlon
		IESE
		ALSA

to, los generalistas ofrecen un conjunto de bienes y servicios posicionados en diferentes niveles de calidad-precio.

Los jugadores globales de nicho son los situados en un mismo segmento con independencia del país en el que estén actuando. De este modo, venden productos o servicios similares a precios equivalentes en todos los mercados. Los mejores ejemplos de este tipo de estrategia son Viscofán, Flamagas, Gruma, Arcor y Zanini. Bimbo, ALSA e IESE siguieron esta estrategia en la mayoría de los mercados, aunque introduciendo algunas adaptaciones de producto para el mercado chino. Gamesa y Suzlon también son jugadores globales de nicho, aunque necesitaron adaptarse a las peculiaridades legislativas y técnicas en algunos países. Por el contrario, los discriminadores son empresas que ofrecen una combinación específica de segmento de producto que se ajusta a las necesidades de cada mercado. Encontramos dos empresas que siguieron esta estrategia: Pronovias, en el sector de moda nupcial, y Duro Felguera, en proyectos llave en mano. En ambos casos, la empresa desarrolló capacidades que le permitieron adaptarse localmente para satisfacer las peculiaridades del mercado.

Los generalistas multidomésticos son empresas que ofrecen una amplia selección de productos o servicios en todos los segmentos del mercado, pero adaptándolos a las peculiaridades de cada país. Ebro Foods y SOS en alimentación, Santander en banca comercial, Telefónica en telecomunicaciones, Unión Fenosa en electricidad y sistemas de gestión y Agbar en agua y otros servicios siguieron este modelo. Por último, los generalistas globales ofrecen una gama completa de bienes o servicios, pero sin entrar en la adaptación local. Identificamos un grupo de empresas que siguieron esta estrategia, sobre todo en bienes duraderos, bienes industriales y publicidad e información (tabla 8.1). Esta tipología supone una simplificación de las estrategias que una nueva multinacional puede seguir en un momento dado. No obstante, las estrategias de las nuevas multinacionales pueden cambiar con el tiempo, como queda demostrado en el estudio de Ramamurti y Singh (2009) sobre las multinacionales originarias de la India. El modelo más típico de evolución identificado en nuestros casos es el paso de jugador de nicho a generalista, un cambio en la estrategia basado normalmente en fusiones y adquisiciones, tanto locales como transfronterizas, tal y como lo ilustran los casos de Ebro Foods y Bharat Forge.

Las capacidades competitivas y el surgimiento de las nuevas multinacionales

En general, las nuevas multinacionales se han convertido en fuertes competidores internacionales sobre la base de un conjunto de capacidades diferentes a los activos tecnológicos y de marca de las multinacionales establecidas. En los capítulos anteriores resaltamos la importancia de las capacidades organizativas, directivas, de ejecución de proyectos, políticas y de desarrollo de redes organizativas y de relaciones como fuentes fundamentales de ventaja competitiva. En la figura 8.1 se recoge un marco teórico dinámico que refleja los diferentes patrones de desarrollo de capacidades analizados en los capítulos anteriores. En él se observa que el proceso de acumulación de recursos de las nuevas multinacionales no puede ser bien entendido sin analizar las características de sus países de origen. Una primera característica es el déficit de infraestructuras propio de los países que no se encuentran entre los más avanzados del mundo, que crearon oportunidades para un cierto tipo de empresas. Las empresas que sacaron ventaja de estas oportunidades acumularon capacidades de ejecución de proyectos (flecha I en la figura 8.1). Esta demanda de proyectos de infraestructuras ayudó a empresas como Telefónica, Unión Fenosa y Agbar a desarrollar experiencia que podía ser explotada en otros países.

Una segunda dimensión tiene que ver con las regulaciones asfixiantes características de los países de origen de las nuevas multinacionales (flecha II). Las regulaciones y los trámites burocráticos no sólo afectaron a las empresas en sectores de infraestructuras. Por ejemplo, los fundadores de Fagor Electrodomésticos adquirieron una empresa para evitar tener que acudir a la compleja burocracia gubernamental para obtener una licencia de apertura de un negocio. No obstante, el ejemplo más representativo de esta dimensión se encuentra en las empresas de los sectores de infraestructuras, sujetas a regulaciones de precios y de condiciones de funcionamiento, que paradójicamente pueden convertirse en una fuente de ventaja competitiva si la empresa aprende a utilizarlas como palanca para establecer barreras de entrada y conexiones políticas privilegiadas (García-Canal y Guillén, 2008).

Un tercer proceso de creación de capacidades fue activado por el hecho de que los sectores en los países de origen de las nuevas multinacionales solían estar fragmentados y las empresas solían ser relativamente pequeñas en tamaño. Como

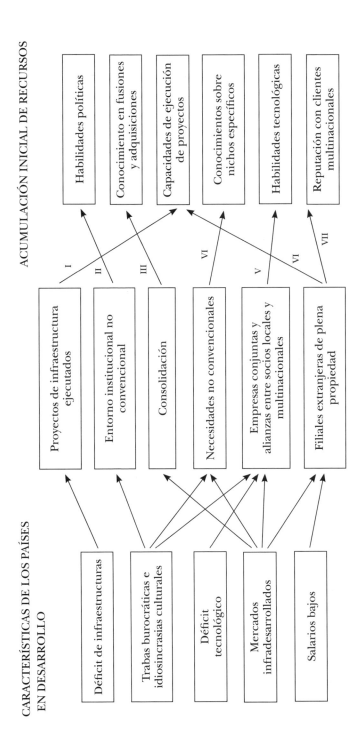

Fig. 8.1. *Proceso de acumulación inicial de recursos por parte de las nuevas multinacionales.*

se observa en los casos analizados, las fusiones y adquisiciones locales precedieron al proceso de internacionalización de las nuevas multinacionales en muchos casos. Y esta consolidación doméstica permitió a las nuevas multinacionales no sólo alcanzar escala sino también acumular experiencia en la gestión de las fusiones y adquisiciones, una capacidad que resultó valiosa en su expansión exterior, como lo demuestran los casos analizados de los sectores de alimentación, bienes industriales, banca e infraestructuras (flecha III en la figura 8.1). Las empresas que más se beneficiaron de esta capacidad fueron las de sectores de infraestructuras regulados, debido a la presencia de muchas empresas deficientemente gestionadas en países extranjeros.

Una cuarta pauta de desarrollo de capacidades tuvo su origen en la combinación de retrasos en el desarrollo económico, de un lado, y de características culturales, de otro, que dieron lugar a necesidades nada convencionales en el mercado (flecha IV). Por ejemplo, la carencia de servicios de transporte aéreo generó una oportunidad para ALSA de innovar con servicios de valor añadido, como la clase Supra. En otro ejemplo, IESE centró su atención en emprendedores y empresas familiares. Ambas empresas utilizaron la experiencia conseguida en el mercado local cuando se expandieron al exterior como jugadores globales de nicho. Otro ejemplo fue la estrategia comercial de América Móvil basada en servicios prepago de telefonía móvil.

Aunque la posesión de fuertes habilidades tecnológicas no es una característica de las nuevas multinacionales, algunas de ellas consiguieron acceder a tecnología utilizando el acceso a su mercado local como moneda de cambio, lo que representa una quinta pauta de desarrollo de capacidades (flecha V en la figura 8.1). El acuerdo de licencia entre Vestas y Gamesa en el sector de generación de energía eólica ilustra este modelo. Las colaboraciones entre empresas extranjeras propietarias de tecnología y marcas y empresas locales que poseen recursos como conocimiento, capacidades de ejecución de proyectos, capital relacional y habilidades políticas es una pauta relativamente frecuente entre las nuevas multinacionales. En general, la probabilidad de que el socio local obtenga tecnologías de vanguardia es directamente proporcional al tamaño del mercado local y a la distancia cultural con el país de origen de las empresas extranjeras, como ilustraron los casos de Fagor Electrodomésticos, Haier, Mabe y Arcelik (véase el capítulo 4).

Una última pauta de desarrollo de recursos se asienta sobre las capacidades de ejecución de proyectos (flecha VI) y la reputación (flecha VII) adquiridas por las empresas que han actuado como proveedores de las filiales de multinacionales extranjeras asentadas en su país. Las multinacionales establecidas, sobre todo en el sector de automoción, tienden a generar un proceso de selección natural entre sus proveedores locales con vistas a escoger a aquellos con mejores capacidades de ejecución de proyectos relativas al diseño y fabricación de componentes. Así, varias de las nuevas multinacionales se expandieron al exterior sobre la base de esas capacidades y la reputación adquirida con sus clientes multinacionales.

Implicaciones para la Teoría de la Empresa Multinacional

Cabe resaltar que esta estrategia de las nuevas multinacionales de basar la expansión internacional en un conjunto de capacidades organizativas, directivas, de ejecución de proyectos y relacionales no debería ser considerada como una solución inferior. Como destacamos en el capítulo 1, se necesita adoptar una perspectiva evolutiva y considerar los aspectos dinámicos de la creación de capacidades competitivas. Las nuevas multinacionales no son gigantes con pies de barro, esto es, empresas cuyas debilidades tecnológicas y de marca terminarán socavándolas. Hemos documentado casos de empresas españolas que han logrado equipararse a sus homólogas de los países más avanzados del mundo, incluyendo ejemplos de empresas tan exitosas como Viscofán, Inditex, Gamesa, Telefónica, Santander y Planeta. Samsung Electronics y LG de Corea del Sur son quizá los mejores ejemplos de nuevas multinacionales que lograron desarrollar su propia tecnología y marcas. Otros ejemplos de empresas originarias de economías emergentes son Tenaris en tubos de acero, Cemex en cemento, Acer en ordenadores personales, Haier en electrodomésticos, Infosys en servicios informáticos o Embraer en aeronáutica, por señalar tan sólo algunos.

Estos casos ilustran un modelo común que incluye tres componentes fundamentales. Primero, el crecimiento nacional e internacional ayuda a la empresa a alcanzar economías de escala, lo que facilita no sólo inversiones en tecnología y marcas, sino también el desarrollo de un amplio conjunto de recursos, como los enumerados en la sección anterior. Segundo, entrar en mercados más sofisticados proporciona un estímulo para innovar y mejorar capacidades, como argumentamos en el capítulo 2. Y tercero, ser un seguidor más que un líder puede permitir a la empresa multinacional superar a los competidores establecidos al utilizar plenamente sus capacidades organizativas, directivas, de ejecución de proyectos y relacionales, al mismo tiempo que crea nuevas capacidades en tecnología y marcas. De esta forma, la posesión de tecnología y marcas no es un requisito previo para tener éxito en la expansión al exterior; antes al contrario, en el caso de las nuevas multinacionales suele ser la culminación de dicha expansión. Así, resulta casi imposible explicar la existencia de las nuevas multinacionales sin tener en cuenta sus valiosos recursos y capacidades, tan diferentes de las que poseen las multinacionales clásicas. De hecho, una característica fundamental de las nuevas multinacionales es que han seguido un modelo de expansión internacional por el que optimizaron los recursos que las multinacionales convencionales normalmente no poseían o no consideraban necesario desarrollar.

El auge de las nuevas multinacionales no sólo ha revolucionado la economía global, sino que también pone en cuestión algunas de las ideas básicas en el campo de la dirección internacional. Con todo, nosotros no cuestionamos el postulado básico del campo, que establece que las empresas multinacionales deben superar de algún modo la desventaja del extranjero (Hymer, 1960). Nuestro argumento se relaciona en mayor medida con las capacidades que permiten a las empresas competir en una amplia variedad de mercados, que necesitan ser definidas en términos más generales para incluir más habilidades o recursos que las tecnologías y marcas. Como en el caso de las multinacionales establecidas de los países más avanzados, el surgimiento de las nuevas multinacionales precisó de la acumulación de recursos desarrollados en el país de origen y su combinación con recursos locales desarrollados en el país anfitrión, a través de filiales de plena propiedad, adquisiciones o alianzas (Hennart, 1991, 2009). Lo que demuestra el crecimiento de las nuevas multinacionales es que, bajo ciertas circunstancias, los recursos acumulados por empresas originarias de países emergentes pueden ser una base sólida para crear una empresa multinacional. En concreto, los análisis teóricos y empíricos incluidos en este libro indican que las capacidades organizativas, directivas, de ejecución de proyectos, políticas y relacionales pueden impulsar y apoyar el proceso de internacionalización de la empresa. Por otra parte, estas capacidades pueden convertirse en la base para el desarrollo, interno o externo, de capacidades tecnológicas y de marketing, sobre todo si la empresa entra en contacto con mercados sofisticados y empresas multinacionales convencionales. Este contacto puede materializarse de muy diversas formas: relaciones comprador-proveedor, alianzas o competencia. El auge de las nuevas multinacionales demuestra que las capacidades específicas de la empresa son diversas, maleables y dinámicas. Su futuro como competidores globales de éxito depende de su habilidad para transformar y recombinar continuamente su dotación de recursos y capacidades, tanto interna como externamente.

Bibliografía

Accenture. 2008. *The Rise of the Emerging-Market Multinational.* Panfleto.

Adams/Jobson. 1996. *Adams/Jobson's Wine Handbook 1996.* Nueva York, Nueva York: Adams/Jobson Publishing.

Akamatsu, Kaname. 1962. «A historical pattern of economic growth in developing countries.» *Journal of Developing Economies* 1(1):3-25.

Amsden, Alice H., y Takashi Hikino. 1994. «Project Execution Capability, Organizational Know-How and Conglomerate Corporate Growth in Late Industrialization.» *Industrial and Corporate Change* 3(1):111-147.

Andersen Consulting. 1994. *Worldwide Manufacturing Competitiveness Study: The Second Lean Enterprise Report.* Londres: Andersen Consulting.

Ariño, África, Esteban García Canal, Cristina López Duarte, Josep Rialp, Ana Valdés y Llanos Gallo. 2000. «Freixenet: Strategic Alliances for Internationalization.» IESE caso número DG-1300-E.

Arrieta, Juan J., y José M. Ormaechea. s.f. *Caja Laboral Popular.* Textos básicos de Otalora IX. Mondragón: Mondragón Corporación Cooperativa.

Aulakh, Preet S. 2007. «Emerging multinationals from developing economies: Motivations, paths and performance.» *Journal of International Management* 13(3):235-240.

Baden-Fuller, Charles, y John Stopford. 1991. «Globalization frustrated.» *Strategic Management Journal* 12:493-507.

Barney, Jay. 1986. «Strategic factor markets: Expectations, luck, and business strategy.» *Management Science* 32(10):1231-1241.

Bartlett, Christopher A., y Sumantra Ghoshal. 1989. *Managing Across Borders: The Transnational Solution.* Boston: Harvard Business School Press.

BCG. 2009. *The 2009 BCG 100 New Global Challengers.* Panfleto.

Bell, Jim, Rod McNaughton y Stephen Young. 2001. «Born-again global firms: An extension to the born global phenomenon.» *Journal of International Management* 7(3):173-190.

Boddewyn, Jean J., y Thomas L. Brewer. 1994. «International-Business Political Behavior: New Theoretical Directions.» *Academy of Management Review* 19:119-143.

Bonaglia, Federico, Andrea Goldstein y John. A. Mathews. 2007. «Accelerated internationalization by emerging markets multinationals: The case of the white goods sector.» *Journal of World Business* 42:369-383.

Bonardi, Jean P. 2004. «Global and political strategies in deregulated industries: The asymmetric behaviors of former monopolies.» *Strategic Management Journal* 25:101-120.

Bonet, José Luis. 1993. «La competitividad del cava: El caso Freixenet.» *Papeles de Economía Española* 56:399-401.

Buckley, Peter J., L. Jeremy Clegg, Adam R. Cross, Xim Liu, Hinrich Voss y Ping Zheng. 2007. «The determinants of Chinese outward foreign direct investment.» *Journal of International Business Studies* 38:499-518.

Buckley, Peter J., y Mark Casson. 1976. *The Future of the Multinational Enterprise.* Londres: McMillan.

Campa, José Manuel, y Mauro F. Guillén. 1999. «The Internalization of Exports: Firm and Location-Specific Factors in a Middle-Income Country.» *Management Science* 45(11) (noviembre):1463-1478.

Canals, Carles M. 2009. *Sabiduría práctica. 50 años del IESE.* Barcelona: Planeta.

Casanova, José. 1983. «The Opus Dei ethic, the technocrats, and the modernization of Spain.» *Social Science Information* 22(1):27-50.

Casanova, Lourdes. 2002. «Lazos de familia: La inversión española en América Latina.» *Foreign Affairs en Español* (edición web, publicación verano).

Caves, Richard E. 1996. *Multinational Enterprise and Economic Analysis.* NuevaYork: Cambridge University Press.

Chandler, Alfred D. 1990. *Scale and scope: The dynamics of industrial capitalism.* Cambridge, MA: Harvard University Press.

Cho, Dong-Sung. 1987. *The General Trading Company: Concept and Strategy.* Lexington, MA: Lexington Books.

Clamp, Christina A. 2003. «The Evolution of Management in the Mondragon Co-operatives.» Documento de trabajo, Universidad de Victoria.

CMT. 2009. *Informe anual 2008*. Barcelona: Comisión del Mercado de las Telecomunicaciones.

Coff, Russell W. 1999. «How Buyers Cope with Uncertainty when Acquiring Firms in Knowledge-Intensive Industries: Caveat Emptor.» *Organization Science* 10(2):144-161.

Collis, David J., y Cynthia A. Montgomery. 1995. «Competing on resources: Strategy in the 1990s.» *Harvard Business Review* (julio-agosto):118-128.

Cortright, Joseph. 2006. «Making Sense of Clusters: Regional Competitiveness and Economic Development.» The Brookings Institution Metropolitan Policy Program http://www.brookings.edu/reports/2006/03cities_cortright.aspx.

Cosmen, Andrés. 2004. «Los sistemas de gestión de las empresas de transporte en China.» *Economía Exterior* 30:85-92.

Cosmen, José. 1994. «Experiencia de un empresario español en China.» *Política Exterior* 38:159-171.

Cuervo, Álvaro, y Belén Villalonga. 2000. «Explaining the variance in the performance effects of privatization.» *Academy of Management Review* 25:581-590.

Cuervo-Cazurra, Álvaro. 2008. «The multinationalization of developing country MNEs: The case of multilatinas.» *Journal of International Management* 14(2) (junio):138-154.

Cuervo-Cazurra, Alvaro, y Mehmet Genc. 2008. «Transforming disadvantages into advantages: Developing-country MNEs in the least developed countries.» *Journal of International Business Studies* 39:957-979.

Dinica, Valentina. 2008. «Initiating a sustained diffusion of wind power: The role of public-private partnerships in Spain.» *Energy Policy* 36:3562-3571.

Dunning, John H. 1979. «Explaining Changing Patterns of International Production: In Defence of the Eclectic Theory.» *Oxford Bulletin of Economics and Statistics* 41:269-296.

Dunning, John H., y Rajneesh Narula. 1996. «The investment development path revisited: Some emerging issues», en *Foreign direct investment and governments*, pp. 1-41. Editado por Dunning, J.H., y Rajneesh Narula. Londres: Routledge.

Durán, Juan José, y Fernando Úbeda. 1996. «El círculo virtuoso tecnológico en el sector de componentes del automóvil español: El caso de Ficosa», en *Multinacionales Españolas I*, pp. 129-166. Editado por Juan José Durán. Madrid: Pirámide.

Economist. 2008. «The Challengers.» *The Economist*, 10 de enero de 2008.

ECORYS. 2008. «Study on the Competitiveness of the European Steel Sector.» [Consultado 8 de abril de 2009] http://ec.europa.eu/enterprise/steel/docs/final_report_steel.pdf.

Eisenhardt, Kathleen M. 1989. «Building Theories from Case Study Research.» *Academy of Management Review* 14:532-550.

Elango, B., y Chinmay Pattnaik. 2007. «Building capabilities for international operations through networks: A study of Indian firms.» *Journal of International Business Studies* 38:541-555.

Empson, Laura. 2001. «Fear of Exploitation and Fear of Contamination: Impediments to Knowledge Transfer in Mergers between Professional Service Firms.» *Human Relations* 54(7):839-862.

Erramili, Krishna M. 1990. «Entry Mode Choice in Service Industries.» *International Marketing Review* 7(5):50-62.

Fernández, Zulima, y María Jesús Nieto. 2008. «La internacionalización de ALSA», en *La internacionalización de la empresa familiar*, pp. 199-215. Editado por Casillas. Sevilla: Digital @tres.

Ferrantino, Michael J. 1992. «Technology expenditures, factor intensity, and efficiency in Indian manufacturing.» *Review of Economics and Statistics* 74(4):689-700.

Fields, Karl J. 1995. *Enterprise and the State in Korea and Taiwan*. Ithaca, Nueva York: Cornell University Press.

Flyvbjerg, Bent. 2006. «Five Misunderstandings about Case-Study Research.» *Qualitative Inquiry* 12:219-245.

Furman, Jeffrey L., Michael E. Porter y Scott Stern. 2002. «The determinants of national innovative capacity.» *Research Policy* 31(6):899-933.

García-Canal, Esteban, Cristina López Duarte, Josep Rialp Criado y Ana Valdés Llaneza. 2002. «Accelerating international expansion through global alliances: A typology of cooperative strategies.» *Journal of World Business* 37(2):91-107.

García-Canal, Esteban, y Mauro F. Guillén. 2008. «Risk and the strategy of foreign location choice in regulated industries.» *Strategic Management Journal* 29(10):1097-1115.

García-Canal, Esteban, y Pablo Sánchez-Lorda. 2007. «One more only if it is one of us. The number of partners and the stock market reaction to domestic and international alliance formation in EU telecom firms.» *International Business Review* 16(1):83-108.

Gerring, John. 2007. *Case Study Research*. Nueva York: Cambridge University Press.

Ghemawat, Pankaj. 2007. *Redefining global strategy*. Boston, MA: Harvard Business School Press.

Goldstein, Andrea. 2007. *Multinational Companies from Emerging Economies*. Nueva York: Palgrave Macmillan.

Goldstein, Andrea, y Wilson Pritchard. 2009. «South African Multinationals: Building on a Unique Legacy», en *Emerging Multinationals from Emerging Markets*, pp. 244-279. Editado por Ramamurti, Ravi, y Jitendra V. Singh. Nueva York: Cambridge University Press.

Greenwood, Rystond, Stan X. Li, Rajsheree Prakash y David L. Deephouse. 2005. «Reputation, Diversification, and Organizational Explanations of Performance in Professional Service Firms.» *Organization Science* 16:661-673.

Guillén, Mauro F. 1989. *La profesión de economista*. Barcelona: Ariel.

— 2000. «Business Groups in Emerging Economies: A Resource-Based View.» *Academy of Management Journal* 43(3)(junio):362-380.

— 2001. *The Limits of Convergence: Globalization & Organizational Change in Argentina, South Korea, and Spain*. Princeton, NJ: Princeton University Press.

— 2002. «Structural Inertia, Imitation, and Foreign Expansion: South Korean Firms and Business Groups in China, 1987-1995.» *Academy of Management Journal* 45(3)(junio):509-525.

— 2005. *The Rise of Spanish Multinationals: European Business in the Global Economy*. Cambridge y Nueva York: Cambridge University Press. [Trad. cast.: *El auge de la empresa multinacional española*. Madrid: Marcial Pons, 2006.]

Guillén, Mauro F., y Adrian E. Tschoegl. 2007. «Gamesa: Creciendo en los Estados Unidos». Caso de estudio. Centro de Experiencias del Centro de Estudios Comerciales (CECO).

— 2008. *Building a Global Bank: The Transformation of Banco Santander*. Princeton, NJ: Princeton University Press. [Trad. cast.: *Santander, el Banco*. Madrid: LID Editorial, 2007.]

Guillén, Mauro F., y Esteban García-Canal. 2009. «La presencia de la empresa española en el exterior», ICEX, Madrid.

Gulati, Ranjay, Tarun Khanna y Nitin Nohria. 1994. «Unilateral commitments and the importance of process in alliances.» *Sloan Management Review* (primavera):61-69.

Gupta, Anuja, y Mauro F. Guillén. 2009. «Developing, Testing, and Validating Management Theory with Comparative Case Studies.» Documento de trabajo.

Haggard, Stephan. 1990. *Pathways from the Periphery: The Politics of Growth in the Newly Industrializing Countries.* Ithaca, NY: Cornell University Press.

Hall, David, y Emanuele Lobina. 2007. «Water companies in Europe 2007.» Documento de trabajo, PSIRU, Business School, Universidad de Greenwich.

Hamel, Gary, y C. K. Phahalad. 1993. «Strategy as stretch and leverage.» *Harvard Business Review* (marzo-abril):75-84.

Hamel, Jacques. 1993. *Case Study Methods.* Newbury Park, CA: Sage.

Hawawini, Gabriel. 2005. «The future of business schools.» *Journal of Management Development* 24(9):770-782.

Heenan, David A., y Warren. J. Keegan. 1979. «The Rise of Third World Multinationals.» *Harvard Business Review* 57(enero-febrero):101-109.

Henisz, Witold J. 2000. «The Institutional Environment for Economic Growth.» *Economics & Politics* 12:1-31.

— 2003. «The power of the Buckley and Casson thesis: the ability to manage institutional idiosyncrasies.» *Journal of International Business Studies* 34:173-184.

Henisz, Witold J., y Bennet A. Zelner. 2001. «The Institutional Environment for Telecommunications Investment.» *Journal of Economics & Management Strategy* 10:123-147.

Henisz, Witold J., Bennet A. Zelner y Mauro F Guillén. 2005. «Market-Oriented Infrastructure Reforms, 1977-1999.» *American Sociological Review* 70(6)(diciembre):871-897.

Hennart, Jean F. 1982. *A Theory of Multinational Enterprise.* Ann Arbor, MI: University of Michigan Press.

— 1991. «The transaction cost theory of the multinational enterprise», en *The nature of the transnational firm,* pp. 81-116. Editado por Pitelis, Christos N., y Roger Sugden. Londres y Nueva York: Routledge.

— 2009. «Down with MNE-centric theories! Market entry and expansion as the bundling of MNE and local assets.» *Journal of International Business Studies* 40(9):1432-1454.

Hennart, Jean F., y Sabine Reddy. 1997. «The Choice between Mergers/Acquisitions and Joint Ventures: The Case of Japanese Investors in the United States.» *Strategic Management Journal* 18:1-12.

Hicks, John R. 1935. «Annual Survey of Economic Theory: The Theory of Monopoly.» *Econometrica* 3:1-20.

Hitt, Michael A., Leonard Bierman, Katsuhiko Shimizu y Rahur Kochhar. 2001. «Direct and moderating effects of human capital on strategy and firm performance in professional service firms: A resource-based perspective.» *Academy of Management Journal* 44:13-28.

Hitt, Michael A., Leonard Bierman, Klaus Uhlenbruck y Katsuhiko Shimizu. 2006. «The importance of resources in the internationalization of professional service firms: The good, the bad, and the ugly.» *Academy of Management Journal* 49:1137-1157.

Hymer, Stephen. 1960, 1976. *The International Operations of National Firms: A Study of Direct Foreign Investment.* Cambridge, MA: The MIT Press.

IDATE. 2008. *DigiWorld Yearbook 2008. The Digital World's Challenges.* Montpellier: IDATE.

Interbrand. 2009. «Best Global Brands: 2009 Rankings.» http://www.interbrand.com/best_global_brands.aspx

International Energy Agency. 2009. *World Energy Report.* París: Agencia Internacional de la Energía.

Iñiguez de Onzoño, Santiago, y Salvador Carmona. 2007. «The changing business model of B-schools.» *Journal of Management Development* 26(1):22-32.

Jacobsson, Staffan, y Volkmar Lauber. 2006. «The Politics and Policy of Energy System Transformation: Explaining German Diffusion of Renewable Energy Technology.» *Energy Policy* 34:256-276.

Johanson, Jan, y Finn Wiedersheim-Paul. 1975. «The internationalization of the firm—Four Swedish cases.» *Journal of Management Studies* (octubre):305-322.

Johnason, Jan, y Jan-Erik Vahlne. 1977. «The Internationalization Process of the Firm: A Model of Knowledge Development and Increasing Foreign Market Commitments.» *Journal of International Business Studies* 8(1):23-32.

Kale, Prashant, Harbir Singh y Howard V. Perlmutter. 2000. «Learning and protection of proprietary assets in strategic alliances: Building relational capital.» *Strategic Management Journal* 21:217-237.

Kenney, Martin, y Richard Florida. 1993. *Beyond Mass Production: The Japanese System and its Transfer to the U.S.* Oxford: Oxford University Press.

Khurana, Rakesh. 2007. *From Higher Aims to Hired Hands.* Princeton: Princeton University Press.

Kindleberger, Charles. 1969. *American Business Abroad.* Cambridge, MA: The MIT Press.

Kipping, Matthias, Behlül Üsdiken y Núria Puig. 2004. «Imitation, Tension, and Hybridization: Multiple "Americanizations" of Management Education in Mediterranean Europe.» *Journal of Management Inquiry* 13(2) (junio):98-108.

Knickerbocker, Frederick. 1973. *Oligopolistic Reaction and Multinational Enterprise.* Boston: División de Investigación, Harvard Business School.

Kock, Carl, y Mauro F. Guillén. 2001. «Strategy and Structure in Developing Countries: Business Groups as an Evolutionary Response to Opportunities for Unrelated Diversification.» *Industrial & Corporate Change* 10(1):1-37.

Kogut, Bruce, y Nalin Kulatilaka. 1994. «Operating Flexibility, Global Manufacturing, and the Option Value of a Multinational Network.» *Management Science* 40(1) (enero):123-139.

Kosacoff, Bernardo, Jorge Forteza, María I. Barbero, Fernando Porta y E. Alejandro Stengel. 2007. *Globalizar desde Latinoamérica. El caso Arcor.* Argentina: McGraw-Hill Interamericana.

Kristinsson, Kari, y Rekha Rao. 2008. «Interactive Learning or Technology Transfer as a Way to Catch-Up? Analysing the Wind Energy Industry in Denmark and India.» *Industry and Innovation* 15:297-320.

Krugman, Paul R. 1979. «Increasing returns, monopolistic competition, and international trade.» *Journal of International Economics* 9:469-479.

— 1980. «Scale economies, product differentiation, and the pattern of trade.» *The American Economic Review* 70(5) (diciembre):950-959.

Lall, Sanjaya. 1983. *The New Multinationals.* Nueva York: Wiley.

Lara Bosch, José M. 2002. «Sector editorial: el caso de Planeta.» *Información Comercial Española* 799:219-224.

Lecraw, Donald. 1977. «Direct Investment by firms from Less Developed Countries.» *Oxford Economic Papers* 29 (noviembre):445-457.

— 1993. «Outward Direct Investment by Indonesian Firms: Motivation and Effects.» *Journal of International Business Studies* 24(3):589-600.

Lema, Adrian, y Kristian Ruby. 2007. «Between fragmented authoritarianism and policy coordination: Creating a Chinese market for wind energy.» *Energy Policy* 35:3879-3890.

Li, Peter Ping. 2003. «Toward a Geocentric Theory of Multinational Evolution: The Implications from the Asian MNEs as Latecomers.» *Asia Pacific Journal of Management* 22(2) (junio):217-242.

— 2007. «Toward an integrated theory of multinational evolution: The evidence of Chinese multinational enterprises as latecomers.» *Journal of International Management* 13(3):296-318.

Lillo, Juan de. 2004. *Francisco Riberas contra su destino*. Oviedo: Ed. Nobel.

Lobina, Emanuele, y David Hall. 2007. «Water privatisation and restructuring in Latin America 2007.» Documento de trabajo, PSIRU, Business School, Universidad de Greenwich.

López Milla, Julián. 2003. «1998-2002, avances y obstáculos en la expansión de la competencia en el mercado eléctrico español.» *Información Comercial Española* 808 (julio):13-34.

Lovelock, Christopher H. 1999. «Developing marketing strategies for transnational service operations.» *Journal of Services Marketing* 13(4-5):278-289.

Margalef Llebaria, Joaquim. 2005. «El proceso de internacionalización del sector auxiliar de automoción en España. Estudio de dos casos: Maisa y Ficosa.» Tesis Doctoral, Universitat Rovira i Virgili.

Markides, Constantinos C., y Peter J. Williamson. 1996. «Corporate Diversification and Organizational Structure: A Resource-Based View.» *Academy of Management Journal* 39(2) (abril):340-367.

Mathews, John A. 2002. *Dragon multinationals: A new model of global growth*. Nueva York: Oxford University Press.

Matthews, John A. 2006. «Dragon Multinationals.» *Asia Pacific Journal of Management* 23:5-27.

McKendrick, David G., Richard F. Doner y Stephan Haggard. 2001. *From Silicon Valley to Singapore: Location and competitive advantage in the hard disk drive industry*. Palo Alto, CA: Stanford University Press.

Meyer, Klaus E. 2004. «Perspectives on multinational enterprises in emerging economies.» *Journal of International Business Studies* 35:259-276.

Mínguez Sanz, Santiago. 1994. «El cava: Su producción y comercialización.» *El Campo* 130 (enero):111-121.

MMAMRM. 2009. *Anuario de Estadística 2008*. Madrid: Ministerio de Medio Ambiente y Medio Rural y Marino.

Noland, Marcus. 2008. «Telecommunications in North Korea: Has Orascom Made the Connection?» Documento de trabajo, Peterson Institute for International Economics.

Nordenflycht, Andrew Von. 2010. «What is a professional service firm? Toward a theory and taxonomy of knowledge-intensive firms.» *Academy of Management Review* 35(1):155-174.

Ontiveros, Emilio, Manuel Conthe y José M. Nogueira. 2004. «La percepción de los inversores de los riesgos regulatorios e institucionales en América Latina.» Documento de trabajo. Washington, D.C.: Banco Interamericano de Desarrollo.

Ormaechea, José M. 1993. *The Mondragon Cooperative Experience.* Mondragón: Mondragón Corporación Cooperativa.

— s.f. *El Grupo Cooperativo Mondragón.* Textos básicos de Otalora VII. Mondragón: Mondragón Corporación Cooperativa.

Ortiz de Urbina Criado, Marta, y María Angeles Montoro Sánchez. 2007. «Las fusiones y adquisiciones de las principales empresas eléctricas europeas (2000-2006).» *Información Comercial Española* 2914:19-30.

Ozawa, Terutomo. 1996. «Japan: the Macro-IDP, Meso-IDPs, and the Technology Development Path (TDP)», en *Foreign Direct Investment, Economic Structure and Governments: Catalists for Economic Restructuring,* pp. 142-173. Editado por Dunning, John, y Rajneesh Narula. Londres: Routledge Publisers.

Paba, Sergio. 1986. «"Brand-naming" as an entry strategy in the white goods industry.» *Cambridge Journal of Economics* 10:305-318.

Peteraf, Margaret A. 1993. «The Cornerstones of Competitive Advantage: A Resource-Based View.» *Strategic Management Journal* 14(3) (marzo):179-191.

Porporato, Marcela M. 2004. «Configuration, design and uses of management control systems in international equity joint ventures: A theoretical and empirical study.» Tesis doctoral, IESE Business School.

Porter, Michael E. 1986. «Competition in global industries: A conceptual framework», en *Competition in Global Industries,* pp. 15-60. Editado por Porter, Michael E. Cambridge, MA: Harvard Business School Press.

— 1998. «Clusters and the New Economics of Competition.» En http://www.oregoneconomy.org/Porter%20Clusters%20New%20Economics%20of%20Competition.pdf

Prial, Frank J. 1996. «Getting a Kick from Champagne.» *The New York Times,* 15 de septiembre, Sección 5, 15, 22.

Prieto Iglesias, José Manuel. 2002. «El compromiso con el conocimiento, clave para la expansion internacional de Unión Fenosa.» *Información Comercial Española* 799:189-198.

Puig, Nuria, y Paloma Fernández. 2003. «The education of Spanish entrepreneurs and managers: Madrid and Barcelona business schools, 1950-1975.» *Paedagogica Historica* 39(5):651-672.

Pujol Artigas, José M. 1998. «Ficosa.» *Cuadernos de la Federación Minerometalúrgica de Comisiones Obreras* 6:35-37.

Quevedo, Manuel. s.f. *La Investigación e Innovación en MCC. Presente y Futuro*. Textos básicos de Otalora XI. Mondragón: Mondragón Corporación Cooperativa.

Ramamurti, Ravi. 2009. «What Have We Learned about Emerging-Market MNEs?», en *Emerging Multinationals in Emerging Markets*, pp. 399-426. Editado por Ramamurti, Ravi, y Jitendra V. Singh. Nueva York: Cambridge University Press.

Ramamurti, Ravi, y J Jitendra V. Singh. 2009. *Emerging Multinationals from Emerging Markets*. Cambridge: Cambridge University Press.

— 2009. «Indian Multinationals: Generic Internationalization Strategies», en *Emerging Multinationals in Emerging Markets*, pp. 110-166. Editado por Ramamurti, Ravi, y Jitendra V. Singh. Nueva York: Cambridge University Press.

Rialp, Alex, Josep Rialp y Gary A. Knight. 2005. «The phenomenon of early internationalizing firms: what do we know after a decade (1993-2003) of scientific inquiry?» *International Business Review* 14(2) (abril):147-166.

Roberts, Joanne. 1999. «The internationalization of business service firms: A stage approach.» *The Service Industries Journal* 19(4):68-88.

Rui, Huaichun, y George S. Yip. 2008. «Foreign acquisitions by Chinese firms: A strategic intent perspective.» *Journal of World Business* 43:213-226.

Salazar, Jesús. 2009. «La estrategia de internacionalización de Grupo SOS: Vocación global.» *Economistas* 119:246-248.

Sarkar, M. B., S. T. Cavusgil y Preet S. Aulakh. 1999. «International expansion of telecommunications carriers: The influence of market structure, network characteristics and entry imperfections.» *Journal of International Business Studies* 30:361-382.

Siegel, Jordan. 2008. «Grupo Bimbo.» Caso 9-707-521. Harvard Business School.

Stopford, John M., y Louis T. Wells. 1972. *Managing the multinational enterprise*. Nueva York: Basic Books.

Teece, David J. 1977. «Technology Transfer by Multinational Firms: The Resource Cost of Transferring Technological Know-How.» *Economic Journal* 87(346):242-261.

Tolentino, Paz E. 1993. *Technological innovation and third world multinationals*. Londres: Routledge.

UNCTAD (United Nations Conference on Trade and Development). 2004. *World Investment Report 2004*. Nueva York: Naciones Unidas.

— 2006. *World Investment Report 2006*. Nueva York: Naciones Unidas.

— 2008. *World Investment Report 2008*. Nueva York: Naciones Unidas.

— 2009. *World Investment Report 2009*. Nueva York: Naciones Unidas.

— 2010. *World Investment Report 2010*. Nueva York: Naciones Unidas.

Van Agtmael, Antoine. 2007. *The Emerging Markets Century: How a New Breed of World-Class Companies Is Overtaking the World*. Nueva York: Free Press.

Vandermerwe, Sandra, y Michael Chadwick.1989. «The Internationalisation of Services.» *The Service Industries Journal* 9(1) (enero):79-93.

Velázquez, Cándido. 1995. «Telefónica: Una estrategia hacia la multinacionalidad.» *Presupuesto y Gasto Público* 16:187-202.

Vernon, Raymond. 1979. «The Product Cycle Hypothesis in a New International Environment.» *Oxford Bulletin of Economics and Statistics* 41(4) (noviembre):255-267.

Wells, Louis T., Jr. 1983. *Third World Multinationals: The Rise of Foreign Investment from Developing Countries*. Cambridge, MA: The MIT Press.

Wilkins, Mira. 1974. *The maturing of multinational enterprise: American business abroad from 1914 to 1970*. Cambridge, MA: Harvard University Press.

Woolswy Biggart, Nicole, y Mauro F. Guillén. 1999. «Developing Difference: Social Organization and the Rise of the Auto Industries of South Korea, Taiwan, Spain, and Argentina.» *American Sociological Review* 64(5) (octubre):722-747.

Yin, Robert K. 2003. *Case study research: Design and methods revised* (3.ª ed.). Thousand Oaks, CA: Sage Publications.

Yiu, Daphne W., Chung Ming Lau y Garry D. Bruton. 2007. «International venturing by emerging economy firms: The effects of firm capabilities, home country networks, and corporate entrepreneurship.» *Journal of International Business Studies* 38: 519-540.

Zollo, Mauricio, y Harbir Singh. 2004. «Deliberate learning in corporate acquisitions: Post-acquisition strategies and integration capability in U.S. bank mergers.» *Strategic Management Journal* 25: 1233-1256.

Índice de nombres y materias